現代イギリス教育改革と学校評価の研究

新自由主義国家における行政統制の分析

久保木匡介
Kyosuke Kuboki

花伝社

現代イギリス教育改革と学校評価の研究
──新自由主義国家における行政統制の分析──

目次

序章　本書の課題と検討の視角　5

(1) 戦後福祉国家の教育行政から新自由主義の下での教育サービスへ　5
(2) イギリスの教育改革の特殊性——徹底した市場化と国家による業績管理およびその継続性　8
(3) 本書の問題関心——教育分野における新たな行政統制の構造の分析を通じた新自由主義的統治の解明　11
(4) 本書の構成と分析視角　14
(5) 本書の研究の意義　16

第一章　新自由主義による行政統制の改革
——NPM 型行政統制の構造　19

(1) 本章の課題　19
(2) 現代国家における行政統制の変容　20
(3) 「政府内規制」の拡大　23
(4) 「監査社会」化に伴う公共サービスの統制原理の変化　25
(5) 変化する評価、監査、査察　28
(6) 行政統制の重層的システムとしての NPM　30
(7) NPM 型行政統制のもとでのアカウンタビリティと「行政責任のジレンマ」　35

第二章　保守党政権期（1980-90 年代）における教育改革と学校評価
——教育水準局による学校査察の成立　39

(1) 本章の課題　40
(2) 戦後イギリスの教育サービスの統制構造——福祉国家「コンセンサス」と「地域政策共同体」、およびその危機　40
(3) 保守党政権期の行政改革・公共サービス改革—— NPM 型行政改革と行政統制の確立　49

(4) 保守党政権の教育政策――NPM による教育の「ガバナンス化」　57
(5) 新たな学校評価システムへ――「親のための憲章」と「選択と多様性」白書　67
(6) 新たな学校査察の組織、制度、プロセス　77
(7) 教育サービスにおける NPM 型行政統制の成立　86

第三章　1990 年代における教育水準局査察の実態と教育の統制の転換　92

(1) 本章の課題　92
(2) 「初期」査察結果の概要　93
(3) 教育水準局査察に対する受けとめとその分岐　95
(4) 査察プロセスにおける問題点　100
(5) 「特別措置」学校における査察の影響　107
(6) 行政統制のあり方をめぐる認識の対立と新たな「行政責任のジレンマ」　110

第四章　労働党政権期（1997-2010 年）における教育改革と学校評価
　　　　――NPM 型行政統制の重層化と深化　124

(1) 本章の課題　124
(2) 労働党政権の行政改革・公共サービス改革　125
(3) 労働党政権の教育「ガバナンス」改革　140
(4) 労働党政権下の学校査察改革の概観　162
(5) 労働党政権下の学校査察改革①――学校自己評価の位置づけの強化とその含意　163
(6) 労働党政権下の学校査察改革②――社会的包摂政策と教育水準局査察対象の拡大　168
(7) 労働党政権下の学校査察改革③――学校査察の「スリム化」、負担の軽減、査察の「比例化」　170

⑻　労働党政権期の学校査察プロセスと学校評価の特徴　174
⑼　労働党政権期の学校査察改革に対する受けとめと議論　181
⑽　労働党政権期の学校査察の考察——NPM型行政統制はどう変化したか？　194

第五章　保守・自民連立政権期（2010-15年）における教育改革と学校評価
——公設民営校の拡大による「準市場」強化と学校査察を通じた統制の厳格化　208

⑴　本章の課題　208
⑵　連立政権の行政改革・公共サービス改革　209
⑶　連立政権の教育「ガバナンス」改革　213
⑷　連立政権の学校査察改革　232
⑸　学校査察改革をめぐる議論　239
⑹　連立政権下のNPM型行政統制と「行政責任のジレンマ」　248

終章　イギリスにおける新自由主義教育改革と教育水準局査察
——NPM型行政統制の歴史的位置とその陥穽　256

あとがき　267
参考文献　272
索引　287

序章　本書の課題と検討の視角

　本書の課題は、現代イギリスの教育行政改革を、1992年に設立された教育水準局（Office for Standards and Education = Ofsted）の学校査察（school inspection）を中心に分析し、その構造的特徴と問題点を明らかにすることである。そしてその作業を通じ、グローバリゼーションの下で進行する公共サービスの「市場」化と「ガバナンス」化において、公共サービスを統制する仕組み、すなわち行政統制がどのように変容し、新たにどのような課題を抱えているのかを明らかにすることである。

　したがって、本書はイギリスという先進資本主義国における教育改革を検討する書であると同時に、教育を含む公共サービス全体に通底する行政統制の構造変化を検討する書でもある。なお、特に断りのない限り、本書でいうイギリスとはイングランドを指す。また本書では、教育行政あるいは教育サービスという場合、公立の小学校と中学校における教育サービスを主な検討対象としている。

(1) 戦後福祉国家の教育行政から新自由主義の下での教育サービスへ

　戦後イギリスにおける公教育は、サッチャー保守党政権がニューライト思想に基づき「自由経済と強い国家」（ギャンブル1988）を構築すべく新自由主義的な改革を断行した1980年代から1990年代にかけて、劇的な変貌を遂げた。

もともと、戦後の福祉国家政策を採用していた時代におけるイギリスの教育行政の特徴は、次のようなものであった。まず、各学校における教育内容や教授法などは、各自治体の教育部局である地方教育当局（Local Education Authority = LEA）と各学校が、専門的対話の中で決定していた。公立学校の形態については、保守党と労働党が政権交代を繰り返す中で、労働党が推進する総合制学校（コンプリヘンシブスクール）と保守党が推進する選抜制のグラマースクールが、前者の拡大を基礎にしつつ併存してきた。また、学校評価については、地方視学官による各学校との対話・助言的な査察とそれを基礎にした勅任視学官（HMI）による学校査察が行われていた。これらをまとめれば、戦後イギリスの教育行政の特徴は、教員の専門性への信頼、平等な教育サービスの提供、地方自治体を拠点にした教育コミュニティの形成、ということになろう。

新自由主義と教育改革
　新自由主義とは、1980 年代以降の資本主義経済のグローバル化と知識集約経済化に対応すべく採用された、国家と経済・社会を改革するための理論・運動であり国家体制である（進藤 2008: 28-29）。新自由主義は、思想としては社会主義国家やケインズ主義的福祉国家を批判する理論として誕生し、運動としては資本家階級の政治権力の回復を目的として各国で展開された（ハーヴェイ 2007）。そして体制としての新自由主義が支配する国家は、①公共政策の重点を市場競争原理導入や自由貿易秩序の維持にシフトし、②市場原理の未確立な領域や福祉国家政策によって公的に行われてきた領域に強力に介入して能動的に市場を創出し、③その結果として貧困や国民経済の衰退による社会統合が破綻した場合にナショナリズムを動員して社会統合を復活させようとする、などの特徴が認められる。
　次に、新自由主義の下で推進される教育改革の特徴は、次のように整理できる（世取山 2008: 42-44）。
　まず、新自由主義の公共サービス改革を推進する理論として新制度派経済学、特に「主人─代理人」理論がある。これは次章で述べる NPM 型行政統制の柱となる理論でもあるが、政府内部の組織関係を「契約」関係で

とらえなおしたうえで、「主人」たる政府中枢が「代理人」たるサービス供給主体をいかに統制するかを論じるものである。すなわち、専門性の高い「代理人」と「主人」との間にある情報の非対称性を前提に、それを克服して「主人」が統制を行うために、①「主人」が「代理人」の行うべき作用につきスタンダードを設定する、②「代理人」はスタンダードの実施について説明責任を負い、「主人」の意思の実施を確認する、③スタンダードのより良い実施のため「代理人」間の競争を組織する、④効果的に結果の達成を得るために「報奨と罰」によるインセンティブを「代理人」に提供する。

　このような理念に基づく改革が徹底して行われるのが、教育分野である（同前：44-46）。すなわち、①中央政府は「主人」として、全国的な教育内容の標準設定と、その達成度の評価基準・方法の設定にその機能をシフトする。②地方教育行政は、中央政府にとっての「代理人」、学校にとっての「主人」となり、その機能は、各学校との「契約」締結と、各学校の「契約」の履行状況や標準の達成度の評価へシフトする。③学校は「代理人」として、中央政府や地方教育行政によって統制の対象となる。同時に学校内の組織は、校長を頂点として階層化・トップダウン化し、政府の設定する標準に基づいて高いパフォーマンスを発揮するような統制構造が作り上げられる。④教員は、末端の「代理人」として位置づけられ、専門性に基づく自律性は奪われ、代わりに（学校とともに）「報奨と罰」によって統制されていく。⑤学校体系の多様化、学校選択制、生徒一人当たり予算など、「代理人」同士の競争インセンティブを高める政策が推進される。

　このような改革が、アメリカ、ニュージーランド、そしてイギリス（イングランド）をはじめとする各国で展開されたのである[1]。

1　各国の新自由主義教育改革を批判的に紹介したものとして佐貫・世取山編（2008）の各章を参照されたい。

(2) イギリスの教育改革の特殊性――徹底した市場化と国家による業績管理およびその継続性

　1980年代末以降のイギリスは、第二章以降で詳述するように、上記の新自由主義教育改革が忠実に実施された国であった。すなわちサッチャー、メージャーの保守党政権によって、第一に、中央政府により、ナショナル・カリキュラムと教育で達成されるべき「水準（standards）」が設定され、ナショナル・テストによってその成果が統一的に測られるようになった。他方で、各学校の管理運営権限は地方教育当局（LEA）から各学校の学校理事会（School Governing Body）に権限移譲された。これは、中央政府の「主人」化と学校の「代理人」化の進行である。第二に、学校選択制が完全実施されるとともに、教育サービスの消費者として保護者の選択の権利が重視された。また、公立学校の形態が多様化するとともに、2000年代には公設民営学校が増加した。第三に、統一的な学校査察機関である教育水準局が設立され、すべての学校のパフォーマンスが共通の基準に基づき評価および「格付け」されることとなった。

　上記の教育改革の骨格を最初に明確化したのは、サッチャー政権第三期の1988年教育改革法であり、教育水準局はメージャー政権成立後の1992年に設立された。すでに30年近くが経過した現代イギリスの教育改革については、次のような特徴が指摘できる。

　第一の特徴は、新自由主義に基づく教育行政と教育サービスの構造改革が徹底して行われたことである。ここでいう「徹底」とは、教育サービスの供給主体、サービスの質、統制の主体と方法などの各部面において、従来の戦後福祉国家のありようが正面から否定され、大規模な改編を通じて全く異なるものに置き換えられたことを指す。後述するように、イギリスでは、1970年代までの地方教育当局とその管轄下の公立学校による教育内容の決定とサービス供給とその統制の仕組みを否定し、学校間競争や学校の民営化など市場原理の貫徹、学校査察を通じた数値による業績統制の体系化、各学校の経営権限と責任の明確化など、市場原理や企業経営手法に基づく改革が系統的に追求されてきた。これは他国における改革との比

較において表れるイギリス教育改革の特徴であった（久保木2016b）。

　第二の特徴は、教育サービスにおける大規模かつ系統的な国家介入とその制度化によって、行政組織のみならず社会レベルにおいても政府の定める基準に基づいた業績管理の仕組みが張りめぐらされ、それが学校を中心とする教育サービスの空間を支配するようになったことである。本書で検討するサッチャー政権以降の教育改革では、中央政府が教育内容や子どもが到達すべき学力水準、各学校が教育や指導においてクリアすべき基準などを定め、同じく中央政府に設立された教育水準局が集権的な学校査察を通じた事後評価と統制を行い、閉校や民営化など低パフォーマンスの学校に対する容赦ない介入を行った。これは中央政府による、教育サービスの供給主体たる学校やそれを管理・支援してきた地方自治体への新たな介入であると同時に、各家庭を含め教育を取り巻く地域社会への介入でもあった。

　その結果として、各学校および教員は、自校の教育パフォーマンスが、政府の定める指標にてらして、求められる水準をクリアしていることを客観的に挙証する責任、すなわち「アカウンタビリティ」を常に負い、それに支配されるような事態が現出したのである。このような事態を、本書では「アカウンタビリティの支配」と呼ぶ[2]。

　第三の特徴は、政権を超えた教育改革の継続性である。1980年代、特にサッチャー政権第三期に成立した1988年教育改革法以降、保守党政権によって敷かれたこの教育改革の路線は、いくつかの変化を経ながらもブレア、ブラウンの労働党政権に引き継がれた。そしてこの路線は、再び保守党が政権についた2010年以降は、教育水準局による統制の強化や公設民営学校の急増による市場化の進行など、従来の新自由主義改革をさらに強化する方向で、現在まで継続している。

　毎年の全国学力テストと学校ごとの成績一覧表「リーグテーブル（league table）」の公表、入学の時期における保護者による学校選択、教

---

[2] 新自由主義教育改革による「アカウンタビリティの支配」がアメリカでも同様に進行していることについて、鈴木（2016）第7章を参照されたい。

育水準局による査察の結果に一喜一憂する学校、さらに地域の学校の公設民営化をめぐる紛争などは、もはやすっかりおなじみの光景となった。これらは、1980年代末から進められてきた教育改革がイングランドの各地域に浸透し定着していることを表している。

　以上が、本書で検討するイギリス教育改革の特徴である。しかし、同時に指摘しなければならないのは、これらの改革の特徴は、教育という個別領域をこえて、他の政策領域においても観察されたことである。それらの共通性は一般に、「New Public Management（NPM）」型の改革、あるいは「ガバナンス」型の改革などと総称される（Gunter et al. 2016）。つまり、イギリスの教育改革で観察されるNPM型行政改革は、教育分野だけでなく、1980年代以降のイギリスの公共サービス全体にある程度共通して観察されてきたものである。

　さらにこのような教育改革は、イギリスだけでなくアメリカ、ニュージーランド、オーストラリア、そして日本など、その濃淡に差はあるものの、複数の国々で共通して進行した（ウィッティ2006、山本2015、鈴木2016）。新自由主義を採用する各国において、イギリスのNPM型改革はその徹底性と継続性ゆえにしばしば他国の「モデル」として参照されることとなったのである。日本では、2000年代の教育改革において、国家主義的な教育改革と並んで、全国学力テスト、学校選択制、教育バウチャーおよび（第三者による）学校評価という市場競争型の教育改革が、主に内閣府系諸会議において主張された（福嶋2011）。その際に有力なモデルの一つとされたのが、他ならぬイギリスの教育改革だった。2006年に首相として教育基本法改正を実現した安倍晋三は、その著書でサッチャーによるナショナル・カリキュラムや学力テストの導入、および低水準校への容赦ない介入を称賛したうえで、次のように述べていた。

　「ぜひ実施したいと思っているのは、サッチャー改革が行ったような学校評価制度の導入である。学力ばかりでなく、学校の運営、生徒指導の状況などを国の監査官が評価する仕組みだ。問題校には文科相が教職員の入れ替えや、民営への移管を命じることができるようにする。もちろ

ん、そのためには、第三者機関（例えば「教育水準保障機構」というような名称のもの）を設立し、監査官はそこで徹底的に訓練しなければならない。監査の状況は国会報告事項にすべきだろう。」（安倍 2006: 211）

(3) 本書の問題関心——教育分野における新たな行政統制の構造の分析を通じた新自由主義的統治の解明

以上のような特徴を持つ1980年代以降のイギリス教育改革を分析するに際し、本書を貫く問題関心は、次のようなものである。

新自由主義に基づく諸改革の相互連関と構造への関心

第一に、1990年代以降のイギリスの教育行政あるいは教育サービスの構造と、それが成立するプロセスはどのようなものであったか、ということである。この問いには、学校選択制、学力テスト、リーグテーブル、学校査察など、新自由主義的な教育改革の政策パッケージとして語られる諸改革が、全体としてどのような構造を持ち、どのように相互連関していたのかを明らかにしたいという意図がある。そして、この問題関心に対する筆者の見通しをあらかじめ述べれば、その構造の特徴は、教育行政の改革によるサービス供給体制の系統的な「準市場」化と、教育水準局の学校査察を軸とした重層的な教育統制（行政統制）の構築であったと考えている。

新たな行政統制の構造とその歴史的文脈への関心

問題関心の第二は、イギリスにおける新自由主義改革では、教育行政・教育サービスにおける行政統制のあり方は、どのような構造を有しどのように変化したのか、ということである。これはさらに二つの関心に分かれる。一つは、「教育水準局査察を軸とする行政統制の構造はどのようなものであるか」、ということであり、もう一つは「なぜイギリスでは教育改革において、教育水準局という他国に類を見ない大規模かつ強力な査察機構が創出され、それが新自由主義的な教育改革を推進していく役割を担ったのか」ということである。言い換えれば、イギリスにおける新自由主義

教育改革は、なぜ新たな学校査察という統制の仕組みを必要としたのか、ということである。

　前者について。行政学の知見によれば、行政組織に対しては議会や裁判所による制度的外在的統制から、官僚制内部における様々な制度的内在的統制、さらに職員の自己規制という非制度的内在的統制まで様々な統制が複合的に行われている（西尾 2001: 383-384）。そして社会経済環境の変化や政治的文脈の中で、これらの統制手法の組み合わせは変化し、その重点をシフトする。1980年代以降の先進諸国における行政統制は、福祉国家時代のヒエラルキー型官僚制組織を前提とした規則・手続重視型から、分権型組織を前提とした目標重視型あるいは業績・結果重視型にシフトしてきたと言われる。

　ではこのシフトは、どのような行政統制の仕組みが創出されることによって可能となったのか。本書では、教育（行政）学の学校評価研究や行政学の知見によりながら、1990年代以降のイギリスにおける学校教育に対する行政統制を、NPM型行政統制として分析する。その際、社会レベルにおいて公共サービス供給主体に対して行われる統制と、行政組織内部あるいは行政組織間で行われる統制という二つの次元において分析を行うと同時に、そこで駆使される「数値による統御」「距離をおいた統御」「自己規制メカニズム」という統制手法が組み合わさって新たな行政統制を構成していることを明らかにする。

　次に後者の、なぜこのような行政統制が他に類を見ない規模で必要となったのか、という問題関心について。これは、本書で検討するNPM型行政統制というあらたな行政統制が形成される歴史的文脈を問う問題関心である。これに対しては、戦後福祉国家の時代に形成された「地域政策共同体」の打破という課題と、「準市場」によって再編成された各学校の教育サービスの質のコントロールという課題の二つに応えるものであった、と考えている。換言すれば、従来の教育における支配的なアクターを排除しつつ、市場原理に基づいた新たな供給体制のコントロールを図るためには、教育水準局のような統一的かつ強力な権限を持つ統制のための組織が必要だったのではないかということである。

新自由主義的な国家介入のあり方への関心

　第三は、新自由主義的な改革が生み出す新たな国家介入についての関心である。筆者は、教育水準局査察を軸に成立した教育における行政統制は、新自由主義における国家介入の典型的なあり方の一つを示しているのではないか、と考えている[3]。

　すでに指摘したとおり、イギリスの教育における新自由主義的改革は、他の公共サービス諸分野でも観察することができる。そして教育水準局のように統一的な基準に基づき事後統制を行う査察機関は、1980年代以降、他の分野でも増大している（Davis, H. and Martin, S. 2008）。したがって、新自由主義改革が最も徹底して行われてきた教育分野における行政統制の構造を解明することは、行政統制を通じた新自由主義的な国家介入のあり方を明らかにすることに貢献できる。

　新自由主義と国家介入との関係については、新自由主義が国家の社会への介入を否定する単純な市場原理主義ではなく、公共サービス改革などを通じ、市場原理を社会の隅々にまで拡大していくために新たな形態で積極的に介入していくという主張を、筆者は基本的に支持する（渡辺 2007）。そしてこの介入の新たな形態には、民営化、契約化、企業経営の手法の導入などと並んで新自由主義に適合的な行政統制の導入が含まれると考えられる。

　さらに、この行政統制の仕組みを解明することは、新自由主義時代における国家の統治の仕組み、あるいはその強さの根源に迫ることでもあると考えられる。なぜなら、これらの統制手法は、行政組織だけでなく人々に対しても公共サービスのあるべき姿や公共サービスとの新たな関わり方を提起するものであり、それが広範に受け入れられることによって、新自由主義的な公共サービス改革は社会に浸透し定着するからである。

3　この場合の国家介入とは、直接には、従来自律的な決定や執行を行ってきたサービス供給主体や、それを管理・支援してある種の政策共同体を形成してきた地方自治体に国家が介入することを指しているが、それらの行為を通じて国家が市民と公共サービスあるいはその供給主体との関係に介入し、それらを組み替えていくことも含意している。

以上のように、イギリスの教育分野における行政統制の構造分析を通じて、新自由主義における国家の介入のあり方やそれを通じた統治のあり方を具体的に解明することが、本書の第三の関心となる。

(4) 本書の構成と分析視角

以上の問題意識を持ちながら、本書は次のような構成でイギリスの教育改革と教育に対する行政統制の分析・考察を進めていく。

本書では、まず第一章で、教育改革を貫くイギリスの新自由主義的な行政改革および行政統制が構築された背景とプロセスを概観し、NPM型の行政統制の構造を明らかにする。したがって第一章は、その後に分析される教育改革のバックグラウンドの分析を行う章であると同時に、教育改革の分析において検証される行政統制の構造についての仮説を提示する章でもある。

第二章から第五章までは、1992年に設立された教育水準局の学校査察の展開とそれが抱えた課題や論点を、三つの時期に区分して実証的に分析・検討する。第二章は、教育水準局が設立される前段のサッチャー政権第三期の教育改革から、1990年のメージャー政権の誕生を経て1997年総選挙で労働党への政権交代が行われるまでの時期を対象とする。第三章では、主に1990年代に教育水準局査察に対して行われた意識調査、イギリス議会の議論および研究者による議論を紹介し、教育水準局査察への学校現場でのうけとめとそこから浮かび上がった新たな行政統制にかかる様々な問題点や課題を紹介・整理する。第四章は、1997年に誕生したブレア政権と続くブラウン政権により2010年まで続いた労働党政権期を対象とする。第五章は、2010年から2015年まで、保守党と自由党の連立によって誕生したキャメロン政権期を対象とする。

第二章から第五章については、以下のような共通の視点で分析と検討を進める。

第一に、教育水準局による学校査察を含む教育改革について、それぞれの時期に進行している公共サービス改革との関連を明確にすることである。

ここでは、教育改革が時々の政権のどのような政治戦略および公共サービス再編戦略を反映して実行されたのか、さらには、それらの戦略は、新自由主義的な国家再編のどのような段階に照応して行われていたのかを明確にしながら、具体的な検討を進める。

　第二に、教育水準局の学校査察を軸とした教育における行政統制の分析については、二段階に分けた検討を行う。これは第一章で述べる、NPM型行政統制のもつ「二重構造」に対応した分析を行うためである。第一段階は、時々の政権の教育改革の分析である。その中でも特に、従来のサービス供給体制、すなわち自治体の地方教育当局の下で公立の小中学校が教育サービスを提供する体制に様々な方法で市場原理・競争原理が導入され、公的教育サービスが「ガバナンス」化するとともに、同領域に「準市場」が形成されていくプロセスを検討する。そしてこの「準市場」において、サービス供給主体である学校と教員に対して行われる社会レベルの「統制」に注目する。

　教育における行政統制分析の第二段階は、公式の制度としての、教育水準局査察を軸とする学校評価システムそのものの分析である。ここでは、学校査察の主体、目的、枠組み、達成すべき基準、査察後の格付けおよびそれに対する「報奨とサンクション」とその変化を分析する。また、福祉国家時代には学校評価（査察）の重要なアクターであった、地方教育当局の評価プロセスに対する関わり方にも注目する。これらの検討を通じて、時々の教育水準局査察の学校評価システムとしての特徴を分析する。

　第三に、社会レベルの統制と行政組織レベルで行われる統制からなる教育サービス（組織）への統制構造を総合し、各学校およびそこで働く教員に対し、どのような仕組みの統制がどのように機能したのかを検討する。また、ここでは「行政責任のジレンマ」を鍵概念として、学校査察をめぐり交わされた議論の分析を通じ、時々の政権で学校査察を含む教育の行政統制が、どのような矛盾や問題点を抱えていたのかを検討する。

⑸　本書の研究の意義

　以上のような問題関心と分析視角により進められる本書の研究の意義について、簡単に述べておきたい。
　まず行政学研究としての本書の意義は、NPM 型行政改革・公共サービス改革の展開をイギリスに即して検証し、以下のことを明らかにすることである。第一に、NPM が導入後 20 年以上にわたり公共サービスの構造に与えた強い影響である。第二に、NPM 改革の中で独自の行政統制の構造が形成され、定着したことである。第三に、NPM 改革が進行する中で公共サービスの供給主体やそこで業務に従事する専門職が置かれることになった「ジレンマ状況」である。
　日本において NPM が推進・批判双方の立場から議論されたのは 1990 年代末から 2000 年代にかけてである。例えば NPM を積極的に評価する立場から大住（1999, 2003）や上山（1999）などが、批判的な立場からの研究は 2000 年代中盤から、安達（2004）、岡田・自治体問題研究所編（2006）、三橋・榊原編（2006）などが発表された。さらに、行政学者のまとまった業績としては、NPM が地方自治体の人事や給与システムに与えた影響を考察した稲継（2000）、NPM を含むガバナンス改革が日本に与えた影響を実証的に検討した村松・稲継編（2003）、NPM が行政組織や人事制度に与えた影響を考察した原田（2005）などがある。これらの多くは、NPM 理論の紹介・検討あるいは外国を含む改革導入事例の検討であり、NPM が導入した公共サービス改革とその影響の変化を一定のタイムスパンで実証的に研究した業績は少ない。したがって、まず本書は、NPM 型公共サービス改革の本格的な実証研究として意義を有すると考えられる。
　他方で、行政学の中でも政策評価研究では、山谷（2006）や山谷編（2010）など NPM やガバナンスの隆盛の中で評価システムの変化とその意味を探求する貴重な業績が生まれた。これらの研究と並んで、毎熊（1998, 2001, 2002）のように、NPM 改革によるアカウンタビリティの変容を中心に、NPM の時代に即した行政責任の変化にかかる研究も展開さ

れた。また児山正史の一連の業績は、イギリスを含め NPM 型改革を採用した国において「準市場」を軸とした公共サービス供給システムが展開したことを実証的に明らかにした貴重な業績である（児山 1999a, 1999b, 2004）。本書の研究の独自の意義は、これらに依拠しつつ、NPM による公共サービス改革に対応する新たな行政統制が創出されていること、その行政統制のもとで新たな「行政責任のジレンマ」が生み出されていることを明らかにすることである。

　そしてこのような本書の議論の特徴は、イギリス教育行政の研究の中でも独自性を持つと考えられる。サッチャー政権以降の現代イギリス教育行政の変化については、教育行政学者や教育学者によってすでにかなりの蓄積がある。例えば佐貫（2002）は、サッチャー政権からブレア政権に至る教育改革の競争的・選別的性格を平易に紹介した。太田（2010）はイギリス教育改革における NPM の隆盛と評価機構・監査機構の拡大を「品質保証国家」の構築という現代国家の営みとして把握した[4]。そして、本書が直接検討対象とするイギリスの学校査察の代表的な先行研究としては、19 世紀からの勅任視学官制度の歴史の中で今日の教育水準局査察を把握する高妻紳二郎の研究がある（高妻 2007）。また、坂本真由美は、教育水準局査察導入後の学校現場の受けとめを実証的に調査・研究している（坂本 1996, 2006）。これらの研究は、中央政府レベルでの独立した査察機関という、日本にはない独自制度を理解するための貴重な業績である。その一方で、ほぼ同時期に導入された NPM 型の諸改革、特に「準市場」の形成との関係で、学校の統制がいかに変化したのかという点については、未だ明確な整理がなされていないと思われる。

　これに対し、近年のイギリスおよびヨーロッパでは、サッチャー政権以降のイングランド教育改革を、新自由主義を採用する各国に共通するプロジェクトの一形態と捉え、学校を含む公共サービスの査察（評価）をその

---

[4] その他に現代イギリス教育行政研究のまとまった業績としては、1990 年代までの中等教育研究である望田（1996）、教員評価の変容を考察した勝野（2002）、2000 年代の地方教育行政の変容を分析した清田（2005）などがある。

中枢をなすものとして分析する研究成果が相次いで公刊されている。ボール（Ball, S.）は、1980年代以降の教育改革を、トップダウンの業績管理や市場インセンティブなどを柱とする公共サービス改革モデルが具体化したものとして分析した（Ball 2013, 2017）。ガンター（Gunter, H.M.）らは、ヨーロッパ10か国の教育改革を、NPMの影響という視座から比較分析した（Gunter et al. 2016）。またクラーク（Clarke, J.）やオズガ（Ozga, J.）らのグループは、各国における学校査察改革を、一方での業績データや査察という技術的手段による統制を重視する新自由主義の潮流と、他方での専門知識、対話、および自己評価による改善を重視する潮流との緊張関係として分析した（Grek and Lindgren 2015）。

このような研究の発展を受け、本書は学校査察改革を含む一連の教育行政改革を新自由主義のプロジェクトとして理解し、その相互関連を構造的に把握しようとすること、「準市場」化を軸とするガバナンス改革に連動する行政統制として教育水準局の学校査察を理解し、行政学の議論に依拠した枠組みの中でそれらを分析することをめざした。これによって学校選択、学力テスト、公設民営化を含む学校多様化などの諸政策の相互連関を明らかにするとともに、これらの政策と教育水準局査察との強い関連性が明らかにできると考えられる。

第一章　新自由主義による行政統制の改革
—— NPM 型行政統制の構造

(1) 本章の課題

　本章の目的は、第二章以下で、教育改革と教育における行政統制の分析が行われることを前提に、その背景となる行政統制の変化を明らかにするとともに、分析の基本枠組みとなる視点を整理することである。
　本章では、イギリスにおいて 1990 年代初頭までの行政改革によって形成された行政統制を、NPM 型行政統制と捉え、その基本構造を明らかにする。そのうえで、サッチャー政権以降に行われた行政改革を、公共サービスの統制手法の変化に焦点を当てながら概観し、NPM 型行政統制の成立と展開を確認する。
　1980 年代から 90 年代前半のイギリスの行政組織／公共サービス改革は、いわゆる New Public Management（NPM）の典型的な改革として言及されることが多い。NPM とは、公共サービスの改革に際し、顧客志向や「Value for Money（VFM ＝支出に見合う価値）」などを追求し、組織を政策部門と執行部門に分離しながら、後者に企業経営手法や市場競争原理を導入してサービスの質の改善を図る考え方であり運動である。1991 年、イギリスの行政学者フッド（Hood, C.）の論文が、これらの改革を世界的な潮流として分析・定式化し、NPM と総称することによって普及した（Hood 1991）。他方で、アメリカでは、クリントン政権の行政改革に影響を与えたゲブラー（Gaebler, T.）とオズボーン（Osborne, D.）の著作『Reinventing Government（邦訳『行政革命』）』が、NPM という言葉こ

そ使用していないものの、共通する内容の「起業家型行政の10か条」を定式化し、アメリカはもとより日本を含む諸外国の行政改革にも波及した (Osborne and Gaebler 1992)。

　フッドが指摘したように、NPM の中心的な原理を構成するのは、新制度派経済学の「本人―代理人」理論と新管理主義 (New Managerialism) である (Hood 1991、Pollitt 1990、大住 1999)。すでに本書の序章では、「本人―代理人」理論が新自由主義教育改革の基本的なロジックを形成していることを指摘した。これらの理論を含め、NPM を新自由主義に基づく行政改革の原理や運動として捉えるのが、本書の基本的立場である。NPM を構成する諸理論や NPM の問題性については、我が国でもすでに多くの研究があるのでここでは詳述しない（大住 2004、久保木 2007)。他方で、NPM による改革を経て行政統制の構造や力点の変化について正面から論じた業績は、山谷清志や毎熊浩一の研究にみられるのみである（毎熊 2001, 2002、山谷 2002, 2006)。そこで本節では、公共サービスの質を規定する行政統制という点から、「NPM 型」の改革がどのような理論的・実践的射程を有していたのかを概観する。

(2) 現代国家における行政統制の変容

　まず、現代国家における行政統制をめぐる問題状況を、筆者なりに整理しておきたい。

　行政統制とは、現代民主主義国家において、主権者たる国民の意思を行政活動に反映させる活動である。そして、議会による統制や裁判所による統制をはじめとする様々な統制方途はその手段である。したがって、規範的に言えば、行政統制の主体は国民・市民である。他方、現実に即してみた場合、すべての行政活動を国民や市民自らがすべて統制することは不可能であり、多様な統制機関／制度が、国民・市民の負託を受ける形で行政統制を行っている。現実の行政統制をめぐる政策過程は、市民が自分たちの意向を反映させるために行政をコントロールしようとするプロセスとして現れる一方で、市民の付託をうけた行政組織がその内部においてあるい

は行政組織間において、上位組織が下位組織あるいは他組織をコントロールするプロセスとしても現れてくる（西尾 1995）。

多種多様な行政統制を分類する際に最もよく用いられるのは、C. ギルバート（Gilbert, C.）の類型である（Gilbert 1959）。ギルバートは、行政統制を、責任を問う主体が行政組織内に存在するかどうかを基準に外在的統制と内在的統制とを区別し、さらに統制が公式に制度化されているかどうかを基準に制度的統制と非制度的統制とを区別した。現代の行政統制は、この四象限からなる行政統制のマトリクスによって分類されてきた（西尾 2001: 383-386、今村・武藤他 2015: 239-244）。

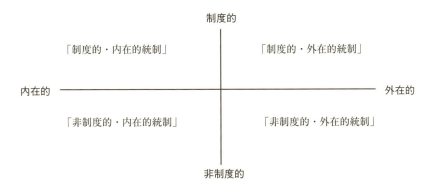

図1−1　ギルバートのマトリクスにおける行政統制の類型
出所：今村・武藤他 2015: 240 を参考に筆者作成。

19 世紀以降の欧米国家における行政統制では、議会と裁判所という制度的外在的統制がその中心となってきた。しかし他方で、行政部門の肥大化と専門分化が進行した現代国家では、制度的な行政統制が直接には及ばない行政活動領域が拡大してきた。このような肥大化・専門化した官僚制やサービス供給組織において、行政サービスの質や内容を担保するためにどのような原理を採用すべきかが問われてきたのである。1970 年代までの福祉国家政策の隆盛期には、専門性と豊富な情報を有する専門職員（集団）が行う、自らの専門的知見に基づく統制が行政統制の中で比重を高め

た。それらはプログラム評価や査察のように「制度化」されたものもあったが、専門職員の自己統制や同僚間の相互統制のように非制度的かつ内在的なものが中心となっていた。それに対しては、情報公開や市民参加など外在的な統制により、閉鎖的な官僚制を透明化し、市民に応答的に改善しようとする試みも進んだ。

　1980年代以降に各国で展開した新自由主義的な政治・行政改革では、福祉国家政策とそれを支えた「専門官僚制」が打倒の対象とされたため、従来の専門職員による自己統制や相互統制が批判され、それに代わる統制が模索されることとなる。まず政府・行政組織の内では、後に述べる「政府内規制」の増加に見られるように、種々の「規制」機関が新設され、制度的統制が展開した[1]。重要なことは、これらの新たな制度的統制が、被統制主体である学校などサービス供給組織における新たな「自己統制」、つまり非制度的内在的統制に連動するものであったということである。他方で、新自由主義的な政治・行政改革は、市場競争や、その中でのサービス利用者＝消費者による「選択」を、公共サービス供給組織に対する新たな統制として位置づける。したがって、新たな非制度的外在的統制も展開する。この社会レベルで創出された外在的統制は、「政府内規制」やそれを受けるサービス供給組織の「自己統制」にも強い影響を与えるようになる。行政統制の類型は、問責者の所在の内外と制度の「強制力」で各統制を便宜的に区分したものであるが、現実には異なるカテゴリーに区別される複数の行政統制が、連動しながら作動する。

　本書の課題は、新自由主義に基づく行政改革がもたらした行政統制の変化を、イギリスの教育行政に即して分析することである。そこでの関心は、福祉国家から新自由主義へという大きな時代の変化の中で、種々の行政統制の関係性や力点の変化を捉えることである。換言すれば、本書の作業の射程は、NPMという新自由主義的行政改革の中で生まれた複数の統制手

1　後述するように、これらの統制は「政府内」という意味では内在的統制だが、被統制主体を外から距離を置いて統制する、というその力点からすれば外在的統制という側面を有している。

法の間に一定の連動性を見出し、それを一つの構造（システム）として捉えることと、新たな統制構造の成立に伴う統制者・被統制者の関係性の変化を分析することにあると言える[2]。

以下では、上述した新自由主義による行政統制の変化をより厳密に把握するため、NPM 型行政改革の進行に伴う行政統制のあり方の変化に着目する議論を検討する。

(3)「政府内規制」の拡大

1990 年代半ばまでの行政統制の変化を、政府組織の統制形態の変化に焦点化して表現したのが、「政府内規制（Regulation Inside Government）」の議論である。これは、NPM の命名者でもあるフッドらが、イギリスの政府組織の調査研究に基づき主張したものである（Hood et al. 1998, 1999）。フッドらは、規制緩和と民営化により「小さな政府」を目指す動きが鮮明になる一方で、公共部門内部で新たな「規制」が増大していたことを鋭く指摘した。つまり、第二章で概観するように、1980 年代から 90 年代にかけての行政改革において、行政統制の新たな形態として「政府内規制（Regulation Inside Government）」の著しい増大が観察されたのである[3]。

---

[2] なお、風間規男が述べるように、行政統制分析には、①政策過程分析、②行政組織内の構造分析、③統制主体の動態分析などアプローチがある（風間 1995）。本書の検討では、教育水準局という統制主体を一つに絞り、政策過程にどのような影響を及ぼしているのかを見る統制主体の動態分析を中心に叙述を進める。他方でその検討は、教育水準局の学校査察を構造的に支える政府レベルあるいは社会レベルの統制にも及び、その連関は時々の政権の政策動向の中で変化するので、結果として構造分析や政策過程分析にまで広がっている。

[3] フッドらによれば、「監査の爆発」以降に採用された政府内の統制スタイルは、従来の官僚制内部における指揮命令系統による統制でもなければ、同質的な専門職集団における相互統制でもない。それは、一定の自律性を付与された組織の活動を、監督や評価の権限を持つ別組織が、「客観的な」基準に基づいて業績を「監査」するものである。規制者と被規制者の間には、従来の統制には存在しなかった「関係性の距離」が横たわっているのである（Hood et al. 1998）。

「政府内規制」とは、行政統制の特徴を見るうえで、規制者と被規制者の「関係性」とその「距離」に着目した概念であり、従来のヒエラルキー型行政組織における、一元的な指揮命令系統による各組織内の統制とは、次の点で異なる統制のスタイルである。①ある公的組織が他の公的組織の活動を形づくること、②規制する組織と規制される組織が分離されていること、③規制者が被規制者の行動の監督を委任されていること（Hood 1999: 8-9）。これらを担う具体的な機関とは、中央政府に対する監督機関、会計検査院や自治体監査委員会などの公的監査機関、査察（inspection）を行う機関、オンブズマンとその類似機関、給与査定機関、その他の専門機関などである（毎熊 2001: 179-180）。また第二章で見る財務管理イニシアチブにおける上位組織の中・下級組織への業績統制や、執行エージェンシーに対する中央省庁の統制なども、この「政府内規制」に該当する。要するに、イギリスにおけるNPM型の行政改革は多くの「政府内規制」を生み出したのである。

　フッドらの調査によれば、1976年から1995年の約20年間に、行政サービスに従事する職員は全体で約30％、地方自治体では約20％減少した。ところが、それに対し「政府内規制」については、規制組織の数は約5倍、それにかかる支出は約倍以上に膨れ上がった。そして規制組織で働く職員の数は90％の増加となっている。しかも、この傾向は1997年以降の労働党政権においても継続している。「イギリス政府が実質的に公共サービスのスタッフをダウンサイズした時期に、政府の第二次的規制機関は、組織の数、直接経費および職員数で顕著に拡大した」のである（Hood et al. 2000: 289-290）[4]。

---

[4] フッドらは、このように、一方では分権化された組織に「管理の自由」を付与することが進行し、他方では新たな規制によって業績管理などの統制が増大する現象を「ミラーイメージ」をいう比喩で表現し、一見矛盾するかのような現象が並行して起きるNPM型行政統制の特徴を指摘している(Hood et al. 1999: 6-7)。

(4) 「監査社会」化に伴う公共サービスの統制原理の変化

　次に、「政府内規制」を含む統制のあり方の変化を、政府内にとどまらない、より広い社会状況の中でとらえた、「監査社会（Audit Society）」化の議論をみてみよう。会計学者のパワー（Power, M.）が提唱した「監査社会」とは、私的部門と公共部門を問わず、組織を通じた社会活動の様々な部面に「監査」が急速に浸透し、それを通じて組織活動の正統性が確保されるようになった現象を指す（Power 1994, 1997=2003）。ここでいう「監査」とは、1980年代に顕著になった、監査機関による統制スタイルを意味しており、厳密な意味での会計監査だけではなく、評価や査察なども含む広い概念となっている。パワーは、実際の監査はその有効性が曖昧であるにもかかわらず、「中立的で万能なテクノロジー」として捉えられ普及した背景とその問題性を解明している。

　もともと監査とは、外部への説明責任を達成するために、組織の構造やプロセス、業務の手続、会計などを検証する取り組みであり、その手法は、基準やルールの順守を確認することが中心であった。しかし、財政削減と支出の厳格化が追求された1980年代のイギリスで拡大したVFM監査では、監査機関が諸事業について、3E（economy（経済性）、efficiency（効率性）、effectiveness（有効性））を監査し、行政の各部局やサービス供給主体は、事務事業や各種サービスの提供に際して、すなわち税の「支出に見合う価値」の達成をチェックされることとなった。

　このように監査社会における統制では、VFM監査に代表されるような監査システムあるいは監査機構が、「手段として有効かつ中立である」という前提で導入される。これらは、行われている活動を検証するだけでなく、「監査可能なパフォーマンスの測定尺度を体現する内部統制システムをも導入する」（Power 1997: 52）。つまり、新たな監査システムや監査機構は、VFM監査を行うだけでなく、下部組織が自らの活動を監査に適合的に行い、監査を通じて自らのパフォーマンスの適切さを挙証するための「自己規制メカニズム」（後述）を構築するように働きかけるのである。これをパワーは、「ガバナンスの内部化（internalizing governance）」と呼

んでいる（Power 1997: 52-54）。

　1980年代以降に急速に拡大した統制スタイルとしての「監査」は、以下を帰結した。まず、「監査」は組織活動への直接的な統制であることを止め、上述のように組織の自己統制を監視する「コントロールのコントロール」（Power 1994: 19）へと変質する。「監査」の対象は、行政活動の「内容」あるいは「質」ではなく、それを保証する「システム」に対して向けられるようになる。したがって、第二に、この「監査」を主導する政府の役割も、個別サービスに対して管理監督を行う独立した規制者（regulator）として、非政治的・中立的な装いの下に遂行されるようになる。第三には、それに対し、下位組織、特に個別サービスの第一線にいる専門職員などの「被監査者」には、自分たちを「監査」対象として自覚し、その活動を「監査可能な形式に加工する（making things auditable）」ことが浸透する[5]。

　このように「監査社会」化が進行する背景とは何か。一つには、先進国の財政危機を受け、支出削減の手段としてVFM監査などが普及したことである。もう一つは、従来の福祉国家における行政サービスとその質を担保していた専門職、およびそれらに対する統制手法への不信が拡大したことである（Power 1994: 16）。例えば、本書で扱う学校査察が典型だが、1980年代までの査察を通じた「統制」とは、教員および教員出身者同士による事実上の「相互評価」であった。しかし、福祉国家政策への攻撃が強まるにつれ、「独立した査察官でさえ彼らは専門家の内部に埋め込まれていて信頼できない」ので、「専門家や技術者、ケア労働者は、信頼され尊敬されることはなくなった」。その代わりに、「抽象的なコントロールのシステムのみが完全に独立的でありうる」として、それに対する信仰が急速に広がった（ibid. 20）。つまり「監査」は、もっぱら対象組織の「シス

5　パワーは、これを行政責任に引き付けて、「監査」による「アカウンタビリティの能動的な構築」と呼ぶ。これは、本来は多様なはずの行政責任を、「支出に見合う価値」のような特定の理念や価値に応答する責任に収れんさせる「監査」の作用を指している。後述するNPM型行政統制を構成する「自己規制メカニズム」は、この作用が公共サービス組織に表れたものと捉えられる。

表1−1　1980年代以降の統制スタイルの変化

	福祉国家の時代	1980年代以降
統制の内容	質を重視	量を重視
統制の指標	多様な指標	単一の指標
統制主体	内部機関	外部機関
統制者の距離	身近な統制方法	遠距離の統制方法
関係性	高い信頼	低い信頼
統制が重視する姿勢	自律	規律
統制の時制	リアルタイムの統制	事後統制
助言	開かれた対話	私的な専門家

出典：Power1994: 8をもとに筆者作成

テム」のみを対象とし、個々のサービス領域の高度で複雑な「内容」に立ち入らない抽象性と中立性を備えているがゆえに、個々の専門知識の壁を超え多くの分野で万能なテクノロジーとして普及するに至ったのである（岡野2016）。

　以上から、「政府内規制」と「監査社会」化が、NPMの進行と共に現れた新たな行政統制についての異なる表現であることは明らかだろう[6]。前者は、政府内部の組織間関係を主な対象としつつ、新たな統制者の出現とそれが被統制者との間に生み出す空間的な関係性＝「距離」に注目する概念である。クラーク（Clarke, J.）は、これを「距離をおいた統御（Governing at a distance）」と呼んでいる（Clarke 2015）。後者は、社会におけるより広範な組織一般の変化を対象としつつ、統制手法の内容＝「中立性」「客観性」と、それが生み出すプロセス＝被統制者に内部化され自己統制を生み出すこと、に注目した概念である。「距離をおいた統御」が可能になったのは、一つには、統制の「内容」が専門的知識に基づくものから抽象化された数値に置き換えられたからであり、もう一つには、被

---

[6] フッドらは、政府内規制を「監査の爆発とNPMが出会うところ（Where New Public Management meets the Audit Explosion）」と表現している（Hood et al. 1998）。

統制者が数値化された業績の達成基準を受け入れ、それを自らの組織に内面化し、それを達成すべく自己統制を行うようになったからである。政府内規制が拡大する背景には、「監査社会」化という社会全体における新たな統制スタイルへの変化があったのである。

　このような社会における統制スタイルの変化を、パワーの整理を参考にまとめれば、表1-1のようになる。

(5)　変化する評価、監査、査察

　ここで行政統制の手法・手段としての評価（evaluation）、監査（audit）、および査察（inspection）について、行論に必要な限りで最低限の整理を行っておこう。

　まず評価とは、政策や施策（プログラム）の改善を目的として、その達成度や成果を調査・検証する取り組みである。特に1990年代以降は、政策評価や事業評価がNPMの文脈で実行されたため、評価とNPMがセットで認識されることが多いが、その出自は異なっている。評価を行う主体は、担当する組織が中心となることが多く、その手法は専門分野の知見に依拠した社会科学的な方法であることが多かった。

　これに対し、監査とは、先述の通り外部への説明責任を達成するために、組織の構造やプロセス、業務の手続、会計などを検証する取り組みである。監査を行う主体は、しばしば独立した外部の組織が担当することが多く、その手法は、基準やルールの順守を確認することが中心であった（山谷 2002: 173、橋本 2017: 35）。

　そして、橋本（2017）が指摘するように、評価の「原初的な目的」が組織のための学習であるのに対し、監査の「原初的な目的」は説明責任の確保である。政策・施策の改善のために、その内容に深くコミットする内部の専門的な評価は、直接には外部への説明責任の確保には結びつかない。逆に、財務監査のような数値に特化した監査による外部への説明責任確保は、その結果から政策・施策の改善に必要な情報を直接に導き出すのは難しい。したがって、評価と監査は、その目的からすれば本来トレードオフ

の関係にあり、一度に両立させることは難しいとされる（橋本 2017: 38）。

しかし、すでに述べたとおり、イギリスを筆頭に各国で進んだ「監査社会」化と公共部門における NPM 改革の進行の中で、「評価と監査の混交」が生じている（橋本 2017: 52-54）。監査においては、外部監査の中でも VFM 監査のような効率性に重点を置いた監査が重視される一方、それが組織における内部監査＝内部統制を通じた自己マネジメントの強調に拡大した。その結果、組織内の内部評価が、監査、あるいは監査的な手法によって「浸食」されることとなった。これを評価の側から見れば、1960 年代までのプログラム評価に代わって、1980 年代からは、3Eを重視した業績測定が重視されるようになった。これらの動きを山谷清志は、「できる限り客観的な数値指標で政府が何をしているかを明らかにしたいという要求と、サッチャー政権の支出削減に対する強い関心とが結びつき」、すでに 1960 年代から活用されていたパフォーマンス指標を用いた業績測定に「新しい生命を吹き込んだ」、と表現している（山谷 2006: 115）。総じて、評価の「監査化」が進行し、評価目的、評価主体、評価手法のそれぞれにおいて、監査への「接近」が生じた。すなわち、評価目的は改善からアカウンタビリティへ、評価主体は内部から外部へ、評価手法は社会科学的な分析・判断から基準に基づいた測定へ、変化したのである。

では、本書で扱う学校査察のような「査察（inspection）」とは、どのような統制手法であろうか。イギリスでは、本書で検討する学校査察のように、古くは 19 世紀から政府による査察が行われてきた。もともと、統制手法の一つとしての査察の特徴は、専門的な知識や経験を持つ査察官が、サービスの質や成果（アウトカム）を調査の対象とし、専門的な知見や先進的な取り組みとの比較からサービスの評価を通じて助言や勧告を行い、もってサービスの質の保証を行うものであった。この点は、会計上の数値を公式の基準や手続に基づいてチェックする監査とは対照的である（Martin and Davis 2008: 9-10）。ゆえに、査察は評価の一種と捉えていいだろう。また、査察の重要な特徴として、その営みがサービスの現場において直接の観察やヒアリングなどを通して行われることである。クラークは、これを「具現化された規制（embodied regulation）」と呼ぶ（Clarke

2015: 11)。このことは、統制者と被統制者の持つ専門性の同質的な基盤と相まって、従来の査察という統制方法を、統制者と被統制者の「距離の近い」方法として特徴づけてきた。

しかし、評価が監査による浸食を受けたのと同様に、近年、「監査と査察の境界もあいまいになってきた」(ibid. 10) と言われる。「監査社会」化の進行によるVFM監査や業績測定の普及は、従来の査察スタイルにも影響を与え、「監査と査察の同化と画一化」(Power 1997) が指摘されるまでになっている。それは査察が、従来の専門的な知識という共通基盤の下で行われる統制から、数値による業績指標を達成すべき基準に照らして各組織を評価する統制に変化したことを意味している。その結果、査察を行う機関と被査察機関との「関係性の距離（relational distance）」が拡大し、行政統制としての査察は、後述する政府内規制の一つとして「距離をおいた統御」を行うようになった[7]。本書では、イギリスの学校教育に即してこの過程を分析する。

(6) 行政統制の重層的システムとしてのNPM

ここで、NPMによってうみだされた行政統制の構造について、これまでの議論をふまえながら整理してみよう。

---

[7] マーチンとデービスは、現代イギリスにおける査察を説明する理論を、以下の三つに整理している。一つは、査察の伝統的なモデルであり、公共サービスの供給組織を独立の立場からチェックして、政府の政策について助言をも行うものである。次のモデルは、近年影響を強めてきたモデルで、査察を通じた質の保証によってサービス供給組織の改善を促す「保証と改善（assurance and improvement）」モデルである。このモデルは、1990年代の保守党政権だけでなく、90年代末から2000年代に労働党政権によって強調された（Modernizing Government 1999: 46、Inspecting for Improvement 2003: i）。第三のモデルは、査察を、市場において私企業が受けるような競争圧力の代理機関とみなすものである（Martin and Davis 2008: 12-13）。

NPM型行政統制の構造——社会レベルの統制（市場型統制）と行政組織レベルの統制（経営管理型統制）の結合

　これまでの行政統制の議論では、もっぱら行政組織内あるいは行政組織間の統制の変化を見てきた。しかし、NPMによる行政改革がもたらした行政統制は、さらに複雑である。政府内規制で表現された行政組織「内部」における統制の変化とともに、行政組織および外部委託化やエージェンシー化された公共サービス供給組織に対し、その「外部」から社会レベルの統制が新たに組織されたからである。

　ホゲット（Hoggett, P.）は、80年代以降のイギリスの公共部門改革における三つの「統制戦略（strategies of control）」を挙げている（Hoggett 1996: 12）。それらは、①一方での分権化されたユニット組織の創出と他方での戦略や政策に対するコントロール権限の集権化、②分権化されたユニット組織を調整する手段としての「競争」原理の導入、③業績管理（performance management）の技術の発展、である。①と③は、これまでの「監査社会」化や「政府内規制」の興隆と重なるものであるが、それらを媒介する戦略として、競争原理の導入が指摘されている点に注目したい。

　公共部門への競争原理の導入には、市場化テストのような供給者市場の競争の創出、学校選択制のような消費者市場の創出、および政府の資源をめぐる市場外の競争がある。これらの競争の導入は、分権化されたユニット組織の活動に影響を与える。その影響とは、一方ではユニット組織が小規模な公的企業として自律的に活動するようになること、他方では、ユニット組織で働く職員同士の専門職としての連携や利用者との関係性は掘り崩され、職員の公務員としての活動は変容を迫られることである（ibid. 12-16）。

　この変容を分かりやすく表現しているのが、ストーン（Stone, B.）による「市場型アカウンタビリティ（Market Accountability）」の概念であろう（Stone 1995: 520-521、毎熊2002）。これは、市場競争の中におかれた組織やその構成員が、顧客の意向を最大限満足させるためにその意向を考慮に入れてサービス提供を行うという「責任」のあり方である。この責

任は、議会や裁判所による統制のような、政府部門における制度的な統制に応答する責任ではない。競争という非制度的な「社会環境」による統制に対して応答する責任であり、競争環境の中で各組織にこの責任を追求させることが、「顧客の期待を満足させる最適な手段」（ibid. 520）と考えられているのである。

　しかし、分権化された各組織は、「市場型アカウンタビリティ」のみを果たすべく活動するのではない。競争環境における各組織の活動を方向づけるのが、種々の「業績管理システム」である。この業績管理には、業績レビュー（Performance Review）、監察（Scrutiny）、人事考課（Staff Appraisal）、業績給（Performance Related Pay）から、後述するリーグテーブルや顧客憲章などを含む業績指標（Performance Indicator）まで様々にある（Hoggett 1996: 20）。この業績管理システムには、二つの役割がある。一つは、組織が置かれている競争の中で達成すべき業績とそれによって実現すべき価値を示し、実際の業績を測定・評価することである。業績管理の重点は、組織活動のアウトプットにある。二つには、業績管理を通じて、分権化された組織の活動を、中央政府の政策や戦略に適合するようにコントロールすることである。この業績管理は、種々の報奨やサンクションと結びつくことにより、競争環境に置かれている各組織のインセンティブを高め、より効果的に機能するようになる。ストーンは、このような業績管理に応える責任を「管理主義的アカウンタビリティ（Managerialism Accountability）」と呼んでいる（Stone 1995）。

　以上の二つのアカウンタビリティを問う仕組みが成立することにより、NPM型行政改革を推進する行政統制が成立する。筆者はすでに毎熊（2002）に示唆を得ながら、ストーンの「市場型アカウンタビリティ」に対応する行政統制を「市場型統制」、「管理主義的アカウンタビリティ」に対応する統制を「経営管理型統制」と呼び、NPMにおける行政統制はこれら二つから構成されるとした（久保木 2016a: 69）。以下、本書でもこの二つの統制の成立と展開を、イギリスの教育行政に即して分析する。

NPM 型行政統制の作動条件としての「準市場」

　NPM 型統制が作動するには、公共サービスの改革を通じた「準市場 (quasi-market)」の確立が不可欠である。ここでいう「準市場」化とは、公共サービスの供給において、従来の行政組織による独占的なサービス供給を改革し、①政府の資金提供、②利用者による供給者の選択を含む交換的関係の成立、③サービス供給者の多様性、④競争およびそれを通じて供給者が利用者を引き付ける誘因を有していること、という一連の条件が整備されることを指す（ル・グラン 2010: 38、児山 2004: 134-136）。1980～90 年代の改革を経て、イギリスでは教育はもちろん住宅、医療など様々な分野で「準市場」が確立している。この条件整備を通じて、供給者の「退出の機会」や消費者の「選択の自由」が確立し、それがサービス供給組織に「市場圧力」として働く状態が生まれるのである。

　これは従来、もっぱら政府部門内部、あるいは行政組織内部で行われていた行政サービスのパフォーマンスに対する統制の一部を、あえて「市場」という社会レベルの統制に置き換える統制戦略であると言えよう。NPM 型行政統制の特徴は、このように「準市場」という社会レベルの統制空間を人為的に創出し、従来の行政統制に置き換えることにある。

　他方で、「準市場」が確立され、自律性を付与された公共部門組織が、それぞれの裁量で「市場型アカウンタビリティ」を果たすべく活動する際には、それに対応する「経営管理型統制」がその動きを定期的に捕捉し、コントロールを行っている。その統制の戦略は、業績管理という「中立的」な技術と、分権的組織の自律性をふまえつつそれに働きかけるという「間接的」なアプローチを用い、中央政府が設定した「基準 (standard)」や 3 E のような価値を「組織や個人に埋め込む」（毎熊 2001: 188）ものである。

供給主体の「自己規制メカニズム」による市場型統制と経営管理型統制の連動

　重要なことは、この経営管理型統制と市場型統制の連動関係である。
　まず、経営管理型統制が各組織に求める達成すべき基準や業績は、組織

の活動を通じて、サービスの消費者の価値にも働きかける。経営管理型統制が求める価値をより高い水準で達成している組織こそ、消費者が選ぶ価値のある組織であるというメッセージを、市場に対して提示することになるからである。したがって、NPM 型行政統制は、創出した「市場」の圧力を使って行政組織を統制すると同時にその「市場」に働きかけ、行政組織だけでなく市場のあり方をも統制しようとするものである。

　他方で、市場型統制のプロセスは、社会レベルから各組織に働きかけるものであり、経営管理型統制のプロセスとは相対的に区別される。したがって、市場型統制が求める基準や業績は経営管理型統制が求めるそれと、最初から予定調和的に一致するわけではない。しかし、学校教育における学校別の学力テスト結果や入学者数など、比較可能な数値による業績が経営管理型統制の求める価値と結びつくにつれ、両者は連動関係を強める。

　この二つの統制の連動を媒介するのが、被統制者であるサービス供給組織の「能動性」であり、本書ではこの「能動性」が発揮される仕組みをパワーに習って「自己規制メカニズム（mechanism of self-regulation）」と呼ぶ。NPM 型行政統制を受けるサービス供給組織は、バラバラにそれぞれの統制に応えて活動するのではない。パワーが指摘するように、監査社会では、各組織において「自己規制メカニズム」が涵養され、自らの活動を経営管理型統制が求める「監査可能な」業績として表現することに努める（Power 1997: 52-54）。同時にその業績によって、サービスの顧客の要請に対して自らが市場において最大限の努力を行っていることを可視化しようとすることで、市場型統制にも応答しようとする。この「自律した」組織による「能動性」、すなわち「自己規制メカニズム」に媒介されることにより、経営管理型統制と市場型統制は NPM 型行政統制という一つの

行政統制システムとして機能するのである[8]。

(7) NPM型行政統制のもとでのアカウンタビリティと「行政責任のジレンマ」

プロフェッショナルな説明責任から、市場とマネジメント重視の「アカウンタビリティ」へ

　このような統制手法の変化に伴い、行政責任の考え方にも変化が生じている。

　従来行政組織が負う「説明責任（accountability）」は、議会の統制に応答し政策を実行する政治的説明責任やプログラム・アカウンタビリティ、あるいは法律に定められた手続や規則、会計基準等を順守する法的説明責任を中心に考えられていた（山谷 2002: 163、山谷 2006: 233）。これに加え、1970年代までには、福祉国家政策の発展と行政サービスの専門分化の中で、教育や医療、福祉サービスの分野を中心に、各専門プログラムの質や成果を問うプロフェッショナルな説明責任が重視されるようになった。これは、政策やサービスの実質的な内容について、教育学や医学、社会福祉学などの専門分野の知見をフィードバックする、専門家＝専門職員の行政責任に他ならない（山谷 2006: 228）。また、このプロフェッショナルな説明責任は、他の説明責任のように純粋に他律的なものではなく、それが専門家の自覚や倫理を伴って発揮される場合には自律的行政責任、すなわち「レスポンシビリティ（能動的責任）」という側面を持つことになる。

　それに対し、1980年代以降、サッチャーリズムやレーガノミクスのような新自由主義的な政策の中で重視された価値は、「小さな政府」、「節約

8　このことを我が国で早くも2000年代初頭に指摘したのは毎熊（2002）である。毎熊は、このようなNPM型行政統制に対する「能動的な」責任のありようを、他律的責任であるアカウンタビリティと対比して、「NPM型レスポンシビリティ（自律的責任）」と表現した（毎熊2002）。また、風間（2008）は、EUの環境政策における規制と自主規制の交錯を検証し、ガバナンスにおいて自主規制が重視される傾向も「権力行使における構造的な転換」と指摘している（風間2008: 58）。

と能率」、そして VFM であった。この価値を実現しようとした NPM 改革の進行過程において、行政組織で重視されるようになった「アカウンタビリティ」は、ストーンが識別したように二つある。一つは、3 E や VFM そして開発された業績指標に基づいて業績を測定しコントロールする「管理主義的アカウンタビリティ」であった。もう一つは、このマネジメントを追求しながら顧客・消費者のニーズに応えることを要求する「市場型アカウンタビリティ」である。このアカウンタビリティは、政府機関や行政組織による統制に応えるものではなく、市場という「社会環境」が、競争という特殊な関係性の中で行う統制に対して応えるものである（Stone 1995: 520-521、毎熊 2002: 105-106）。重要なことは、NPM の時代に生まれたこれら二つのアカウンタビリティは、1970 年代までに発展した各分野の専門職員によるプロフェッショナルな説明責任あるいはレスポンシビリティを、閉鎖的な専門家支配であるとして退ける文脈の中で発展してきたことである。

　以後、本書で用いる「アカウンタビリティ」とは、特に断りのない限り、上記のような文脈で形成された、市場型統制と経営管理型統制から構成される NPM 型行政統制の中で、サービス供給主体が問われる説明責任を指すものとする。

「行政責任のジレンマ」とその変化

　最後に、NPM 型行政統制が学校など公共サービス供給組織やそこで働く職員に及ぼす影響を検討する際の視点として、「行政責任のジレンマ」に注目する。行政責任論の領域で常に問題となるのが、「行政責任のジレンマ」に対する対応である。現代国家において、行政組織や公共サービスに従事する職員は、常に様々な行政統制に対応する責任を負っている。行政統制の多様性は、先にギルバートの議論で紹介したとおりである。そして個々の職員に統制を通じて求められる要請や期待は、しばしば相互に矛盾する。西尾勝は、このようなジレンマ状況におかれたとき、職員は自らの信条や価値観に基づいて、それを克服する「自律的責任」があることを指摘している（西尾 1990: 365-366）。

第一章　新自由主義による行政統制の改革

　この「行政責任のジレンマ」の現れ方は、時代とともに変化する。20世紀に国家がその職能を拡大させ、官僚制が組織拡大と共にその専門性を高めていくと、それをどのように統制するか、逆に専門官僚制は誰にどのような責任を負うべきかが議論された。この議論を代表するのが、有名な行政責任論争である（西尾 1990: 359-360、今村・武藤他: 237-239）。この論争では、フリードリヒが行政の政策形成機能の発展に対応して、技術的知識や民衆感情に直接に応答することを行政官の責任（「機能的責任（functional responsibility）」）として主張した。他方でファイナーは、行政官による「専制」の可能性を指摘してこれを批判し、行政官の責任はあくまで議会による統制に服するべきという、近代議会主義の意義を改めて強調した。この論争に現れたように、20世紀後半、福祉国家として発展を遂げた現代国家における「行政責任のジレンマ」は、議会による外在的統制に応える責任と、官僚の専門性あるいは官僚集団が共有する科学的標準という内在的統制に応える責任との間の「ジレンマ」としてクローズアップされた。他方で、情報公開や市民参加による新たな行政統制の発展とともに、これらの「下からの」外在的統制と官僚の専門性に基づく内在的統制との間の「ジレンマ」も、広く認識されるようになった。
　これに対し、20世紀末の福祉国家批判と新自由主義の隆盛という文脈を背景とするNPMは、官僚制組織への不信、さらに言えば官僚のもつ専門性や同僚性にもとづく内在的統制への不信から生まれた行政統制という側面を持つ。そして先述のように、NPMの行政統制の構造は複雑で重層的である。それは、市場による統制と行政の上位組織による経営管理型統制という二つの外在的統制、さらに分権化された組織における自己統制という内在的統制が連動して成立する。
　このような行政統制に対し、以下のような「行政責任のジレンマ」の発生が想定される。
　まず、NPMにおける外在的統制については、市場型統制と経営管理型統制の双方に対し、それらがまさに統制の対象と考える官僚組織の専門性に依拠する内在的統制との間の「ジレンマ」が生じるだろう。すなわち、NPM型の外在的統制に連動して、官僚組織や職員自らが積極的にVFM

や３Ｅあるいは求められる基準を達成しようとするとき、あるいは上位組織から求められる業績目標を達成しようとするとき、そこには従来の組織で培われてきた専門知識や熟練に基づく判断との間の「ジレンマ」が発生することが考えられる。あるいは、NPM 型統制が求める効率性や業績目標の達成にかかる責任と、クライアントの個別要求や地域の社会経済的文脈に応じたサービス提供について独自の判断を行う責任との「ジレンマ」も考えられる。

　さらに、NPM の統制を受ける組織に対し、住民や地域コミュニティによる参加や情報公開などの手段を通じた「下からの」外在的統制の強まりもある。これらの統制に職員が応えようとするとき、NPM 型行政統制が求める「アカウンタビリティ」との間で「ジレンマ」が生じるだろう。

　以下の各章の分析では、最後にこの「行政責任のジレンマ」が学校現場においてどのように変化したのかについて検討を加え、時々の NPM 型行政統制の影響を考察する。

第二章　保守党政権期（1980-90年代）における教育改革と学校評価——教育水準局による学校査察の成立

　第二章から第五章までの各章では、現代イギリスにおける行政統制の具体的な展開を、教育という個別分野において検討する。筆者は前章において、新自由主義に基づく行政改革の中で成立・展開した新たな行政統制をNPM型行政統制と規定し、その基本構造を明らかにした。これをふまえ、本章以降の各章では、学校教育という個別サービス分野において、NPM型行政統制がどのように成立・展開したかについて分析・検討する。この分析の直接の対象となるのは、1988年教育改革法以降の教育「ガバナンス」改革であり、1992年に設立された教育水準局（Ofsted）による学校査察（school inspection）とそれを中心に構築された学校評価システムである。後述するように教育水準局は、1980年代より進められてきた新自由主義的な教育改革の過程で設立されたものであり、以後の学校教育に対して他国に類を見ない強力な規制力を発揮してきた。同局は、教育サービスにおける「政府内規制」を中央政府レベルで行う機関として、NPM型行政統制の中核に位置してきたのである。
　教育水準局が行う学校査察は、本書の用語で言えば、直接には経営管理型統制を担うものと言える。他方で、NPM型行政統制においては、経営管理型統制は常に、社会レベルの市場型統制と連動し、その統制力を活用する形で機能する。したがって、以下の分析では、教育分野における市場型統制を生み出す「準市場」の成立と展開にも注目し、それが教育水準局による統制といかに連動したのかを明らかにする。

(1) 本章の課題

　本書の実証分析の冒頭に位置づけられる本章では、サッチャー政権からメージャー政権に至る保守党政権期において成立・展開した、公立学校に対する教育改革と学校評価システムの改革を検討する。まず第一節では、第二次世界大戦後のイギリスにおける教育サービスの供給体制とその統制構造について概観する。次に第二節では、1980年代から90年代の保守党政権期における中央政府レベルの行政改革の展開を概観する。ここでは、第一章で述べたNPM行政改革と新たな行政統制、すなわちNPM型行政統制の理念と制度が、保守党政権の政治戦略の中でどのように構築されていったのかを見ていく。続く第三節では、1988年教育改革法を中心とする保守党政権期の教育改革を検討する。同改革は、NPM型行政改革を教育分野で体現するものであると同時に、戦後福祉国家における教育の「地域政策共同体」を打破し、教育サービスに「準市場」を整備することをめざすものであった。第四節から第六節では、教育水準局という新たな統制システムの検討を行う。第四節では、メージャー政権下で行われた1992年の教育水準局の設立の経過とそのねらいを分析し、第五節では成立した学校査察という新たな学校評価システムにおける組織、プロセス、評価項目等を概観する。そのうえで第六節では、教育水準局査察を中心とする学校評価システムの構造を、他の教育改革と関連づけながら、前章で説明したNPM型行政統制システムとして分析する。

(2)　戦後イギリスの教育サービスの統制構造──福祉国家「コンセンサス」と「地域政策共同体」、およびその危機

1944年教育法を中心とする戦後の学校教育と教育行政の体制
　第二次世界大戦後のイギリスにおける教育行政を規定したのは、1944年教育法であった。同法によって確立した、戦後の無償かつ無差別平等の公立学校による教育サービスの提供の原則は、所得保障、医療保障、住宅保障と並び、戦後イギリス福祉国家の社会保障・社会サービス分野におけ

る「コンセンサス」の柱をなすものであった（二宮 2014: 25-26）。

この法律によって、①教育省の設立と教育大臣による公教育の監督権限（１条）、②初等教育（５歳から11歳）と中等教育（12歳から15歳、のち16歳）からなる無償の義務教育制度の確立、③地方教育当局による初等・中学校の設置運営を含む初等教育、中等教育、継続教育の所管（第6条）などが定められた。また、学期の設定、一日の授業時間、世俗的な命令（secular instruction）については、地方教育当局の権限とされた[1]。④中央政府によるカリキュラムへの統制は、宗教教育をのぞいて廃止された（後述）。

この1944年教育法の下で成立した、戦後イギリスの学校体系は以下のようであった（佐貫 2002: 4-7、文部省 2000: 59, 66）。

まず年齢に対応した学校体系について述べる。初等教育は、５歳から11歳までの６年間である。中等教育は、前半が11歳から15歳までの実質５年間である。初等教育と中等教育の前半までが義務教育である。さらに中等教育の後半が16歳から18歳までで、日本における高等教育に当たる。大学等による高等教育は、18歳から21歳までの実質３年間（スコットランドは４年）である。

次に、各教育段階の教育サービスの供給主体について述べる。まず、初等教育から中等教育後期までは、様々な公営学校と、伝統的なパブリックスクールを含む独立学校（independent school ＝ 私立学校）とに分かれる。公営学校は、小学校（primary school）および中学校（secondary school）とも、その多くは地方自治体の地方教育当局が運営してきた。このうち、イングランドの中学校は、無選抜で入学できる総合制中学校（comprehensive school）が８割以上を占めているが、入学者の選抜を行うグラマー・スクール（grammar school）とモダン・スクール（modern

---

[1] 1944年教育法を紹介した邦語文献については、大田（1996）130-131、佐貫（2002）19、渡邉（2013）p.3-5を参照のこと。

school）が数％ずつ存在してきた[2]。また公営学校には、地方自治体が設置する学校以外に、宗教団体等の民間団体が設立する有志団体立学校（voluntary aided school あるいは voluntary controlled school）も存在してきた。中等教育後半の２年間を担うのは、シックスス・フォーム（sixth form）と呼ばれる機関であるが、これは中学校に併設される場合と、独立したカレッジとして継続教育（further education）に含まれて存在するものに分かれる。

　この1944年教育法の下で成立した第二次世界大戦後のイギリスにおける教育行政は、「地方で運営される国のシステム（a national system, locally administered）」（Chitty 2009: 21）と呼ばれた。これは、公教育の制度や政策について国が決定し、カリキュラムの決定や運営に自律性を持つ教員、学校とそれを支える地方教育当局が現場における教育サービスを提供する体制であり、成立当初には教育大臣によって「政府と地方教育当局と教員の進歩的なパートナーシップ」と肯定的に評されていた。このように、戦後イギリスの教育分野における政策実施体制は、中央政府、地方教育当局、学校（教員）のパートナーシップに基づく「三者体制（tripartite system）」と呼ばれ、福祉国家「コンセンサス」の下で様々な動揺を経ながらも1980年代まで存続してきたのである（Chitty 2009: 23-25、吉田2005: 100）[3]。

1945-70年代までの学校教育の統制構造①——教員、学校と地方教育当局

　次に、戦後体制の中で構築された学校教育の統制構造を概観する。

　子どもたちに学校教育サービスを提供する教員および学校は、まず、教

---

[2] 中等学校については、1944年教育法では、グラマースクール、モダンスクール、テクニカルスクールの「三分岐システム」が成立していたが、1960年代の労働党政権によって、3種類の学校を統合した総合制中学校の設立と拡大が進められた結果、このような状態となった。参照、山口（2013）。

[3] なお、教育における中央政府と地方自治体のパートナーシップの原型が19世紀から20世紀の世紀転換期に成立したことを論じた文献として、大田（1992）がある。

育内容や生徒指導の方針については専門職としての教員および教員集団の内在的統制（自律的責任）に服していた。次に、教員によるカリキュラム運営や教育内容、また校長をはじめとする学校管理者による人事や予算管理などの学校運営については、各地の地方教育当局が、密接な関係性に基づくコンスタントな助言と支援および評価によって、これを地域ごとに統制する仕組みが成立していた。

ここでは、教育サービスの根幹であるカリキュラムの決定と運用にかかる教員の自律性と、その支援を含む地方教育当局による学校に対する「指導行政」の実態について、先行研究をもとに簡単に触れておこう。

まずカリキュラムについて。19世紀から20世紀初頭までの義務教育においては、中央政府のカリキュラムに対する厳格な統制が行われていた。しかし、20世紀に入ると国の統制に対する教員の反対運動が強まり、小学校は1926年の教育規則、そして中学校は1944年教育法によって、中央政府のカリキュラムに対する規制はなくなった。これにより、各学校におけるカリキュラム、すなわち教育内容は、現場の教員と学校にゆだねられることとなった。これ以降、1960年代までは、教員が「教育の自由」を謳歌した「黄金期（golden age）」と呼ばれ、カリキュラムは中央政府が直接に手を出すことのできない「秘密の花園（secret garden）」と呼ばれたのである[4]。1960年代後半から70年代にかけては、この教員によるカリキュラムの「独占」に対する批判が強まったが、中央政府によるカリキュラム統制の試みに対しては、教員と地方教育当局の「同盟」による抵抗が1980年代まで続いてきた（Lawton 1980: Chapter2, 5、大田1995）。

次に、各地の地方教育当局による学校教育の統制について見よう[5]。

---

4 大田直子によれば、「秘密の花園」のルーツは1926年教育規則にあり、その背景には当時教員組合を中心に急速に影響力を拡大した社会主義勢力から教育内容を「守る」ために、あえて教員を専門職として政治から切り離すことが行われたという。参照、大田（1995）。

5 地方教育当局の起源は、19世紀の学務委員会（school board）にさかのぼる。イギリスでは、教育や貧困対策で特定目的の「自治体」が成立して活動を行っていたが、これが20世紀の初頭から自治体の包括目的化によって今日の形に統合されてきた。教育では、1902年の教育法により学校委員会が廃止され、地方自治体への権限の移管が行われた。

1944年教育法は、地方教育当局に教育サービスの提供を中心とする広範な権限を付与した。同法の下で、各自治体において、一定数の議員とそれらが任命する委員によって運営される教育委員会が設置され、教育長および事務局とともに地方教育当局として地方教育行政を担うこととなった。これにより、今日の自治体の教育部局としての地方教育当局が成立したのである。地方教育当局は、①住民や児童生徒の発達に寄与すること、②初等・中等学校をはじめ十分な教育の機会を保障すること、③教育の機会保証のために、援助金、給食、衣服、通学などのサービスを提供すること、などの責務と権限を担うこととなった（藤田 1993: 105）。

　各学校の教育や人事を含む管理運営について、直接に関与したのはアドバイザー（指導主事）であった。中央において査察官（inspector）が置かれたように、地方においても19世紀から査察官（Local Inspector = 後述する「地方視学」）や「オーガナイザー」とよばれる、各学校の査察、監督、指導を行う職員が置かれていた。戦後、これらの役割は各学校と教員に対する助言や支援にシフトしたため、「アドバイザー」という呼称が普及・定着したという（藤田 1979: 148-149、高妻 2007: 183）。

　戦後、各地方教育当局はアドバイザーによるチームを編成して、各学校に対する指導助言サービスを提供してきた。その規模や内容は地域によって多様であるが、共通してみられるのは、①教育的指導助言サービス、②学校の心理的指導に関わるサービス、③青少年・地域の指導に関わるサービス、④職業指導に関わるサービス、⑤学校給食に関わるサービスの五つであったという（高妻 2007: 185）。さらに、毎週行われるアドバイザーによる学校訪問では、主任のアドバイザーが教員の人事や査察を目的にした訪問が多いのに比して、教科専門のアドバイザーの訪問目的は、個々の教員の援助とカリキュラム関係の指導・助言が多いという記録も報告されている（藤田 1979: 153）。

　このように、地方教育当局は、学校や教員に対する指導助言サービスを通じ、教員の「教育の自由」や専門職性を前提として、それを保障・支援する「共同的な」役割を果たしてきたと言えよう。

1945-70年代までの学校教育の統制構造②──勅任視学官による学校査察と地方視学による協力

次に、教育サービスに対する中央政府からの統制である学校査察について、その概要を見ておこう。

イギリスでは19世紀から「勅任視学官」(Her Majesty's Inspector = HMI) による学校査察の仕組みが整備されてきた。HMIは、議会の同意の下に女王から任命される独立性を担保された職位であり、高妻紳二郎によればその役割は、①国家補助を受けている学校を査察する、②各学校で実践されている教育改善のための方法についての知識を教員および学校経営者に提供する、③査察を通じて明らかになった教育状況を議会に報告すること、であった。このHMIの役割は、一方では学校に対する指導助言の提供を主とするものであったが、他方では戦後において政府の政策立案への助言を通じた参加という側面も有していた（高妻 2007: 166-167）。

20世紀初頭には、中学校を対象に勅任視学官のチームが数日間にわたり学校を訪問・観察し報告書を刊行するという「フル査察 (full inspection)」が行われていたが、学校数の増加と共に査察活動の維持は難しくなり、第二次大戦後にはフル査察はほとんど行われなくなったという (Wilcox and Gray 1996: 25-26)。戦後、1960年代までの福祉国家「コンセンサス」の安定期には、HMIの査察活動は低調になるとともに、学校にたいする査察の性格は審問的なものから助言的なものに変化していった。その背景には、勅任視学官の査察が各地方教育当局で行われる地方査察との連携を深めていったことがある。先述の通り、地方教育当局の査察業務は戦後を通じて査察的任務から助言的任務に重点を移し、アドバイザーと呼ばれるスタッフが日常的に学校における教育、生徒指導から学校経営に至るまで幅広い助言を行っていた。中央政府から訪れる勅任視学官による査察も、この地方視学の評価や助言を尊重する形で進められていたのである（高妻 2007: 181-182）。

いずれにせよ、学校査察の実態は、①教育の改善にかかる指導助言の提供を主としていたこと、②地方教育当局に所属する地方視学が、それまでの各学校との緊密な関係性の基盤を置いて「評価」を行い勅任視学官の査

察活動を補完してきたこと、を特徴としていた。それは、今日のような、独立した中央の評価機関が共通の基準に照らして数値化された各学校のパフォーマンスを「格付け」する学校評価（査察）とは異なるものであった。したがって、1970年代から80年代にかけて教育サービスのコストをはじめとする業績管理への要請が強まると、地方教育当局の学校査察と勅任視学官による学校査察という戦後の統制システムは、いずれも強い改革圧力にさらされることになったのである。

戦後教育行政における統制構造の鍵──「地域政策共同体」

　以上のような構造の下で、戦後イギリスにおける学校教育では、各学校の教員と地方教育当局を中心に、学校現場の教育内容や学校経営に対する専門家相互による統制が形作られてきた[6]。中央政府レベルでは、公立学校体系の改編や選抜の有無をめぐる議論が盛んに行われ、政権交代ごとに学校現場に影響を与えてきたが、カリキュラムを中心とする教育内容については、各地域が中央政府からの自律性を確保してきた。中央政府は、勅任視学官の学校査察が各地方教育当局と連携を深めたように、1970年代までは地域の自律性を前提としたパートナーシップを形成してきたのである。

　このような国レベルのパートナーシップを前提に、教育内容や学校経営に強い影響力を行使してきた、各学校とその教員および地方教育当局の関係性を、戦後イギリスにおける教育分野の「地域政策共同体」と呼びた

---

[6] 戦後イギリスの地方自治体では、中央政府の福祉国家政策の影響を受け、教育、住宅、福祉などの社会サービスの比重を拡大させてきた。20世紀初頭には、地方自治体の財政支出の3分の2を、基礎的社会基盤整備・貧困対策・警察の各事業が占めていたが、1975年には教育、住宅、福祉が3分の2を占めるようになっていた（君村1993: 17-18）。また、中央地方関係においては、中央政府が政策決定と執行の監視や規制などを担い、地方自治体がサービスの直接供給を担うという分担関係が成立していた。戦後の福祉国家政策の下で地方自治体が教育を含む再分配的なサービスの比重を高めると、地方自治体の業務は中央政府の「手段」としての側面を強める一方で、地方教育当局のように、高い専門性をもって独自にサービスの内容や質について統制力を発揮するようになっていったのである（豊永2010: 47、Bulpitt 1983）。

第二章　保守党政権期（1980-90年代）における教育改革と学校評価

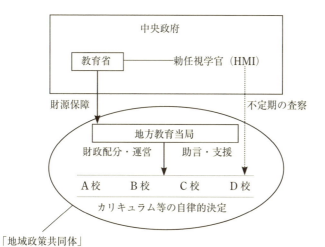

図2－1　1980年代までのイギリスの教育サービス
出典：筆者作成

い[7]。本書でいう「地域政策共同体」とは、教育内容を決定する学校および教員を軸として、査察を通じて学校における専門職性の育成を支援する地方視学、条件整備を行う地方教育当局によるネットワークを指す。この「地域政策共同体」が、戦後のイギリスにおける各学校の教育を事実上、統制してきたのであり、それゆえにサッチャー政権以降の新自由主義的な教育改革の中では、これが主要な攻撃の対象となったのである。

---

7 「地域政策共同体」という概念は、久保木（2016a）で提起した。中央政府、地方教育当局、学校の「三者体制」とは別に「地域政策共同体」を識別する意味は、戦後、地域ごとの教育専門職によるネットワークが中央政府から隔絶した独自の統制空間を形成し、それゆえにサッチャー政権以降の保守党政権による教育改革において、それ自体が打倒の対象とされたことを明確にするためである。
　なお青木（2010）は、日本における1990年代以降の教育分野への評価制度の導入が、教育の政策共同体の内外にある「情報の非対称性を緩和」し、「個別政策領域のエゴを崩すための装置作り」として行われたことを指摘する。戦後福祉国家の形成過程で成立した政策共同体が、1990年代以降の新自由主義あるいはNPM改革の文脈の中で打倒の対象となり、そのツールとして評価制度が導入されるというプロセスは、日本とイギリスに共通すると考えられる。

戦後福祉国家の停滞と教育行政への批判の拡大

　1970年代までにイギリス経済は停滞し、その一因として学校教育の低いパフォーマンスが指摘されるようになると、この「地域政策共同体」を含む三者体制とそれによって遂行される教育サービスは、次第に教育改革の主要な対象として認識されるようになった。特にオイルショック後の世界的な不況の下、深刻な不振に陥っていた経済界からの教育批判は、強力であった。例えば、イギリス産業同盟（CBI）は、イギリスの中等教育が低い教育水準しか提供できておらず、多くの雇用者が学校を出た若者たちの未熟さに不満を持っていると述べている（Chitty: 34-36）。多くのマスコミもイギリスにおける教育の危機を報じた。

　このような公教育に対する社会的な批判の高まりを背景に、福祉国家「コンセンサス」の下で行われてきた教育の改革を、政治が取り組むべき課題として明確に位置づけたのは、労働党政権のキャラハン首相が1976年に行ったいわゆる「ラスキン演説」であった。この演説は、当時としては異例の、首相自らによる公教育の水準と質に対する議論の呼びかけであり、教育改革の訴えであった[8]。これは、イギリスの公立学校が、現在の産業経済を支えるだけの教育を子どもたちに提供できていないことや、不適格教員の存在を批判するものであり、教員の説明責任と子どもたちの教育水準（standards）に対するコントロールの必要性を訴えるものであった。またこの演説は、教育サービスを遂行するうえで、学校と政府の関係の見直しを問うものでもあった（Ball 2013: 130）。

　この「ラスキン演説」を契機に、1976〜1977年の間、政府が主導する形で今後のイギリスの教育のあり方をめぐる「大論争（Great Debate）」が行われた。結論的に言えば、キャラハンによる「ラスキン演説」とその後の「大論争」で提起されたことは、中央政府＝政治による教育のアウトカムの重視であり、アウトカムを生み出す説明責任と厳格な教育水準の達

---

[8]　2016年10月14日の『タイムズ教育版（Times Educational Supplement）』は、ラスキン演説30周年の特集を掲載しており、同演説がその後の教育改革に与えた影響の大きさを、改めて強調している。

成の重視へのシフトであった[9]。その意味においてラスキン演説は、教育における戦後「コンセンサス」の時代とその後の時代とを画するものだったのであり、「希望と信頼そして楽観主義の時代の終焉を告げるサイレンだった」のである（TES 2016.10.14）。同時に、この演説は教育を経済の要請の下に置く新たな教育にかかる「コンセンサス」を形成することを企図するものであったとも言われる（Chitty 2009: 45）。

しかし、キャラハンの演説が政治課題として提起した教育にかかる議論を具体的な改革として実現していったのは、次のサッチャー保守党政権であった。

(3) 保守党政権期の行政改革・公共サービス改革── NPM型行政改革と行政統制の確立

次に、1980年代から90年代の保守党政権期における行政改革の展開を概観する。あわせてここでは、前章で検討したNPM型行政統制が、1980年代以降のイギリスにおける行政改革において、どのように具体化されてきたのかを検討する。

1)「大きな政府」からの転換

サッチャー政権は、1980年代を通して戦後イギリス福祉国家を解体し新自由主義に基づく諸政策を断行したが、初期のサッチャー政権の国家

---

[9] 各地のカンファレンスで議論のたたき台として公表された政府文書「我々の子どもたちを教育する（Educating Our Children）」は、以下のようにこの論争の論点を提起していた（Lawton 1980: 39-41）。①5〜16歳の学校におけるカリキュラムについて。中核となるカリキュラムのねらいと内容はどうあるべきか？ ②到達水準のテスト（assessment）について。子どものパフォーマンスについての正しい情報をどのように得るべきか。③教員の教育と訓練について。教員が社会の要請にこたえるための専門能力を身に付けるためにどのような訓練と教育が必要か。④労働力の育成と学校教育について。この論点設定からも、1970年代の教育改革の焦点が、戦後に中央政府の統制から離れたカリキュラムのあり方と、それを中心的に担ってきた教員の「質」に向けられていたことが分るだろう。

改革の課題は、不完全なフォード主義を支えてきた戦後イギリスの福祉国家の諸要素を解体し、「大きな政府」の転換を図ることであった（二宮 2014: 231-237）。具体的には、①経済政策としてマネタリズムによる財政・金融の引き締め策を通じて、政府の財政支出の抑制を図ること、②戦後の産業政策の失敗の象徴ともいえる赤字の国有産業の合理化を進めること、③多額の補助金などで国家財政を圧迫し、労働党の基盤にもなっていた地方自治体の財政改革を進めること、などであった。

サッチャー政権の新自由主義改革は、総選挙で2連勝し、政権基盤の安定をみた1983年以降に深化を見る。すなわち、一方では、法人税改革と金融ビッグバンに象徴される規制緩和、製造業からサービス業および金融業への経済政策のシフトと海外資本への国内市場の開放など「新自由主義的な蓄積戦略」が進み、他方では、公共住宅売却と持ち家の拡大、国内企業の民営化による株式所有の拡大などの「大衆資本主義」戦略と、年金や失業給付の改革など社会保障給付の削減による福祉国家の改編が進行した（二宮 2014: 244-267）。

これに対し、政権の成立当初、サッチャー自身は公共部門の管理改革にはそれほど熱心ではなかったと言われる。公共部門の改革でサッチャー政権発足当初から取り組まれたのは、公務員数の削減であった。サッチャー政権は公務員の人件費の削減目標を掲げ、毎年国家公務員の人員削減を行った。保守党政権発足当初には73万2000人に上った公務員数は、1990年のサッチャー政権終了時には58万人になっていた（バーナム／パイパー 2010: 121）。

2) 行政組織内部における行政統制原理の転換――「政府内規制」による経営管理型統制へ

保守党政権による、のちにNPMと総称される公共部門のマネジメント改革は、サッチャー政権第三期からメージャー政権期にかけて「全面展開」する。本書で検討する教育改革が劇的に進行するのも、サッチャー政権第三期以降である。しかし、その改革を支える行政組織や行政サービスを統制する原理については、すでに1980年代から系統的な改革が行われ

てきた。

「監査の爆発」――自治体監査委員会と会計検査院によるVFM監査の普及

まず公共部門において「監査の爆発」を引き起こしたとされる、会計監査の改革から紹介しよう（Power 1997: 44-49、柴 1994）。

教育サービスへの直接の影響も含め、その後の公共部門のマネジメント改革に大きな影響を持つことになったのが、1982年の地方財政法改正による自治体監査委員会（Audit Commission = AC）の創設であった。

自治体監査委員会の設立は、先述したようなマネタリズムによる経済再建が図られる中で、公共支出の合理化と削減を進める一環として地方財政の膨張を抑制し効果的にコントロールするために行われたものであった（藤田 1990）。その設立に当たって、地方自治体を所管する環境大臣のヘーゼルタイン（Heseltine, M.）が当時最も重視したのが、VFM監査であった。これは自治体監査委員会が、自治体の諸事業について3E（economy, efficiency, effectiveness）を監査するもので、自治体の各部局や学校を含むサービス供給主体は、事務事業や各種サービスの提供に際して、このVFM、すなわち税の「支出に見合う価値」の達成をチェックされることが常態となった[10]。

このVFM監査は、中央政府の行政組織に対しても行われるようになった。すなわち、1983年の会計検査院（National Audit Office = NAO）の改革により、会計検査院が中央政府の各組織に対して行う監査も、従来の「帳簿の検査」から「支出に見合う価値（VFM）」の監査へ守備範囲を拡大することとなったのである（バーナム・パイパー 2010: 176）。そして、VFMを達成する「アカウンタビリティ」は、中央・地方すべての公共部門の組織に保守党の行政改革思想を普及する強力なツールとなっていくのである。

10　藤田によれば、自治体監査委員会は、特に保守党政権に抵抗する地方自治体に対する「トロイの木馬」として位置づけられていたという（藤田 1990: 55）。

マネジメント改革から「政府内規制」へ——中央政府の組織管理改革

次に、中央政府の行政組織内部における管理改革にも、同様の原理による行政統制の転換が進行したことを見よう（山崎1990）。

サッチャーは、政権発足当初より、政府内に「効率室（Efficiency Unit）」を設け、公務員の削減と並んで行政組織内部の合理化を進めた[11]。1980年、環境大臣のヘーゼルタインからの依頼により、効率室は「大臣マネジメント情報システム（Management Information System for Ministers = MINIS）」と呼ばれる管理システムを開発した。これは環境省内で、説明責任を負う組織単位（accountable unit）を設定し、その単位ごとの活動、職員配置、予算コスト、達成目標とそれに対する実績を情報化し、大臣に伝える仕組みであった。このシステムは、1982年にはサッチャー首相により「財務管理イニシアチブ（Financial Management Initiative = FMI）」として全省庁に拡大された。

このFMIにより、中央政府の行政組織において中・下級の管理者に管理権限が委譲され、各管理者が与えられた予算の中で達成したパフォーマンスを測定し大臣に報告するという、「責任管理（accountable management）」のシステムが確立した（Metcalf 1989、久保木1998: 93-95）。1980年代半ばまでは、いまだ伝統的なヒエラルキー組織を前提とした管理改革が追求されていたが、FMIは、組織内部で統制者と被統制組織を創出して、後者への自律性の付与と業績による管理統制を行おうとするものであり、明らかに「政府内規制」の統制スタイルを導入しようとする意図がみられたのである。

「政府内規制」の全面展開その1——階統型行政組織の解体と新たな統制形態への転換

1980年代の管理改革は、サッチャー政権第三期の1988年に、大規模な

---

[11] この効率室には、首相特別顧問として総合小売チェーン「マークス＆スペンサー（Marks & Spencer）」の専務取締役のレイナー（Derek Rayner）が就任し、「レイナー監察（Rayner Scrutiny）」と呼ばれる業務の合理化運動を推進した。

組織改編に発展した。それは、中央省庁の組織を政策部門と執行部門とに分離し、後者を執行エージェンシー（executive agency）として独立させる改革であった[12]。これにより、中央省庁の執行部門は執行エージェンシーとして独立し、そのトップには公募によって選ばれた長官が置かれた。そして業務の遂行に当たっては、この長官と親省庁との間で、委譲された権限と予算の枠内で業績を達成することを明記した文書による「契約」が結ばれることとなった。

この改革によって、イギリスの中央省庁の組織編成は大きく変化した。三年後の1991年には48の執行エージェンシーが設立され、職員数は公務員全体の35%を占めるようになり、この割合は2000年には78%にまで達したという（バーナム・パイパー 2010: 127）。イギリスの中央省庁で働く職員の大部分は、執行エージェンシーで業務に従事するようになったのである。

この改革により、中央政府における行政統制の主軸は、従来の官僚制における階統型組織における、指揮命令系統を通じた行政組織内部の統制ではなくなった。それに代わり、組織の分離による執行部門への自立性の付与と、業績の事後評価による間接的な統制という、新しい統制形態が創出された（山崎 1990、君村 1998）。これは、前出の財務管理イニシアチブの「政府内規制」をドラスティックな組織改革の中で発展させ、NPM型行政統制の基本構造を中央省庁で形成したという点で、重要な改革であった。

「政府内規制」の全面展開その2——行政サービスの各分野における査察機関の変質と増大

次に、1980年代から1990年代のイギリスにおいて、行政統制の転換という点から見逃すことができないのは、各行政領域や地方自治体において査察（inspection）を行う機関が数においても規模においても拡大したこ

---

[12] この改革は、政府効率室の報告書のタイトルから、「ネクスト・ステップス」改革などと呼ばれる（Efficiency Unit 1988）。

とである。本書で検討する教育水準局は、その代表である。

　前節で述べたとおり、従来の査察とは、会計や予算の効率的執行に重きを置く監査と異なり、専門的な知識と経験を持つ査察官が、査察を通じてサービスの質や成果を検証しその改善を促そうとするものだった。しかし、1980年代以降の各査察機関の役割は、上記の公共サービスにおける管理改革の影響を受けて変質し、VFM監査による業績測定が普及するにつれ、監査と査察の境界はあいまいになっていった。

　1970年代から1990年代半ばまでのイギリスにおける規制機関の中で、27の査察機関が存在しているとされる（Hood et al. 1999: Appendix Ⅱ）。教育水準局の他に代表的なものを挙げれば、社会サービス査察局（Social Services Inspectorate）をはじめとする社会サービス関連の査察機関、核施設査察機構・原子力安全課（Nuclear Installations Inspectorate Nuclear Safety Division）、警察査察機構（HM Inspectorate of Constabulary）、消防サービス査察機構（HM Inspectorate of Fire Service）、鉄道査察機構など（HM Railways Inspectorate）である。このように、中央政府の行政組織だけでなく、個別サービスの各分野でも、査察機関の創設や改革を通じ、VFMの追求や業績目標の達成について新たな統制が行われるようになったのである。

　かくして、「政府内規制」は中央省庁のみならず、行政サービスの個別分野にも急速に拡大した。

3）社会レベルからの行政統制の転換──「準市場」化による市場型統制へ

　他方で、行政組織や行政サービスに対する統制とそれに対する責任の原理の転換を促した要因として、行政組織と社会との関係性の変化が挙げられる。その変化とは、サッチャーおよびメージャー政権が進めた公共サービスの「市場化」政策である。この「市場化」政策には、完全な民営化、公共部門と民間部門の「競争」の導入、公共サービス内部の「準市場」化、および公共部門のサービス提供への消費者主義の導入、などが含まれる。

　先述のように、サッチャー政権の発足当初から、財政支出の削減策の

一環として国営企業の民営化が進められてきた。また地方自治体が所有する公営住宅についても、サッチャーが推進する「ポピュラーキャピタリズム」の象徴的な政策として、その売却が進められた（豊永 2010: 175-186）。次に、公共部門内部に競争原理を導入する政策として、1980年に導入された地方自治体における強制競争入札（Compulsory Competitive Tendering ＝ CCT）が挙げられる（自治体国際化協会 1993）。これは自治体の行う特定の業務を民間企業との競争入札にかけ、次年度からその業務を担う主体を決定するというものである。入札を行うこととなった自治体の部門は入札への参加が義務付けられ、落札できなければその部門の業務は民間に移譲され、当該行政部門は廃止されるというドラスティックなものであった。サッチャー政権第三期の1988年には、このCCTの対象範囲が拡大された。

「市民憲章」による「市場型統制」の導入と「経営管理型統制」への接続

　このような公共部門への市場原理の導入を通じ、政権を挙げて公共サービスの効率化と質の改善を図ろうとしたのが、メージャー政権で打ち出された「市民憲章（Citizen's Chatter）」であった（Cabinet Office 1991、安 1998）[13]。市民憲章は、公共サービスの質の改善とアカウンタビリティの強化を目的として策定された政策文書である。重要なのは、それらを実現するための「実施の方法」について、①民営化の推進、②競争原理の導入の拡充、③民間委託の推進、④業績給の推進、⑤全国及び地方の業績遂行目標の公表、⑥達成された水準の情報の公表、⑦公共サービスへの苦情処理手続の完備、⑧強力で独立した監査機関の設置、⑨市民に対する最善の補償などが掲げられていることである。

　本書の関心との関係で重要なことは、「市民憲章」において、市民重視のサービス改善の方法として、民営化、競争という「市場型統制」が強調されたことと、それと並んで「業績による統制」が明示され、新たに各種

13　「市民憲章」は、1990年末にサッチャーから政権を禅譲されたメージャーが、総選挙を見据えた公共サービス改革の目玉政策として1991年に発表したものである。

の査察機関が「専門的なサービスが最も効率的に実施され、サービスの受け手のニーズを十分に満たしていることをチェックする」ことが規定されたことである。

　「市民憲章」とそれにもとづく諸政策からは、公共サービスの新自由主義的な行政改革の重点が、サッチャー政権前期の民営化を中心とする供給主体の「市場化」から、市場競争の原理を行政内部に引き入れながら、それを前提としたサービスの「業績による統制」へとシフトしたことが見て取れる。つまり、この「業績による統制」には、査察機関などの規制機関による公共部門内部での経営管理型統制だけでなく、社会レベルで創出された市場競争の圧力を活用する市場型統制と連動することが企図されていたのである[14]。「市民憲章」において、行政組織やサービスを、消費者である市民のニーズを軸とした「競争」と客観的な「業績」によって統制するというNPM型行政統制の原理が明確に表明されたのである（毎熊 2002: 111-112）。

　「市民憲章」における「市場型統制」は、強制競争入札を省庁の業務や執行エージェンシーに導入した「質のための競争（Competing for Quality）」政策および市場化テスト政策によってさらに強化された。そこでは、「競争が質およびVFMを最もよく保証する」という信念を、政府活動の中核において実現することが強調されていた（久保木 2000、HM

---

[14] マーチンとデービスは、1990年代以降の査察を説明する理論として、従来の伝統的な査察モデルに対して、次の二つを挙げる。一つは、「保証と改善（assurance and improvement）」モデルである。これは、本書で言う経営管理型統制に対応するものと考えられる。もう一つは、「競争圧力の代理機関」モデルとでも呼べるものである。これは私企業が日常的に受ける市場競争の圧力を、査察機関が被査察組織に対して代替的に伝え、それによって市場による統制を疑似的に創出することを意味している。「市民憲章」もまた、政府が各査察機関に対して競争圧力を活用しながらサービスの「保証と改善」を推進する役割を果たすことを求めていると見ることができよう（Martin and Davis 2008: 12-13）。

Treasury 1991) [15]。

　以上のように、1980年代から90年代におけるイギリス中央政府レベルの行政改革では、まず80年代より政府内規制の段階的整備と行政内部の「監査社会」化が進められ、その改革路線が省庁のエージェンシー化による伝統的組織構造と統制構造の大転換に結実した。さらに90年代に入り「市民憲章」の制定により、公共サービスの統制は、分離された組織間関係を前提に市場競争原理と業績統制システムによって行われることが明示された。こうして中央政府レベルにおけるNPM型行政統制が原理として確立したのである。

(4) 保守党政権の教育政策──NPMによる教育の「ガバナンス」化

　本節では、主にサッチャー政権の下で進められた教育政策と教育サービスの供給構造の変化を概観する。前節で述べた保守党政権下の行政改革・公共サービス改革により主要な改革原理となったNPMは、個別領域では教育分野においてもっとも典型的に表れたのである。

1) 保守党政権による教育改革の経緯とその射程

保守党政権による教育改革の目的と戦略、1980年代半ばまでの教育改革
　サッチャー（在職1979-90年）からメージャー（在職1990-97年）に至る保守党政権における教育改革の目的は、一つには同党の新自由主義改革に共通するように、公共支出削減の一環としての、教育支出の抑制であった。しかし、同政権の教育改革にはもう一つの目的、すなわち経済競争力

---

[15] この結果、1995年までに5万4000人分の公務員の業務が市場化テストにかけられ、そのうち2万6000人分の業務が民間企業に委託された。さらに、エージェンシーそのものが民営化の対象となる事例もあり、1997年までに、10のエージェンシーとそこで働く7000人の職員が民間企業に移管されたという（バーナム・パイパー 2010: 132-134）。

表2-1 保守党政権期のNPM型行政改革の展開と教育改革と学校査察改革

	行政改革	教育改革／教育水準局の学校査察改革
1979	サッチャー政権発足 効率室による公務員削減、レイナー監察開始。	
1980		1980年教育法：学校選択制の導入、学校理事会の改革。
1982	第二次サッチャー政権発足 自治体監査委員会（AC）設立 財務管理イニシアチブの導入	
1983	会計検査院（NAO）の設立	
1986		1986年教育法：学校理事会の改革。
1987	第三次サッチャー政権発足	
1988	中央省庁のエージェンシー化開始。	1988年教育改革法：ナショナル・カリキュラム、ナショナル・テスト、学校選択制、自律的学校経営、生徒一人当たり予算、GMスクール、CTCの導入
1990	メージャー政権発足	
1991	「市民憲章」の公表 白書「質のための競争」公表	「親のための憲章」の公表：新たな査察機関創設の提起
1992	白書「選択と多様性」公表	1992年教育法：教育水準局の設立
1993		1993年教育法。中学校の学校査察開始
1994		小学校の学校査察開始
1996		白書「学校の自己統治」公表

出典：筆者作成

の強化のための優秀な労働力の育成があった。

　上記の目的を実現すべく、当時の低い教育水準を改善するためには、従来の教育サービスを改革する戦略が必要であった。保守党政権が一貫して追求した戦略は、第一に、従来の教育サービスを支配してきた「地域政策共同体」と、学校・地方教育当局・中央政府の「パートナーシップ」体制を解体することであり、第二に、教育サービスにおいて「選択と競争」を推進する「準市場」を形成することであった。

　教育改革を含む保守党政権の公共サービス改革を推進したのは、ニューライトと呼ばれるイデオロギーとその論者たちであった。ニューライトは、公共部門に対し競争、自由市場、公共支出の厳格な統制を要請する新自由主義と、19世紀的な伝統、階統制、社会秩序の回復を求める新保守主義

とが結合したものである。この両者は、戦後イギリスにおける教育のあり方をそれぞれ別の角度から批判したにもかかわらず、教育改革の提案については、以下に述べる「親の選択権」の強化を中心にほぼ同様の主張を行った（二宮 2014: 275、アップル 1994: 20-21, 25-26）。

サッチャー政権の誕生当初、政権の課題の中で教育改革の優先順位は低く（Chitty 2009: 47）、サッチャー政権第三期の 1988 年教育改革法までは、いくつかの改革が緩やかに進行した。

サッチャー政権を通じて一貫して追求されたのは「親に学校選択の自由をいっそう大きく与える諸政策」であった。ウォルフォードはこれを教育における広義の民営化の過程の一部として捉えたが（ウォルフォード 1993: 136-137）、この政策は当初、公立小中学校における学校選択制と教育バウチャー制度の導入としてすすめられた。学校選択制については、1980 年教育法において、親の学校選択についての権利の条項が盛り込まれた。しかし、各学校における受け入れ人数は地方教育当局が独自に決定できたので、親が学校を選択できる範囲は極めて限定的であった。また、教育バウチャーは、サッチャー政権第二期まで教育大臣を務めたジョゼフ（Joseph, K.）によって導入が検討されたが、保守党内部での合意が得られず断念された（大田 2010: 39-40、Chitty 2009: 49-50）。

1988 年教育改革法による NPM 型教育改革

保守党政権の教育改革は、サッチャー政権第三期の 1988 年教育改革法（Education Reform Act）によって劇的に進行した。

1988 年教育改革法は、ジョゼフの後任として 1986 年から教育大臣となったベイカー（Baker, K.）によって構想された。この構想は 1987 年総選挙の保守党マニフェストにおいて、「四大改革」[16] として打ち出された。そして総選挙において保守党が大勝し、第三期サッチャー政権発足

16　①全国共通のカリキュラムと 4 回にわたる成績評価試験、②小中学校の学校理事会への予算統制権限の付与、③シティー・テクノロジー・カレッジ（CTC）の創設、④地方教育当局の管轄から離脱し政府から資金を付与される公立学校の制度の導入、である。

後の 1987 年 11 月に法案として下院に提出されると、ごく短期間の討論を経て議会を通過し、1988 年 7 月に法律として成立した。トムリンソン (Tomlinson, S.) によれば、そのねらいは、第一に「親の選択」によって達成される市場イデオロギーの実現、第二にカリキュラムやテストへの中央政府の統制の実現、第三に地方教育当局と教員およびその訓練者のパワーの簒奪、第四に個々人や各機関の説明責任の要請、第五に多様性の要請であったという (Tomlinson 2001: 43)。

以下では、この 1988 年教育改革法に基づく改革を、国家による教育サービスの統制と教育サービスの「準市場」の形成という二つの面から概観し、さらにそれが新たな教育サービスの統制としての学校評価システムを要請したことを述べる。

2) 1988 年教育改革法による教育改革――NPM 型行政統制の基盤構築

政府による教育サービスの統制と市場化――ナショナル・カリキュラムとナショナル・テスト

1988 年教育改革法により、教育担当大臣によって定められ公立学校に適用されるナショナル・カリキュラムが新たに導入された。同カリキュラムは義務教育段階の 11 年間を 4 段階のキーステージに分けて、各ステージにおける必須強化および各教科の履修内容を定めるものである。また、このナショナル・カリキュラムに対応して、ナショナル・テストが行われることとなった[17]。

ナショナル・カリキュラムの導入の政治的意義は、第一に、中央政府が教育内容の決定権を持つことによって、従来の「地域政策共同体」によるカリキュラム支配の打破を行うとともに、グローバル競争に対応する教育水準の向上に対して国家が責任を持つ体制を構築したことであった。ナ

---

17 これは、キーステージごとのナショナル・カリキュラムテスト、中等学校修了一般資格 (GCSE)、大学入学資格 (A レベル、AS レベル) というそれぞれの段階のテストによって、定められた教科の到達度を測るものである。

ショナル・カリキュラムはナショナル・テストと一体となって、国家による教育内容と水準の統制を本格化させた。これにより、「政府と教員の権力関係の転換」（Ball 2013: 130）が行われたのである。

　第二に、イングランド全域で共通の教育内容と各学年での到達目標が示されることにより、次に述べる教育サービスの「準市場」形成の基盤が整備されたことである。ナショナル・カリキュラムの導入は、単に国家が教育内容の事前統制を強め、教育内容や到達すべき水準を奨励していることだけを意味するのではない。それは、ナショナル・テストと結びつくことにより、並行して進む教育の「準市場」における各学校の業績を事後統制する確固たる基盤となるのである。

　アップル（Apple, M.）は、イギリス・アメリカで進行する「右派連合」による教育改革が、一方では民営化や権限移譲などの国家責任の市場化、他方でのナショナル・カリキュラムという教育への国家介入の強化という、一見矛盾する傾向を見せることを指摘しつつ、ナショナル・カリキュラムが持つ重要な役割について、次のように述べる。「ナショナル・カリキュラムの大きな役割はナショナル・テストが実施され機能できるような枠組みを用意することにある。ナショナル・カリキュラムは、消費者に学校の「品質表示」を与えるはずで、それによって「自由の市場の諸力」が最大限可能なところまで機能できるのである」（アップル 1994: 27）[18]。

教育サービスにおける「準市場」の形成

　次に、1988年教育改革法に基づく改革の中で、教育サービスの「準市場」の形成に関わる政策を検討する。前章でも述べたように、「準市場」

---

[18] またウィッティは、教育の「市場」化と並行してナショナル・カリキュラムが導入されたことについて、「数こそ減ったものの権限を強化することによって、国家は一見枠外にいるように見えながら実は特定の利害関心についてはそれを保持する能力を強めてきた」と指摘する。そしてイギリスの教育政策が、一方では「消費者主権に向けた動きを強め」、他方では「教育システムに対する情報と権限をどんどん要求する」ことをもって、それはギャンブルの言う「自由経済と強い国家」を創り出すための「壮大な計画」であると述べている（ウィッティ 2004: 128、ギャンブル 1988）。

とは、①政府の資金提供、②利用者による供給者の選択を含む交換的関係の成立、③サービス供給者の多様性、④競争およびそれを通じて供給者が利用者を引き付ける誘因を有していること、という一連の条件が整備されることによって成立する。

　第一に、公立小中学校における学校選択制が本格化することにより、利用者である保護者と子どもがサービスの供給主体を選択できるようになった。また、それに伴い各学校が生徒の獲得をめぐって競争関係に置かれるようになった。1988年教育改革法による学校へのオープン入学（Open Enrollment System）の導入により、各学校は物理的に最大限の生徒数を受け入れなければならないようになった[19]。以後保護者による公立学校の選択行動はイングランド全体に拡大し、その過熱ぶりはしばしば社会問題として指摘されるようになった。

　第二に、学校への権限移譲（Local Management of School = LMS）によって、学校経営の「自律化」が行われ、各学校が教育サービスの提供主体として自立した学校運営とサービス供給を求められるようになった（末松 2012: 2-3）。1988年教育改革法では、各学校に置かれる学校理事会（School Governing Body; 保護者、教員、校長、地方教育当局職員、地域の識者で構成）に、従来地方教育当局が保持していた教員採用、校長決定、学校予算の決定と運用、カリキュラムの決定などの権限を移譲することとされた。この中では特に予算運用の権限が各学校に移譲されたことにより、各学校の経営上の自由が拡大し、各学校は配分された予算の枠内で独自に予算編成および執行を行う他、独自財源の確保も認められることとなったのである。

　第三に、学校選択制によって生じた学校間の競争関係は、生徒一人当たり予算制度の導入によって、財政面からも強化された。各学校の予算のうち75％は学校の児童生徒数と生徒の年齢に応じて配分されるようになっ

---

[19] すでに1980年教育法によって制度的には公立小中学校における親の学校選択は可能になっていたが、その規模は地方教育当局の判断で制限されていた。

た[20]。生徒一人当たり予算を前提とした自立的な学校運営制度は、「学校間の競争を激しくし、生徒をひきつけるための努力を学校側に奨励するための強い財政的誘因を提供しており、オープン入学とともに、消費者である親などのニーズに対して、学校がより的確に対応することを促進するものであった」(望田 1996: 274)。この学校予算配分方式の改編を、事実上のバウチャー制度と捉える論者もおり、上記の権限移譲と合わせて各学校の生徒獲得競争の誘因を引き上げ、教育の「準市場」化を促進したと認識されている(ウィッティ 2004: 68、福井 2008)。

第四に、公立学校体系の改革によってサービス供給主体たる学校の多様化が図られた。保守党政権下では、従来の総合制学校とグラマー・スクールを中心とした公立学校体系に加えて、以下の新たな形態の公立学校が設けられた。

①国庫補助学校(Grand maintained School = GMS)。各公立学校は、学校理事会の判断により、地方教育当局の管轄から抜け、国庫から直接に補助を受ける学校に移行できることとなった[21]。この GMS に対しては、1993 年教育法(Education Act 1993)において、新たに学校支出庁(Funding Agency for Schools)が設立され、同校への補助金を支出することになった。

②シティ・テクノロジー・カレッジ(City Technology College = CTC)。主に学校の荒廃が進んでいるインナーシティにおいて、11-18 歳までの子どもが通う学校を、民間の投資を得ながら設立し、地方教育当局の統制からは独立した地位を与える。のちの労働党政権で導入された公設民営学校「シティ・アカデミー」および「アカデミー」の原型である。

③スペシャリスト・スクール(specialist school)。メージャー政権下

20　学校への財政配分方式については文部省(2000: 186-188)も参照のこと。

21　この GMS については、「学校サービスの多様性を促進し、LEA の権限をはく奪するために導入された」(太田 2003: 29)という二つの目的が指摘されている。GMS は労働党政権下で廃止された。

で導入された政策で、各公立学校は、科学技術、外国語、スポーツ、芸術の各分野から重点化したい強化を指定して応募する。政府から指定を受けると、国庫より補助金が支給され、一般的なカリキュラム以外に各分野の専門授業を行うことができるようになる[22]。第四章で述べるように、のちの労働党政権でその数は一挙に増大した。

　以上に概観したように、保守党政権下では、第一に、教育サービスにおいて利用者による供給主体の選択が可能になった。第二に、供給主体が自立するとともにそのサービスの多様化が図られたことによって、教育サービスにおける「交換関係」が成立し、「準市場」が形成された。同時に第三に、供給主体間に、利用者および財源をめぐる競争的な関係が組織されたこと、その関係は数年後のナショナル・テストの学校ごとの結果公表によって強められたこと、供給主体の多様化によって選択の誘因が強められたことなど、競争的な形態の「準市場」の構築が進められたのである。

　このような教育サービス供給における「準市場」の形成は、必然的に従来とは異なる行政統制の仕組みを要請することとなった。

地方教育当局の「弱体化」

　次に、1988年教育改革法による中央政府と地方自治体、すなわち地方教育当局との関係の変化を見ておこう。

　サッチャー政権による地方自治体への対応については、第二期まではもっぱら自治体の財政自治権に対する攻撃による支出抑制が中心となっていた。しかし政権第三期の1980年代後半には、前章で見たように公共サービス全体の管理と「市場化」が強まる中で、自治体に対しても新たな位置づけが与えられた。それが「条件整備団体（enabling authority）」への転換である。これは、環境大臣リドレーによる文書「ローカルライト―

---

[22] スペシャリスト・スクールは、入学定員の最大1割を生徒の潜在能力により選好することが認められている。また、CTCにも入学者選抜にかかる同様の裁量が与えられていた（自治体国際化協会 2002: 30、Taylor et al. 2006: 56-57）。

表2－2　1980－90年代の学校体系の変化

		1944年教育法	1988年教育改革法	1998年教育法
公費維持学校 (Maitained School、State School)	地方教育当局が管理する学校	カウンティ・スクール		コミュニティ・スクール
		有志団体立管理学校（ボランタリー・エイディッド・スクール）		
		有志団体立補助学校（ボランタリー・コントロールド・スクール）		
				地方補助学校（ファウンデーション・スクール）
	国庫から直接に補助を受ける公立学校		国庫補助学校（グラント・メインテインド・スクール）	
	国庫から直接に補助を受ける公設民営学校		シティ・テクノロジー・カレッジ (CTC)	
独立学校 (Independent School)				

出典：佐貫2002: 73、吉原2017: 83にもとづき筆者作成

―供給ではなく条件整備を」(Ridley 1988)によって明示された考え方で、地方自治体に対して、従来のように公的支出に基づきサービスを直接に提供するのではなく、民間事業者等の供給力を活かしそれらがより効率的に公共サービスを提供できるような条件整備とサービスのマネジメントを行うことを求めるものであった（君村1993b: 42-43、豊永2010: 215-217）。

では、このような中央地方関係の変化の中で、1988年教育改革法は地方教育当局の業務をどのように変えたのか。まず、全国統一のカリキュラムが導入されたことにより、地方教育当局が関与してきたカリキュラム編成については、この権限を失うこととなった。地方教育当局が関わる各学校のカリキュラム編成については、すでに1970年代から中央政府の関与が強まっていた。1988年教育改革法以降、地方教育当局は、中央政府が定めるカリキュラムの実施を各地域において担い、実施状況を監視する役割を担うようになった（藤田1993: 110,115）。

次に、各学校の管理運営については、先述の通り、各学校に予算や人事等の権限が委譲されたことにより、地方教育当局はこれまで保持してきた

権限を失うこととなった。同時に、国庫補助学校（GMS）の導入により、各公立学校が自主的に地方教育当局の管轄から離脱することが可能となり、ここでも地方教育当局の個別学校に対する影響力の低下が進められた。

　サッチャー政権によって進められたこれらの改革は、極めて政治的なものであった。すなわち、各地の地方教育当局には、労働党の影響下に置かれたものが数多くあり、サッチャー政権が自らの教育政策を進めるにあたっては、これらの地方教育当局を弱体化させ、抵抗を排する必要があったのである。こうした政治戦略の象徴ともいえるのが、やはり労働党の影響下にあった内ロンドン地方教育当局（Inner London Education Authority）の廃止であった（1988年教育改革法第3部）。1988年教育改革法によるサッチャー政権の教育改革戦略には、戦後の学校教育にかかる「地域政策共同体」の中核となってきた地方教育当局の影響力の弱体化、すなわち地方教育当局を中心とした教育内容や指導の統制構造の打破が、明確に位置づけられていたのである。

　他方で、次節で述べるようにサッチャー政権の教育政策における地方教育当局対策は、単線的な弱体化政策ではなかった。地方教育当局には、従来の指導・援助を一定容認しつつ、中央政府のカリキュラムの実施の監視、学校経営の評価や監視などを行うことが求められた。つまり、「条件整備団体」たる自治体の教育部局にふさわしい、中央政府の政策の地方における「保証」を行う機関へ変質を求める傾向がうかがえたのである（高妻2007: 193）。ただし、次のメージャー政権を含む保守党政権期には、総じて地方教育当局の影響力の低下に地方教育政策の重点が置かれており、教育における「条件整備団体」として地方教育当局に明確な位置づけが与えられるのは、1997年からのブレア労働党政権下においてであった。

NPMによる公教育の「ガバナンス」化

　以上のような改革を経て、保守党政権下では教育行政や教育サービスの「ガバナンス」化が進行した。「ガバナンス」とは、従来専ら行政組織において提供されてきた公共サービスが、行政を含む複数の主体によって提供されるようになったことに着目し、それらの主体の関係性や方向づけを

分析しようとする概念である（Rhodes 1997、青木 2008: 4-9、曽我 2013: 316）。保守党政権下で構築された教育「ガバナンス」は、公教育のサービス供給主体である学校を多様化しただけでなく、それらを競争的な関係におくことにより、各学校の教育パフォーマンス、そしてイギリス全体の教育パフォーマンスを向上させようとしたのである。これ以降今日に至るまで、イギリスにおける教育は、教育「ガバナンス」によって提供されるようになるが、それは常にNPMの強い影響を受けたものとなっていった。

(5) 新たな学校評価システムへ──「親のための憲章」と「選択と多様性」白書

本節では、1988年教育改革法によって進行した国家による教育内容の統制と教育サービスの「準市場」化が、新たな教育サービスへの統制の仕組みを要請し、それが1992年の教育水準局の設立にまで至る過程を検討する。この過程は、NPM改革によって教育分野において構築された市場型統制に対応する経営管理型統制が確立される過程である。

1) 新たな学校教育の評価システムへの要請

1970-80年代の「学校評価」への批判

1944年教育法以後のイギリスにおける「学校評価」は、地方教育当局による査察や助言、またそれと連携して行われるようになった勅任視学官の学校査察によって構成されてきた。その助言的・支援的性格は、1970年代の経済危機以降、学校教育を含む公共支出削減およびコスト管理強化の要請と、戦後教育への批判の高まりの中で、改革の圧力にさらされるようになった。政府による公共支出削減の要請は、各地方教育当局に学校の教育や運営にかかるパフォーマンスの測定とアカウンタビリティを求めた。しかし多くの地方教育当局では、未だ各学校の自己評価が奨励され、政府が求める外部評価（査察）が拡大することはなかった（Wilcox and Gray 1996: 26）。

他方で、勅任視学官による学校査察に対しても、特にキャラハン政権下の「大論争」以降、その助言的な機能を批判し、各学校の客観的なパフォーマンス（アウトプット）を根拠にした判定を行うよう求める圧力が増大した。キャラハン首相自身が、「国の到達水準やその保持という観点からして査察機関の役割はどうあるべきか」について公然と問題提起を行った（Chitty 2009: 44）。1980年代に、新たな監査機関によりVFM監査が普及するようになると、勅任視学官に対する批判はさらに強まった。この批判については、査察の制度や運用に関するものと、政治的なものとがあった。前者については、査察が不定期にしか行われていないこと、査察報告書が公開されていないこと、学校との査察目的の共有が図られていなかったことなどであった（高妻 2007: 206）。他方で、後者については、イギリスの衰退をもたらした戦後福祉国家における教育行政システムを構成するものとして、勅任視学官の学校査察も右派の批判にさらされた。勅任視学官は、地方教育当局と並んで、戦後労働党が積極的に推進してきた進歩主義、平等主義に基づく総合制学校システムを守ろうとする教員・公務員の支援者とみなされたのである（Ozga et al. 2015: 62）。

1988年教育改革法による新たな学校評価システムの「要請」

　このような従来の「学校評価」とその担い手への批判が高まる中で、1988年教育改革法は成立した。先述したとおり、同法は、一方で教育内容については、ナショナル・カリキュラムとナショナル・テストによって国がこれを統制し、他方で個々の学校の運営については、地方教育当局から学校理事会へその権限を移すとともに、学校選択制の全面化、生徒一人当たり予算、学校体系の多様化によって学校教育サービスを「準市場」化することを内容としていた。このような改革は、従来と異なる新たな学校評価システムを要請することとなった。なぜなら、新たに政府が創出した「準市場」において、競われるべき水準を設定し、それについて各学校がどの程度の到達であったのか、それらの教育サービスのコスト管理はどうだったのかを情報提供し、親が選択を行う条件整備を行う必要があったからである。

第二章　保守党政権期（1980-90年代）における教育改革と学校評価

　ウィルコックスらは、1988年教育改革法が「暗黙に、学校についての情報を提供する手段としての評価の重要性を裏書きするものであった。特に情報は、各学校がどのようにナショナル・カリキュラムを履行し、LEAから移譲された財政と管理の権限を行使しているのかについて、必要だった」(Wilcox and Gray 1996: 28) と指摘する。またボルトンも、「政府がカリキュラム内容の正当性や達成すべき質や水準について選択したのなら、政府は国の査察機関に対し、その教育政策を改善し評価するための情報、助言および判断を提供することを期待する権利がある」(Bolton 1998) と述べ、教育内容を定めた国家が、パフォーマンス評価を通じて学校を事後統制する正当性を主張した。

新たな評価システムの担い手をめぐる議論の分岐
　しかし、上記の新たな要請にこたえるために、教育水準局のような中央政府レベルにおける統一的な査察機関を創設することは、必ずしも自明なことではなかった。1988年から、教育水準局の創設を明記した1992年教育（学校）法の成立までの3年間には、新たな経営管理型統制の担い手やシステムをめぐる議論の分岐があったのである。
　当初、新たな学校評価システムは、各地の地方教育当局によって担われるという構想が存在した。これを提唱したのは、自治体監査委員会である。(AC 1989、Wilcox and Gray 1996)。同委員会の報告書『教育における質の保証』は、その副題が示すように、地方教育当局の査察官・アドバイザーによる学校のモニタリングを1988年教育改革法の要請に基づき改編しようとするものであった[23]。すでに各地方教育当局では、フ

---

[23]　自治体監査委員会報告書の議論は以下のような特徴を有していた。①地方教育当局の教育の質にかかる役割は、1988年教育改革法以降ますます大きくなっている、と認識していること（introduction）。②現状では、地方教育当局のサービスは各学校への助言に著しく偏っており、査察との時間配分のバランスが悪いこと。自治体全体の目標と各学校の評価の関連がないこと。③新たな提案として、各地方教育当局において、より強力な教育と学びの観察と改善された記録保持をともなった、より体系的なモニタリング＋適切な助言提供の管理を内容とする新たなシステムの構築を主張したこと、である。

ル査察を含む査察サービスが増加しており、従来の助言的・支援的な各学校へのサービス提供からの変化がみられていた。また、高妻（2007）によれば、1988年教育改革法以降、地方視察・教育アドバイザー協議会（National Association of Inspectors of Schools and Educational Advisers = NAISEA）を中心に、ナショナル・カリキュラムの実施に伴う各地方教育当局のアドバイザーの役割転換が模索され、保守党政権の教育改革への組織的対応が行われてきたという。（高妻 2007: 193-194）。自治体監査委員会の報告は、このような各地方教育当局の取り組みをより体系化して提起したものであった。ここでは、政府内部においても各地方においても、1988年教育改革法の下で進められる「準市場」化に対し、各自治体でそれに対応する学校評価システムを構築しようとする動きが顕著に見られたことを確認しておきたい。

　しかし、結果からいえば、メージャー政権の下で創出された新たな学校評価システムは、これらとは全く異なるものだった。すなわち、「政府はLEA査察をそれぞれの形態の中で推進する立場から、独立した査察チームによるフル査察の統一的なシステムを要請する立場へと転換した」（Wilcox and Gray 1996: 30）のである。

　この「転換」の原因については、以下の点のみ指摘しておきたい。一つには、80年代の地方教育当局や勅任視学官の行う様々な改革を通じても、それらの行う学校査察に対する不信感が払拭されなかったことである。1992年にメージャー政権が公表した教育白書『選択と多様性』は、従来の地方自治体による査察体制を「恥ずべきもの」、勅任視学官による学校査察は「2000の小学校をすべて査察するのに60年もかかった」と酷評したのである（DfE 1992）。

　「転換」のもう一つの要因は、政治的な背景である。すなわち、先述した勅任視学官や地方教育当局に対する右派からの批判を受け、メージャー政権は従来の教育統制の主体とは異なる新しい担い手を確立する必要があった（Wilcox and Gray 1996: 32）。これに加え、メージャー首相自身の政治姿勢も、新しい学校査察システムの設立に反映したという。新たな学校査察制度の提案は、1992年総選挙を率いたメージャーの主要アイデ

アの一つであり、サッチャー政権の遺産の上に自分の刻印を残したいメージャー自身の思い入れが強固であったと言われている。

2）「市民憲章」と「親のための憲章」による新たな統制形態の提起

前章で述べたとおり、メージャー政権は1991年、「市民憲章」を翌年総選挙の公約に掲げ、改めてこれが同政権の行政改革の基本方針であることを示すと同時に、これを推進する様々な具体策を提起した（Cabinet Office 1991）。特に地方自治体、公共交通（鉄道）、郵便、医療（NHS）では、目標による管理と業績統制を推進することを明示し、地方自治体については自治体監査委員会による各自治体の業績にかかるリーグテーブルの作成・公表を行うことを掲げた。

さらに、第4章「進捗をチェックする」では、「監査と査察」を教育はもちろん社会サービス、警察、監獄、医療などの諸分野で強化していくことが提起された。ここで強調されたのは、すべての公共サービス供給組織は、民間企業のように、独立した機関によってそのパフォーマンスを他の組織と比較されるべきであり、それによって優秀な実践や支出に見合う価値、サービスの質の向上が広く普及するということであった（para.38）。

特に査察については、「市民憲章」が事実上の「反専門職」の立場を取ることを鮮明にしている（para.40）。つまり、査察の主要な役割は、公共サービスが最も効果的な方法でそれを必要とする人に提供されているかチェックすることであるが、従来の査察は過度に専門職スタッフにのみ担われており、それは容易に閉鎖的な専門家の世界に転化するものであった。「市民憲章」は、この担い手の偏りをただし、査察機関を外部に開いていく姿勢を鮮明にしたのである。その手段として、素人メンバーを査察機関に登用すること、査察の報告に公衆の視点を取り入れることなどが提起された。

この方針の下、学校教育の査察について、次のことが掲げられた（para.41）。

・学校、教育指導、学びについて客観的な査察と業績測定の分析に基づ

いた独立した判定（judgement）の必要性
・素人メンバーを含んだ査察プロセスの必要性
・生産者（＝学校）から独立した査察の必要性
・支出に見合う価値を推進する一環として学校の活動を専門的に監査できる者の必要性

ここにおいて、従来の地方教育当局による専門職による助言的査察から、独立した査察機関による客観的な業績やVFMを重視した新たな査察制度の構築が決定的となったのである。

この「市民憲章」を教育分野で具体化したのが、数か月後に教育省が作成した「親のための憲章（Parent's Charter）」である[24]。そしてこの「親のための憲章」が、教育水準局による学校査察を軸とした新たな学校評価システムが構築される直接の契機となった。「親のための憲章」は、教育サービスの受け手のニーズが「親による適切な学校選択」であることを明記し、それを保障するための親への情報提供を重視した[25]。そして、この情報提供を行うべく、5つの方針が提起された。すなわち、①子どもの進捗にかかる最低年1回の報告、②独立した査察官による子どもの学校の規則的な報告、③地域の学校のパフォーマンス・テーブル、④個々の学校の案内あるいはパンフレット、⑤学校理事会による毎年の報告、である。

この一連の経過の中で、イギリスの教育における行政統制のNPM型への転換を決定づける二つの提起が行われた。一つは、各自治体による学校別の学力テスト結果「パフォーマンス・テーブル（performance table）」の公表である。そしてもう一つは、新たな査察機関による学校査察とそ

---

[24] 実際にはすでに「市民憲章」において、教育にかかる「親のための憲章」という項目が存在し、教育の到達水準の向上、親の選択とアカウンタビリティの強化、効果的な資源活用の三つの原則（para.13）、および生徒の成長についての毎年の報告書作成、学力テスト結果公表の地方教育当局への義務付け、すべての学校における規則的で独立の査察（para.14）を掲げていた。

[25] 現在の教育省のウェブサイトにも1991年の『親憲章』の概要が紹介されている。http://www.education.gov.uk/schools/performance/archive/schools_96/sec8.shtml（2015年4月22日閲覧）

の結果の公表であった。これらは、1992年3月の教育（学校）法の成立、1992年4月の総選挙による保守党の勝利を経て、メージャー政権によって実現・推進されていくのであるが、その狙いを鮮明に表したのが1992年の総選挙後に公表された白書『選択と多様性』であった。

3) 白書『選択と多様性』に現れた新たな教育統制の論理

1992年4月の総選挙に勝利したメージャー政権は、その教育政策を改めて白書『選択と多様性（Choice and Diversity）』として発表した（DfE 1992）。同白書のねらいは、メージャー首相の序文にいわく、「さらなる親の選択権の強化、厳格なテストの実行と学校の到達水準に対する外部の査察、個々の学校と学校理事会に対する権限の委譲、そしてすべての子どもたちがどこにいようとも主要科目で共通の基礎学力を得られる機会を得ること」であった。同白書は、「市民憲章」およびそれを受けた「親のための憲章」の「顧客志向」にたち、「親のための憲章」が提起した独立した学校査察と学力テストの結果公表を具体化するものであると同時に、総選挙の直前に成立した1992年教育（学校）法で規定された、新たな学校査察の意義と正当性を強調するものであった。

学力テストによる「準市場」の強化と親の選択権の強化——市場型統制の「完成」

白書において、サービスの統制構造との関係で注目すべきは、「質（quality）」の箇所で、1988年教育改革法に基づき導入されたナショナル・カリキュラムによって、政府が子どもに対して明確な教育目標と到達水準を示したことの意義を強調しつつ、次のように述べていることである。

> 「政府は、ナショナル・カリキュラムによって提供される質を確固として守っていくが、それは学力考査や試験のプロセスによって測定され、非常に重要なことに、強力かつ独立した新たな査察機関によって判定されるのである」(1.13)。

つまり、1988年教育改革法の柱であった、国家による教育の質の統制は、ナショナル・カリキュラムが定める内容の習熟についての学力テストによる測定と、新たな学校査察による判定という、二つの「新たな」統制手法によって強化されるべきであることが改めて宣言されたのである。この点を、以下で詳しく見ていこう。

　まず、学力テストを改めて教育の統制手法と位置付けた意図についてみよう。

　先述のように、イギリスにおけるナショナル・テストと呼ばれる学力テストの導入は、1988年教育改革法におけるナショナル・カリキュラムの導入と同時に開始された。試験は、ナショナル・カリキュラムの各段階に対応し、キーステージ1（7歳）、キーステージ2（11歳）、キーステージ3（14歳）、キーステージ4（16歳）で行われることとなった。これにより、従来から行われていた中等学校卒業資格であるGCSE試験（キーステージ4の試験として実施）と、大学入学資格であるAレベル試験を含め、イギリスの子どもたちは4回あるいは5回の全国学力テストを受験することとなった（佐貫 2002: 9-10）。当初は数週間をかけ面接などを取り入れたテストが行われていたが、1992年教育法前後の改革によって、範囲を限定したペーパーテスト中心の学力テスト体制が確立された。

　白書『選択と多様性』では、新査察機関による新たな学校査察の記述の直後に、「より良いカリキュラム、より良いテスト（A Better Curriculum, Better Testing）」という節が置かれている。そこには次のような記述がある。

　「学校生活の中心となるナショナル・カリキュラムに明確にコミットしてきたように、政府はテストの実行にも断固としてコミットする。アセスメントやテストは我々の学校の到達水準をモニタリングし向上させるための鍵である。教員はテストの実施によって親を我々の学校に包摂する。テストは親に情報を提供するものであり、これは市民憲章のねらいとも符合するものである」（DfE 1992: 9）。

ここでは、国家が行う学力テストの意義として、ナショナル・カリキュラムという国家による教育内容決定の補強という文脈に加え、サービスの選択権を持つ親への情報提供が強調されている点が注目される。

そしてこのような考えに基づき、政府は全国学力テストの結果をはじめ、学内テストの結果、生徒の無断欠席率などをパフォーマンス・テーブルとして公表することに踏み切った[26]。これらの公表結果は、マスコミによって「全国学力テスト」の成績一覧表「リーグテーブル」として毎年報道されるようになり、イギリスの各小中学校は全国学力テストのたびに全国順位を公表され報道されるという現在の態勢が確立されたのである（佐貫 2002: 第Ⅰ章、福田 2007: 33）。

学校査察のリニューアルのねらい──「地域政策共同体」の破壊と「親の選択権」の保障を通じた国家による業績統制の正当化

次に、『選択と多様性』白書において、学力テストと並んで学校査察が教育の統制手法として位置づけられた意図についてみよう。

まず強調されたのは、従来の学校査察において、学校を訪問した査察官が教室の観察をほとんど行っていないことと、査察と学校への助言を区別せず、教育が機能しているかどうかを適切に評価できていないことである。

したがって、この後に続く「来年からすべての学校は、新しい強力な学校査察官による注意深い観察の下で、規則的で厳格な査察を課されることになる」との記述には、二つのねらいを読み取ることが可能である。一つは、従来の「地域政策共同体」を支えてきた地方教育当局と学校の間の関係を、教育の質保証の観点から否定することである。後述する教育水準局の査察の導入もまた、国庫補助学校の創設や学校の自律的経営政策（LMS）と並んで、地方教育当局と学校および教員による「地域政策共同体」を打破するという側面を有していたのである。

もう一つは、それに代わる教育の質保証の仕組みとして、教育目標と到

---

[26] 当初は中学校のみの公表であったが、1997年からは小学校のパフォーマンス・テーブルも公表されるようになった。

達目標を定めた国家が、新しい厳格な査察を提起することを正当化することである（DfE 1992: 31-32）。『選択と多様性』白書は、第一章の後半「1990年代の使命」で、改めて1992年教育（学校）法で規定された新たな学校査察機関設立のねらいとその業務について述べている。そこで強調されているのは、「親の選択権（parental choice）」の前提となる学校についての情報提供の必要性である。しかもその情報提供は、内向きで専門家にしか分からないテクニカルな言葉を使うのではなく、「単純かつシンプルなやり方で」行うことが強調されている。ここでは、従来の教育サービスにおける質の統制を、閉鎖的で専門家に支配されたものと認識し、それを打破することの必要性が強調されている。小見出しが「学校査察と教育の脱神話化（School Inspection and the Demystification of Education）」とされているゆえんである。

このように求められる学校の情報を提供するために、新たな査察機関は、①4年に1回イングランドのすべての学校の質と達成度を査察すること、②一年度に6000の学校が査察を受けること、③中学校の査察は1993年9月から、小学校と特別学校は1994年からスタートすることが、白書において明確にされた。さらにこの全学校に対する査察を経て、④すべての親に査察報告書が送付され、すべての公立学校の主要な教育活動のパフォーマンスは比較可能となること、⑤学校理事会はそれをフォローする改革プランを作成し、その進捗状況を定期的に親に報告する義務が生じることが明記されたのである。

以上のように、メージャー政権による教育改革は、サッチャー政権の教育改革を継承・強化しつつ、二つの改革、すなわち新たな学校査察の導入と学力テストの結果公表によって、従来親等が得ることのできなかった各学校のパフォーマンスにかかる情報を、定期的に提供する仕組みを確立するとともに、「親の選択権」保障を通じ国家による学校の業績統制を決定的に強化したのである。

(6) 新たな学校査察の組織、制度、プロセス

本節では、これまで述べた経過によって新たに設立されたイギリス教育水準局の組織と権能、同局が行う学校査察の制度、およびそのプロセスについて、検討を行う。

1) 教育水準局の組織と権能

1992年教育（学校）法によって設立された新たな査察機関の組織体制とその役割はどのようなものであっただろうか。

教育水準局は、1992年教育（学校）法に基づき設立された非大臣政府機関（Non-ministerial government department）である。教育関連省庁から財政支出を受けることはあるものの、省庁からは独立している。教育水準局を統括するのは主任勅任視学官（Her Majesty's Chief Inspector ＝ HMCI）であり、このHMCIは議会の常任委員会（select committee）に直接報告を行う義務を負う。1992年以前の学校査察は、教育省に所属するHMIによって統括されていたので、1992年教育（学校）法は、第一に教育行政組織から独立した組織が、第二にそれまで行われてこなかった定期的な学校査察を実行するようになったという点において、新たな学校評価の仕組みを導入したといえよう。

同法は、主任勅任視学官の役割について以下のように規定する（2条1項2項）。

教育大臣に対して次の事項を報告し、求めに応じて助言すること。(a)学校が提供する教育の質、(b)学校で達成された教育水準、(c)学校が扱う財源が効率的に管理されているかどうか、(d)学校における子どもたちの精神的、道徳的、社会的および文化的成長。

しかし、上記の役割について主任視学官は総括的な役割を果たすのみであり、実際の各学校における査察業務は、主任視学官が統括する登録査察官（Registered Inspector）が担うこととなった。すなわち、上記の条文に続き、2条3項では、主任視学官が登録査察官の名簿を作成・管理すること、登録査察官の査察や報告の指導、査察活動のレビューや基準の順守

などを規定している。

　登録査察官とは、民間会社に所属し、査察に際して教育水準局と契約を締結して査察業務に従事する者である。1992年教育法に基づく査察の開始以降、公務員である勅任視学官の数は縮減され、多くの査察業務はこの登録査察官によって担われるようになった。1992年教育法によって学校査察が「民営化」されたと言われるゆえんである。

　さらに1992年教育法は、第9条において、学校査察を受ける学校の種別を列挙している。具体的には、カウンティ・スクール、ボランタリー・スクール、スペシャル・スクール、GMスクール、インディペンデント・スクール（独立学校）、CTCなどである。そして続く10条において、これらの学校への査察は、「主任視学官の保持する登録簿に査察官として登録されない者は行うことができない」ことが規定されるのである。

　高妻（2007）によれば、登録視学官に登用する基準として、HMIによる5日間の養成課程を経ること、教育水準局によって優秀と認められたものは3年間の資格を得ること、などが設けられた。さらに、実際の学校査察において査察チームを編成する際には、必ず査察未経験の素人査察官（Lay Inspector）を加えることが義務付けられた（高妻 2007: 207）。

2）教育水準局による学校査察プロセス

　では、実際の学校査察はどのように行われるのであろうか。査察のプロセスは、1990年代保守党政権期の開始当初から何度か改訂されているが、のちに比較可能なように、査察前、査察中、査察後に分けて整理しておく[27]。

［査察前］
①教育水準局から各学校への通知（約1年前）

---

[27] 以下の記述は、1994年発行の『学校査察のフレームワーク』（Ofsted 1994a）、『教育水準局ハンドブック 幼稚園および小学校の査察ガイダンス』（Ofsted 1994b）、1995年発行『同 中学校の査察ガイダンス』（Ofsted 1995）、および高妻（2007: 208-209）を参照した。

②事前折衝。登録査察官と校長による。
③事前訪問（initial visit）。査察官と校長等により、査察プロセス、授業等の観察、分析方法、査察後の取り組みについて打ち合わせ。
④査察チームによる準備。チーム編成と査察の方法、期間の決定、学校プロフィールの分析。

［査察中］
⑤査察チームによる学校のエビデンス収集。
　a．授業観察（査察時間の６割以上）。子どもの成果物の収集。
　b．子どもとの対話。それにより、様々な科目についての子どもたちの知識と理解、および彼らの課題や学校生活への姿勢を評価する。
　c．スタッフ（校長、管理職、クラス担任）との対話。
　d．教員の授業計画、ナショナル・カリキュラムテストおよびGCSEテスト（中学校）等の記録、教員評価の記録。
　e．親との対話。査察目的の説明と質疑応答、学校の現状についての親の認識の聞き取り。
⑥口頭によるフィードバック。査察の終盤に、査察を通じて発見された学校の課題や取り組まれるべき事案などにつき、学校に対して報告する。
⑦査察チームの会議。学校の総合評価についての判定。特別措置（special measures＝後述）を要請するかどうかの決定。

［査察後］
⑧校長および管理団体に対する口頭での報告
⑨登録査察官は、査察後５週間以内に報告書の作成と学校への送付、公開を行う。報告は「査察の主な発見（Main findings of Inspection）」と「改善のための主要課題（Key Issues for action）」を明記する。
⑩学校理事会は報告受領後４週間以内に「改善計画（Action Plan）」の作成と親への公表義務を負う。
⑪学校が生徒を十分な水準に達する教育の提供に失敗していると判断さ

れたとき、査察官は「特別措置」が必要な旨を学校事務局長と管理団体に報告する。勅任視学官が教育水準局の報告草案を長官に上げ、その承認を受けて登録査察官はその旨を報告に明記し、1993教育法206条（7）に基づき特別措置が当該校のために要請される。

[「特別措置」および大臣による「閉校」命令]
査察の結果、査察官が総合的に勘案してある学校を「失敗（failing）」と判断することがある。その場合、「特別措置（special measures）」という新たな制度の適用を受け、他の学校とは異なり特殊な学校改善のプロセスに入ることになる。

特別措置を要請するかどうかの判定基準は、査察のフレームワークの中にリスト化され明記されている（Ofsted 1994b: 15-16）[28]。

「失敗校」の扱いについては、1992年に続く1993年教育法によって、以下のような手続が制度化された（1993年教育法 section204-228、Hood et al. 1999: 154-155、Ferguson 2000: 104）。

① 査察によってある学校が「失敗」あるいは「危機的」と判断された場合、登録査察官は、勅任視学官に報告したのち、学校改善の「特別措置（special measures）」の適用を提案できる。
② 「特別措置」の適用により学校改善の特別予算が交付される。
③ 学校は40日以内に「改善計画（action plan）」を作成し、1年以内に計画が実行されているかどうか、再査察を受けなければならない[29]。

---

[28] 失敗校の具体的な判定基準は以下の通り。
・達成された教育水準：学校の試験結果、ナショナル・テスト等の成績の低さや、破壊的な行動、高いレベルの排除。人種差別やハラスメント。
・提供される教育の質：不十分な教育指導、ナショナル・カリキュラムの実施が不十分。子どもの精神的・道徳的・社会的な成長あるいは肉体的・情緒的な成長が不十分。
・学校のマネジメントと効率性：校長や管理職、理事の運営が有効でないなど。
　実際には、これらの項目のすべてについて低い評価でなくとも、子どもの達成度の低さ、不十分な教育指導の割合の高さ、VFMを提供できない学校運営やリーダーシップなどによって、「失敗」との判断が下される（Ferguson 2000: 104）。

[29] 1993年教育法により、地方教育当局は失敗校の財政や運営権限の委譲を停止することができるようになった。

④もし、特別措置が必要な改善をもたらさなかった場合、教育大臣は、「教育アソシエーション（Educational Association）」＝大臣によって任命された専門家委員会に学校の経営を移譲する権限を持つ[30]。

⑤もし「教育アソシエーション」が学校を改善できなければ、大臣は学校を閉鎖する決定を行える。アソシエーションが提案することもありうる。

重要なことは、「特別措置」に基づく「改善計画」の実行によっても改善が見られない場合、最終的には教育大臣の判断により、当該校の「閉鎖」を命じられることが制度に盛り込まれたことである[31]。

ここで、保守党政権下で開始された教育水準局査察のプロセスの特徴について、簡単に整理しておこう。

第一に、すべての学校において、査察前から査察の後の改善計画に基づく学校の活動までが、教育水準局が作成する査察枠組みと評価項目および評価指標に基づいて行われることである。

第二に、査察は告知から1年後というかなりの時間をおいて行われ、各学校が査察に対する「準備」を行う時間が長いことが指摘できる。また査察の態勢や内容について、主体である教育水準局と受け手である学校との協議を経て決められることも特徴である。

第三に、学校現場での査察においては、授業観察、子どもの成果物、スタッフとの対話、親との対話などを通じて学校に関わるかなり広範なエビデンスが収集されている。査察中のフィードバックは、査察の終盤に総括的なフィードバックが規定されているが、それ以外の場面でのフィードバックについては規定されていない。したがって、査察プロセスの中で査

---

30 アソシエーションについては Wilcox and Gray（1996）、p.39 および p.146 の注 6 を参照。

31 実際に保守党政権下で閉校されたのは、1995 年ロンドンのハックニーダウンズ校のみであった。他にも 2 校が査察によって強く批判され閉校の危機に瀕したが、その後の地方教育当局などの取り組みにより改善がみられたため、閉校は免れたという（Hood et al. 1999: 155）。

察官の言動が直接に個々の学校改善に結び付く仕組みは、明示されていない。

第四に、次で述べるように、査察プロセスのゴールの一つに、各学校の総合的な判定、すなわち格付け（特別措置適用を含む）を行うことが設定されていることである。また、判定を含む査察結果が報告書として公表され、その中で査察の発見と学校の改善課題が明示される。したがって、学校改善はそれを受けた学校自身の課題となり、各学校は査察結果を受けた「改善計画」を作成し親に公表することも新たに義務付けられるようになったのである。

3）査察における重点評価事項と判定

次に、査察報告作成にあたり重視される項目について、同じく教育水準局の1994年版ハンドブックの幼稚園・小学校編および中学校編から整理しておこう。

「主な発見（Main Findings）」と「改善のための重要事項（key Issues for Action）」

「主な発見」は、査察報告書の冒頭に付す要約版の中で、各学校の総括的な評価と判定（judgement）を記載する部分であり、学校が提供する教育の質や特徴に対する査察官の評価が述べられる。1992年教育（学校）法9条に規定される、以下の四つの項目の評価の記載が義務付けられている。

- ・子どもが学校で到達した教育水準（Educational standards）について。
- ・提供された教育の質（Quality of Education）について。
- ・子どもの精神的、道徳的、社会的及び文化的な成長について。
- ・学校が利用できる財政資源の能率性のマネジメントについて

また、「主な発見」をふまえ、子どもの達成や教育の質に置いてもっとも弱点と思われる部分に焦点を当て、その具体的な改善策について「改善

のための重要事項」として記載する必要がある。

重要指標（Key Indicators）

次に、査察報告書には、子どもの達成（attainment of pupils）の指標として、ナショナル・カリキュラムの各キーステージ終了時のデータを掲載することが求められている[32]。また子どもの出席率を国のデータと比較して出すこと、欠席によって失われた日数を出すこと、さらに観察された授業の評価「良い」「まあまあ良い」「あまり良くない」の割合も言及することも求められている。

査察における主な評価項目と指標

次に、個別の評価項目と、それを評価する際の指標（criteria）についてみよう。査察報告書における評価は、①「教育の水準（Educational Standards achieved）」、②「供給（Provision）」、③「マネジメント（Management）」の三つの大項目を中心に行われる。これらの大項目のそれぞれの中に、さらに細目化された評価項目とその指標が設定されている。

「教育の水準」は三つの細目からなるが、その中でも「達成と進歩（Attainment and Progress）」は、査察の中の最重要項目となっている。ここでは、例えば「小7歳、11歳、14歳および16歳が、英語・数学・科学で国の設定した到達水準（National standard）を満たしたあるいは超えたかどうか」といった指標が設定される。次に「態度、ふるまい、人格成長（Attitudes, behaviour and personal development）」という細目では、「子どもは学びに関心を持ち、授業に集中しているか？」などの指標が設けられている。「出席（Attendance）」の項目では、「子どもの学校と授業の出席率が90％を超えているか？」などが指標となっている。

次に、「供給」、すなわちサービス提供者である教員や学校の評価の細目

---

[32] 例えば小学校においては、キーステージ1終了時の「レベル2」獲得児童の割合、キーステージ2終了時の「レベル4」獲得児童の割合など。また、中学校においては、キーステージ3終了時にレベル5以上、およびレベル6以上の獲得生徒の割合などである。

と指標をみよう。「教育指導（Teaching）」では、教員のナショナル・カリキュラムのプログラムの内容を教える能力や、計画的な取り組みと実行力が評価の対象となっている[33]。さらに「カリキュラムとアセスメント（The curriculum and assessment）」では、カリキュラムの内容と構成およびそのアセスメント（テスト）が、すべての子どもの学びの経験へのアクセスを提供し、達成と進歩および人格的な成長を促しているかを評価している[34]。「供給」の細目には、これ以外に「支援、ガイダンス、子どもの福利（Support, guidance and pupil's welfare）」と「親とコミュニティとのパートナーシップ（Partnership with parents and the community）」の細目が設けられている。

　次に「マネジメント」を構成する三つの細目を見よう。一つめが、「リーダーシップとマネジメント（Leadership and Management）」である。学校理事会、校長、スタッフなどの「学校経営者」が、学校が提供する教育の質や子どもが達成する水準に貢献しているか、学校はどの程度制度的な要請に服しているかを評価する項目である[35]。二つめの「人事、設備、および学びの資源（Staffing, Accommodation, and Learning Resources）」では、カリキュラム上の各科目に必要な教職員の配置や、施設整備が適切になされているかを評価することとなっている。三つめの「学校の能率性（The Efficiency of the School）」では、学校の資源が能率的かつ効果的に活用されているか、学校が支出に見合う価値をどの程度提供できているか、

---

[33]　具体的には、「教員は「ナショナル・カリキュラム科目オーダー（National Curriculum Subject Order）」の知識と理解に基づいているか？」、「計画的に教育を行っているか？」、「カリキュラム目標や子どものニーズに適合した方法や戦略を採用しているか？」などの指標が設定されている。

[34]　具体的には、「学校のカリキュラムはナショナル・カリキュラム等の制度的要請にこたえているか？」「カリキュラムは計画的かつ有効か、学びの継続性や進歩を提供しているか？」などの指標が設定されている。

[35]　具体的には、「強力なリーダーシップが、学校が動いていくための明確な方向性を示しているか？」、「教育指導やカリキュラム開発が監視され評価され、支援されているか？」、「学校が目的や価値、政策を持っているか？」などの指標が提示されている。

などが評価される。

学校のパフォーマンスの「判定」と「格付け」

　最後に、これらの項目と指標に基づく評価を積み重ねた結果として行われる「判定（judgement）」についてみておこう。査察チームは、以下の項目につき、各学校の取り組みをそれぞれ7段階で「判定」し「格付け（grading）」することとされた。多くの項目では、① excellent、② very good、③ good、④ satisfactory、⑤ unsatisfactory、⑥ poor、⑦ very poor の7段階の格付けが設定されている。この中で①から③までの格付けは、「強みが弱みを上回っている」、④が「強みと弱みが同等」、⑤から⑦は「弱みが強みを上回っている」、と解釈される（Ofsted 1997: 48）。この「判定」が1992年以降の学校査察における重要な特徴となる。

　以上から、開始当初の教育水準局査察における評価の重点について、その特徴をまとめておく。

　第一に、教育水準局は、各学校の教育サービスの評価に当たって、1988年教育法によって導入されたナショナル・カリキュラムの実施と、その到達の指標としてのナショナル・テストの結果を重視していることである。学校査察では、これを子どもの達成度と教員の教育指導の両方から評価することを重視している（高妻2007: 235）。

　第二に、学びや成績以外の項目でも、子どもの成長を評価していることである。学校への出席をはじめ、精神的成長、ふるまい、学校での他者との関係性などが評価されている。

　第三に、子どもの達成と教育の質を高めるため、学校マネジメントの確立・強化を重視していることである。特に、学校理事会、校長、スタッフが中心となり、カリキュラムの実施と学校課題の自主的な改善を進めるマネジメント体制を評価対象にしていることは注目されるべきであろう。1988年教育改革法による「自律的学校運営」の導入を受けて、地方教育当局ではなく各学校が、国家が求める教育の質の追求や教育水準の達成についてマネジメントすることにつき、学校査察を通じて挙証責任を負うことが制度化されているのである。

第四に、各項目の評価を行う際の、客観的なエビデンスと数値データの重視である。査察において、ナショナル・テストはもちろん、学校やクラスごとのテスト結果、子どもの成果物、教員の計画などが査察の証拠として分析対象となる。また子どもの出席日数や不登校の数なども重視される。
　第五に、査察による学校の「格付け」とそれを通じたサンクションである。教育水準局査察は、各学校の教育を評価し改善点を指摘するだけではない。そのパフォーマンスを、7段階で「格付け」しそれを公開することによって、他の学校との「優劣」を誰でもわかるように明示する。そしてすでに述べたとおり、「失敗」とみなされた学校には「特別措置」や「閉校」という事実上のサンクションが組み込まれる。これにより、教育水準局査察の性格は、「懲罰的」あるいは「スナップショット」として表現されるようになるのである。

(7)　教育サービスにおける NPM 型行政統制の成立

　本節では、第二章のまとめとして、教育水準局査察を中心とした学校評価システムを教育分野における NPM 型行政統制と捉え、その射程と構造を整理する。

従来の統制からの転換
　イギリスの教育サービスにおいて、教育水準局査察が導入されたインパクトは、極めて大きかった。1990 年代末の下院議会報告では、「教育水準局は、その創設以来、イングランドにおいて急速に教育の中心的な部門となった」（HC 1999: para.1）と評されたし、専門家からも「イギリスの公共部門において、90 年代のイングランドとウェールズの学校ほど大規模な規制改革が行われた分野はない」（Hood et al. 1999: 140）、「世界の学校査察の中で最も野心的な改革」（Wilcox and Gray 1996: 2）と評された。
　このようなインパクトの大きさの一因は、教育水準局査察の導入が、1988 年教育法以来開始された教育の統制システムの転換を「完成」させ、不可逆的なものとしたことにある。先述の通り、戦後イギリスの学校教育

における統制は、「地域政策共同体」やそれを補完する勅任視学官査察によって行われていた。しかし、教育水準局査察は、それを以下のように転換した。

まず統制主体について。学校を管轄する地方教育当局を中心に、教育専門職が地域の教育ネットワークの内部で行っていたものを、独立性を持つ査察機構が、民間事業者や素人を含む外部の査察チームを通じ、全国共通の枠組みで行う仕組みに転換した。次に統制の「基準」について。地域ごとに地方視学・アドバイザーの専門性と学校ごとのカリキュラムを尊重して行われていた統制が、国家による統一のカリキュラムと、それを反映した査察の評価項目および基準（criteria）に基づいて行われる統制に転換した。

次に、統制の手法について。これは従来の定性的かつ助言的・支援的なものから、数値による客観性を重視し、「判定（judgement）」と「格付け（grading）」によって被統制者間の優劣を明示するものへと転換した。また、後述するように、格付けと特別措置とが連動する仕組みを捉えて、これを「懲罰的」な統制と評する学校や専門家も多い。総じて、統制者と被統制者の関係は、従来の専門家同士の信頼関係に基づくものから、学校現場や地方教育当局の教育専門職への不信感を前提に、教育サービスを選択する消費者（＝親）への情報提供を重視するものに転換したと言えよう。

新たな統制技術――「距離をおいた統御」と「恐怖による支配」

フッドらは、1990年代の教育水準局査察を、前章で見た「政府内規制」の一つの典型として分析した。そして教育水準局査察は、従来の統制に比して、新たに二つの技術を駆使していることを指摘する。

一つは、統制者と被統制者の「関係性の距離（relational distance）」を拡大することで、より統制者のコントロールを効果的に行おうとするものである。これは、従来の学校査察において混在していた査察と助言を切り離し、査察官を「身近な助言者」でなくすることから始まる。そして学校査察を行う査察官は、学校と直接のつながりを持たない者であること、教育専門職だけでなく素人査察官を査察チームに入れることなども、「関係

性の距離」を拡大する施策と捉えられる（Hood et al. 1999: 148-150）。

　前章で述べたように、クラークらは、同様の観点から、1990年代以降の学校査察においてみられた統制技術を「距離をおいた統御」と呼ぶ。この統制技術は、第一章で検討したNPM型行政改革で顕著なように、統制者と被統制者を制度的・空間的に分離し、後者を契約や業績管理で統制するものである。ここでは、統制者と被統制者の間において、「制度的な距離」に加え、「専門性にかかる距離」を拡大する戦略が採用されているという[36]。

　そして、このような「距離をおいた統御」を可能にしているのは、「数値による統御（Governing by Numbers）」である。従来の統制における、教育専門職同士の専門的知識を基盤にした直接的な統制は、ナショナル・カリキュラムにおいて達成されるべき目標値、学校別に公表・比較されるテスト結果、査察の際に評価される子どもの達成を表す様々な数値などをめぐる間接的な統制、すなわち事前の基準・目標設定と事後の評価に取って代わられる。学校に対する日常的な統制は行われず、学校の一定期間のパフォーマンスが、定められた目標に照らして事後評価にさらされる。学校は、目標値と自らのパフォーマンスを表す数値を近づけるよう、自己規制を行うのである[37]。

　いま一つ、教育水準局査察を特徴づける統制技術としてフッドらが指摘するのは、「恐怖による支配（reign of terror）」と言われる、「失敗校」に対する「特別措置」や「閉校」などの強制措置である。特に閉校措置は教

---

[36] クラークの研究は、フッドらの指摘した「関係性の距離」に、様々な形態が存在することを指摘している。そしてイングランドの学校査察がこれらの距離を拡大する戦略を採用したのに対し、スコットランドやスウェーデンでは、これらの距離を縮める努力が行われてきたという（Clarke 2015: 17）。

[37] このような教育の質に対する統制の転換が、2000年代以降のアメリカでも全く同様に観察されることを指摘するものとして、Taubman（2009）を参照されたい。タウブマンは、著書『数値による教育（Teaching by Numbers）』によって、アメリカの教育や教員養成が、次第にテスト結果、様々な測定装置による数値データ、および金額などに抽象化され記録されてきており、数値こそが教室で起きている様々な事象を客観的に、透明性を持って測定可能にするという認識が拡大している事態を告発している（Taubman 2009: 2）。

育水準局の「核兵器」と評され、教育水準局の査察システムが留保する事実上のサンクションとして、各学校の行動やパフォーマンスを修正・改善することに貢献してきた。現実に閉校措置が行われたケースはまれであったが、教育界では「教育水準局による厳格かつ容赦ない閉校措置」という認識が定着した。公式の監視体制と結びついた強力なサンクションの原理は、学校に対する際立った規制力を発揮し、各学校に対しより高い水準を達成する政治的命令として機能したのである（Hood et al. 1999: 154-155）。

教育水準局査察によるNPM型統制システムの「完成」

1990年代末、議会下院の教育雇用委員会による教育水準局にかかる報告『教育水準局の活動（The Work of Ofsted)』は、第一章で紹介したパワーやフッドらの見解に触れながら、教育水準局査察を、「監査社会」に対応して生まれた「政府内規制」と捉えた（HC 1999: para.10）。1988年教育改革法による学校教育の「準市場」化は、これまでの勅任視学官や地方視学による査察に代わる新たな教育の統制システムを要請し、これに応えて生まれたのが教育水準局査察を中心とした新たな学校評価システムであった。

これまでの考察から、教育水準局査察の導入によって成立した学校評価システムは、NPM型行政統制として捉えることが可能である。第一章で検討したように、NPM型行政統制は市場型統制と経営管理型統制から構成される。イギリスでは、まず1988年教育改革法を中心に学校教育の「準市場」化が行われ、それによって市場型統制が成立した。学校選択制や学校の自律的経営、および生徒一人当たり予算によって形成されてきた教育サービスの「準市場」は、学校ごとのテスト結果公表によって、その競争的な形態を決定的に強めることとなった。公表される学校ごとのテスト成績が、各学校の父母による評価、そして学校選択に強い影響を与えるようになったからである。次に、競争的な「準市場」の形成は、教育サービスを提供する教員と学校に対し、テスト結果に示されるパフォーマンスの向上と、それを通じた「選ばれる学校づくり」というインフォーマルだが強力な圧力を生み出すこととなった。この新たな圧力こそが、社会レベ

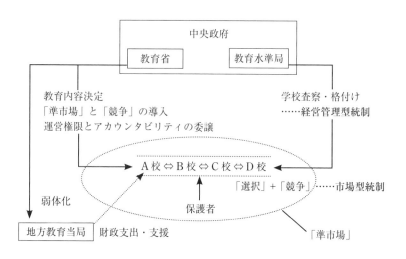

図2-2　1990年代以降のイギリス教育サービス：「準市場」とNPM型行政統制
出典：筆者作成

ルで供給主体にかけられる非制度的外在的統制としての市場型統制である。

　この市場型統制を強化しつつ、これに対応する新たな経営管理型統制の確立を要請したのが「市民憲章」および「親のための憲章」であった。そして、この要請にこたえて創出された制度的外在的統制が、教育水準局査察であった。教育水準局査察は、ナショナル・カリキュラムに示された教育内容と到達すべき水準を、査察枠組みとして統一的な評価項目と指標にまとめ、それに基づき各学校の業績を測定・評価し、さらにその結果を「格付け」して公開する。これは、「準市場」におけるサービス供給主体のパフォーマンス情報を、共通のフォーマットに標準化し可視化するものである。筆者は前章で、経営管理型統制の役割を「組織が置かれている競争の中で達成すべき業績とそれによって実現すべき価値を示し、実際の業績を測定・評価すること」と、「業績管理を通じて、分権化された組織の活動を、政府中央の政策や戦略に適合するようにコントロールすること」と述べた。教育水準局査察の機能が、経営管理型統制としてこれらの役割を担っていることは、本章のこれまでの考察から明らかだろう。

　教育水準局査察でさらに重視すべきは、査察によって標準化・可視化さ

第二章　保守党政権期（1980-90年代）における教育改革と学校評価

れた情報は、「準市場」における消費者である親に提供されることである。これによって、査察によって得られた学校の情報は市場にフィードバックされる。「準市場」において積極的に選択を行おうとする親ほど、これらの情報を精力的に収集し、優位な選択を行おうとするだろう。これは、経営管理型統制としての教育水準局査察が市場型統制とも連動し、それを再生産する役割をも担っていることを示している。

　筆者は、経営管理型統制と市場型統制の連動について、「『経営管理型統制』が各組織に求める達成すべき基準や業績は、組織の活動を通じて、サービスの消費者の価値にも働きかける」こと、「比較可能な数値による業績が『経営管理型統制』の求める価値と結びつくにつれ、両者は連動関係を強める」ことを指摘した[38]。教育水準局査察は、査察を通じた学校の業績統制だけでなく、「準市場」で選択を行う親への情報提供により、学校選択制と学力テストが推進する市場型統制と連動しているのである。

　かくして、イギリスでは教育水準局査察が、学力テストの結果公表と並んで導入されることで、教育における NPM 型行政統制は一応の「完成」をみた。次章では、1990 年代保守党政権下で行われた学校査察をめぐる評価や、新たに指摘された論点を検討する。

---

[38]　フッドらもまた、教育水準局の中心的なツールを「情報と公開」としつつ、他方でそれが「競争的リーグテーブル・アプローチ」と連動していることに注意を促している（Hood et al. 1999:153）。

第三章　1990年代における教育水準局査察の実態と教育の統制の転換

（1）本章の課題

　本章では、1992年教育（学校）法によって導入された教育水準局による学校査察に対する各主体のうけとめや、査察の影響に対するイギリス議会および専門家による調査分析を紹介しながら、1990年代の開始当初における学校査察という新たな統制システムが全体としてどのように捉えられたのか、その中でどのような課題が露わになってきたのかを明らかにする。

　まず第二節において「初期」の査察結果を概観する。そして第三節において、査察という統制に対する被統制主体である学校で、この新たなシステムがどのように受けとめられたのか、学校の置かれた社会的な地位によって受けとめの違いがどのように生じたかなどを見ていく。次に、特に教育サービスを直接に担う教員の受けとめはどうだったか、また教員の受けとめ方と校長や理事など学校管理職層との受けとめ方の間に差異がみられたかどうかをみていく。

　次に第四節において、学校査察の一連のプロセスの中で、その運用の問題が検討されたいくつかのポイントについて、その問題状況を概観する。また新たな査察枠組みは、すべての学校を共通の判定にかけることを通じ、「失敗」の認定を経て「特別措置」におかれる一群の学校を生み出すこととなったが、第五節において、これら「特別措置」校に対して査察がどのような影響を与えているかについて、検討する。

　このように1990年代の教育水準局による「初期」の査察の影響を概観

したのち、第六節において本書のテーマである行政統制の転換に関わる以下の点について、研究動向をふまえつつ考察を加える。

第一に、学校査察という学校評価システムの役割をめぐる議論である。これは、学校査察（評価）の目的・役割がアカウンタビリティの実現にシフトする中で、従来の学校評価が担っていた学校改善やそのための助言・支援機能との関係をどう整理すべきかについての議論である。

第二に、査察を受ける各学校では、第一章で述べたNPM型行政統制に対応する「自己規制メカニズム」が、どのように形成されたのかについて考察する。第一章の考察をふまえれば、NPM型行政統制は、被統制主体の「能動性」、言い換えれば統制者の要求する基準や到達水準に向けて積極的にパフォーマンスを高めようとする「自律的責任」の発揮によって初めて機能する。このような「自律的責任」が、初期の査察のプロセスにおいて学校や教員にどの程度まで自覚・共有されたか、されなかったのかを検証する。

第三に、NPM型行政統制という新たな行政統制の中心軸が成立する中で、教員や学校が抱える「行政責任のジレンマ」にはどのような変化が生じたかについて、検討する。第一章で指摘したように、教育に限らずすべての公共サービスに従事する者は、多様な外在的統制と内在的統制に服し、相矛盾する責任を引き受け自らの内で消化しながら業務を遂行している。教育水準局査察という新たな統制に直面して、現場の教員や学校はどのような「行政責任のジレンマ」を抱えることになったのかを検討する。

(2)　「初期」査察結果の概要

教育水準局による最初の査察は、1993年9月より開始された。教育水準局は、毎年6000校以上を査察し、3年間で全国すべての学校の1回目の査察を終了した[1]。教育水準局の初代長官（HMCI）にはスチュアート・

1　この間、1996年教育法によって、学校査察の枠組みには以下の変更が加えられている（高妻 2007: 224-225）。①学校への査察の告知に対する十分な期間の確保、②保護者代表への事前会議の通知、③教職員や学校理事が登録査察官になれないこと。

サザーランドが就任したが、1994年には二代目長官のクリス・ウッドヘッド（Woodhead, C.）と交代した。ウッドヘッドは2000年まで長官を務め、導入初期の学校査察を指揮するとともに、教育水準局の独自のアプローチを確立した（Elliott 2012）。全国規模で学校査察を進めるために、1994年までに新たに7500人の査察官が査察の研修を受けたが、その多くは地方教育当局のアドバイザーであり、それに加えて勅任視学官や校長経験者、教員経験者などであったという。

　教育水準局の査察については、各学校の査察報告書が公開されるほか、教育水準局の年次報告書が1995年より作成されている[2]。年次報告書の内容は、各学校に対する教育水準局の査察が、国家が定めたナショナル・カリキュラムの習熟状況とテスト結果を中心とした到達、それを保障する教育サービスの内容や方法についての評価と判定を軸に進められていることを示している[3]。また、子どもの科目ごとの到達水準や教員の授業評価（判定）についても、数値化されたデータが記載されていることも特徴である。

2　「教育水準局年次報告書1995-1996」（Ofsted 1997）によれば、1995-1996年度には、登録査察官による学校査察が5284校（4077の小学校と幼稚園、853の中学校、354の特別（支援）学校）、勅任視学官による学校査察が2410校（950小学校、1350の中学校、110の特別学校）行われた（Ofsted 1997: ANNEX4）。年次報告書は、冒頭で1年の査察結果全体に対する総括的なコメントを行った後、小学校、中学校、シックススフォーム、特別（支援）学校、「特別措置」におかれた学校および深刻な弱点を持つ学校、若者の仕事および成人教育、教員教育と訓練、地方教育当局への支援という項目ごとに、査察の結果を記述・分析している。

3　年次報告書における分析項目の中心は、第一に、学校階梯ごとの、「達成された教育水準（Educational Standards Achieved）」であり、それを通じ、各キーステージおよび各科目ごとの到達水準が、中央政府の求める水準に比してどの程度かを具体的に指摘している。また到達水準が前年度に比してどのように改善されたか・されていないかを指摘している。この分析には当然のことながら、当該年度に行われたナショナル・カリキュラム・テストの結果の分析も含まれている。第二に、子どもたちの到達水準を支える「教育の質（Quality of Education）」について、各教員の授業に対する評価、アセスメントの履行状況、ナショナル・カリキュラムが要請するカリキュラムの作成・実施状況について、それぞれの学校階梯と科目において、優れている点、不十分な点を分析している。その他、「子どもの精神的・道徳的・社会的成長」や学校の「マネジメントと能率性」についての分析も行われているが、報告書全体の重点は上記2点におかれている。

こうして1990年代前半より、学校というサービス供給主体や教育専門職による政策共同体から完全に独立した評価機関による、数値化された教育パフォーマンスを対象とした学校評価が、全国共通の枠組みで行われるようになったのである。

(3) 教育水準局査察に対する受けとめとその分岐

次に、新たに開始された教育水準局の学校査察が、各学校現場でどのように受けとめられたのかを、1990年代の各種調査から考察する。査察が開始された1990年代前半から1990年代末にかけては、査察の実態や各主体の査察に対する認識や受けとめに対する調査が最も精力的に行われた時期であった[4]。

4　本章で主に引用・参照するのは以下の調査である。
・スキャンロン（Scanlon, M.）『教育水準局査察のインパクト』（1999年）。全国教員組合（NUT）の委託を受けた教育調査全国基金（National Foundation for Educational Research = NFER）による調査。調査の目的は、特別措置を適用された学校とそうでない学校との差異に注目して、教育水準局の学校査察の影響を明らかにすることである。質問紙を送付した特別措置の学校451校と特別措置を受けていない学校482校のうち、小中学校合わせて425人の校長と737人の教員から回答を得ている。
・議会下院教育特別委員会の1998-1999年度報告書『教育水準局の活動（The Work of Ofsted）』。労働党政権下で発行された最初の議会報告書。査察の受けとめに対する独自の調査結果を含む。
・タッベラー（Tabberer, R.）『教育水準局の業務に対する親のうけとめ』（1995）
・NFER／Ofsted（1994-1995）。教育調査全国基金（NFER）が教育水準局から委託を受け、教育水準局の業務に対する親のうけとめを調査したもの。1992年教育法に基づく最初のタームで査察を受けた、中学校、小学校、特別支援学校を対象に、全部で7108名の親のうけとめや見解が調査されている。
・フィドラー（Fidler, B.）、アーレイ（Earley, P.）、オーストン（Ouston, J.）、デービス（Davies, J.）ファーガソン（Ferguson, N.）らによる、英国教育経営管理協会（British Educational Management and Administration Society = BEMAS）の委託（1993-94年）および、ナッフィールド基金（Nuffield Foundation）の調査プログラム（1996-99年）によって行われた、学校査察の影響についての総合的調査。調査結果の分析・考察は、Ouston, Earley, and Fidler eds.（1996）、Fidler et al.（1998）、Earley eds.（1998）、Ferguson et al.（2000）などの文献にまとめられている。
・坂本（1996）における教育水準局の査察を受けた教師の意識調査。ロンドンを中心に小学校7校と中学校9校の教師に行った調査から69名の意識調査データを作成したもの。初期査察の実態について日本の研究者が行った貴重な調査である。

教育水準局の認識では、毎年多くの学校がその教育パフォーマンスを改善しており、学校査察は多くの学校で好意的に受けとめられた（Ofsted 1997: 5-8、Ofsted 1998: 12-13）。しかし、以下で検討されるように、教育水準局査察に対する受けとめは、学校ごと、あるいは学校内でも校長など学校管理職層と一般教員の間で、あるいは学校と親との間で、重要な分岐がみられたのである。

学校間の認識の違い
　査察を受けた各学校における査察の受けとめ方は一枚岩ではなく、査察の結果によって異なる傾向があった。
　1993年から1996年にかけて、査察を受けた55の中学校を対象に調査を行ったオーストンとデービス（Ouston, J. and Davies, J.）によれば、各学校は査察に対する対応によって三つの類型に区分できるという（Ouston, J. and Davies, J. 1998: 16-17）。

① 「良質な学校（developing school）」：適切に運営され、学力等の到達も十分であり、失敗と判定される危険性のない学校。多くの学校はこれに当てはまる。
② 「独自路線の学校（complacent school）」：伝統的に独自の教育方法を持ち、親や地域がそれを支持する。教育水準局にも独自性の認定を求める。
③ 「困難校（struggling school）」：貧困地域にある学校で、国が求める水準への到達が困難な学校。常に教育水準局からの圧力にさらされており、失敗校と判定されて「特別措置」を適用される懸念を抱えているので、査察に対してもネガティブな受けとめを持っている。

　また、スキャンロンによる調査は、特別措置を受けた学校と受けていない学校における、教育水準局査察の受けとめの違いを明らかにしている（Scanlon 1999: 11）。
　これによれば、「特別措置」を受けていない学校においては、7割の教

表3-1 査察官による学校の判定に対する教員の認識

	「特別措置」におかれた学校の教員の認識（％：N = 294）	「特別措置」におかれていない学校の教員の認識（％：N=442）
非常にポジティブ	0	0
ポジティブ	2	3
妥当	30	70
ネガティブ	32	20
非常にネガティブ	24	3
何とも言えない	3	2
非回答	9	3

出典：Scanlon 1999: 11 より筆者作成

員が教育水準局の判定を「妥当」と認識している一方、「特別措置」を受けた学校では、判定を「ネガティブ」「非常にネガティブ」と認識している教員が合計で5割を超えて存在している。

このように、学校の置かれた社会的地位と実際の査察の判定結果によって、教育水準局の査察に対するうけとめは異なること、特に「失敗」と認定されて「特別措置」におかれた学校では、査察官の判断自体に対する疑問や否定的な認識が生じていることを確認しておく。

校長・理事会と教員の認識の違い

次に指摘したいのは、同一学校内における、教育水準局査察の受けとめの分裂である。

これについて明確に指摘しているのは、1999年下院教育雇用委員会報告書である。ここでは、査察プロセスに対する校長・理事会という学校管理職層と教員との満足度の認識、および査察の有益性と有害性についての認識が比較されている。学校管理職層の多くが学校査察に満足しているのに比して、教員も「おおむね満足」が多いものの、「どちらとも言えず」「やや不満」も管理職層に比して多く、認識の違いが表れている。査察の有益性と有害性の認識では、この違いがさらに鮮明となる。校長らの多くが有益性を積極的に認めているのに対し、教員らは逆にその多くが有害性を強調している（The Education and Employment Committee 1999:

表3-2 査察プロセスに対する満足度と有益性についての認識

学校査察のやり方についてどの程度満足しているか					
	満足	非常におおむね満足	どちらともいえず	やや不満	非常に不満
校長および学校理事会の議長	44	37	8	7	3
教員	13	40	28	13	7

査察は学校にとって有益だったか、あるいは有害だったか			
	有益	半々	有害
校長および学校理事会の議長	35	37	27
教員	14	33	52

出典：The Education and Employment Committee 1999: para.80.

para.80)。

　この認識の分裂は、「特別措置」におかれた学校の校長と教員の間では、さらに鮮明となっている。スキャンロンの調査によれば、特別措置の適用校において、査察を受けた後の「スタッフのモラル」「地域での学校の評判」についての校長と教員の認識は、以下のようであった。「スタッフのモラル」について、校長の50％が「改善された」と認識しているのに対し、教員の58％が「悪化した」と答えている。「地域での評判」についても、校長の41％が「改善された」としているのに対し、教員は「改善された」と「悪化した」がともに3割を超えている（Scanlon 1999: 49）。

親の認識

　初期の教育水準局査察に対する親の受けとめについても、簡単に触れておきたい。

　査察に対する親の受けとめについて、教育水準局の委託を受けたタッベラーの調査（Tabberer 1995）では、以下の内容が報告されている。

　第一に、教育水準局査察のプロセスに親を包摂することについて、肯定的な受けとめが多く、この点で教育水準局査察は多くの親に評価されていると考えられることである。例えばそれは、査察官と親とのプレ・ミー

ティングに参加した親の約９割が、プレ・ミーティングについて「非常に意味がある」「意味がある」と回答している[5]。また、査察のプロセスにかかる情報提供について、親の７割５分から８割が「すべて知らされた」「おおよそ知らされた」と回答した（Tabberer 1995: 11-14）。

第二に、査察の結果を受けて親に提供される「報告書サマリー」や「改善計画（action plan）」について、肯定的に受けとめる親が多い。「報告書サマリー」の明晰さ（clarity）については９割以上の親がそれを肯定している。また、「改善計画」については、それを受け取った親の８割以上が「明快である」とし、７割以上がその内容について「適切である」と肯定している（ibid. 17-18）[6]。

第三に、査察の学校への影響についての質問については、新制度の導入直後ということもあり、多くの親が判断を留保している。すなわち「学校はどの程度査察に影響を受けたか」や「査察は学校の改善に貢献したか」という質問に対しては、肯定的な意見も一定割合見られたが、「わからない・言うのは時期尚早だ」という回答が半数以上を占めている（ibid. 19-20）。

総じて、査察開始直後の調査のため、親の教育水準局査察に対する認知そのものが低い状況ではあるが、学校査察のプロセスへの参加や査察結果の親への情報提供については、肯定的な受けとめが多い。その限りでは、各学校の教育パフォーマンスについて親へのアカウンタビリティを果たすという制度の目的は、その達成に向けて「前進した」と言えるだろう。

査察の効果に対する項目ごとの受けとめの違い

次に、スキャンロンの調査からは、査察が学校にもたらす個別の影響について、項目によってアンビバレントな評価が生まれていることが分る

---

[5] ただし、そもそもミーティングに参加した経験を持つ親は、調査時点では２割に満たないケースが多く、親全体のうけとめの傾向を表すものではないことに注意が必要である。

[6] ここでも、改善計画を受け取った親は２割から４割程度となっており、前掲注と同じく注意が必要である。

(Scanlon 1999: 47-49)。まず、学校査察を受けることにより、「教育の質」が「改善された」と認識するものは、「特別措置」適用校の校長89％、教員78％に達し、非適用校でも校長を中心にある程度実感されている。「子どもの達成水準」についても、「特別措置」適用校では校長79％、教員60％が「改善された」と認識している。この結果からは、より困難を抱えている学校ほど、教育パフォーマンスの改善に査察は貢献しているように見える[7]。

しかし、同時にこの調査では、「スタッフのモラル」や「地域の評判」についてみると、学校査察のネガティブな影響がうかがえる。特に「スタッフのモラル」については、「特別措置」適用校においては校長の32％、教員の58％が「悪化した」と答え、「特別措置」非適用校でも、校長36％、教員48％という高い割合が「悪化した」と認識している。また、「地域の評判」については、「特別措置」適用校では「改善した」という認識と「悪化した」という認識に分かれている。

初期の学校査察は、教育パフォーマンスの改善には貢献したが、「スタッフのモラル」や「地域での評判」が悪化した、というアンビバレントな認識を生み出しているのである。これについては、先に紹介した下院教育委員会報告書において、多くの教員が査察の「有害」性を認識していたこととの関連性も推測される。

(4) 査察プロセスにおける問題点

次に、教育水準局による学校査察の運用に関わって議論された問題点について検討しよう。

---

[7] 坂本の調査では、個別の査察報告書で学校に役に立った項は「改善の必要な主な問題点」(45％)で、続いて「学力の水準と学習の質」(16％)となっている(坂本1996: 187)。

教育水準局の査察枠組みはすべての組織に適用可能か？

　1999年の下院教育雇用委員会報告書では、査察プロセスの検討に先立って、教育水準局の「査察枠組み（The Inspection Framework）」という全国共通の評価手法（手続、基準、判定、改善計画を含む）をすべてのタイプの学校に適用することの妥当性が検討されている。これは、特に学びに多くの困難を抱える特別学校（special school）における教育や到達水準と、逆に教育水準局の基準では測定できないほど高いレベルの学習目標や意欲を持って学んでいる学校での教育や到達水準を、共通の査察枠組みで評価・判定することが妥当なのか、という問題である（The Education and Employment Committee 1999: para.18-23）。

　特に特別学校に対しては、不適切な査察枠組みによって「特別措置」を適用されることになったという証言が数多く寄せられた。これは特別学校における子どもたちの複雑なニーズやそれに対応する授業のアプローチなどが、教育水準局によって理解されていなかったためであると指摘されている[8]。このような事態を受けて、特別学校に対しては別の査察枠組みを適用すべきとの主張も述べられている。

　しかし、教育水準局長官は、上記の問題はカリキュラムの問題であるとして、異なる査察枠組みや異なる基準を持つことに反対している。また同報告書も、特別学校も一定水準の教育を受ける権利があり、またそれらの教育に対する判定が年々改善していることを理由に、共通の査察枠組みが適用されることを肯定している[9]。

　これらの論点が示す教育水準局査察の問題は、特別学校に限らない。各地の学校は地域性や社会経済状況、人種や宗教によって様々な特性を持つ。

---

[8] 例えば同報告書の中で、逸脱行動を行う子どもを教育するEBD（Exceptional behavioral difficulties）学校の学校長は、「EBD学校は教育水準局にはなはだ苦しめられてきた。なぜなら、我々が従事しているのは高度に専門化された仕事だからだ。査察の手続はEBD学校が直面している特殊な問題を全く考慮に入れていない。」と指摘している（para.19）。

[9] 下院教育雇用委員会報告における勧告は、特別学校の特殊な事情や子どもたちの多様な目標をふまえて査察枠組みを適用し、その経過を検証することを求めている（ibid. para. 22）。

学校に対する教育統制が、「地域政策共同体」を超え、全国統一の枠組みで評価・判定を行うようになった時、その学校独自の背景や文脈が考慮されなくなることの問題性は、すべての地域の学校に普遍的な問題として指摘され続けているのである。

査察における授業観察とフィードバック

　次に、授業観察とその評価についてである。1993年以降の学校査察では、なるべくすべての授業を観察することを奨励するとともに、授業の評価を当初は5段階、1996年以降は7段階で評価（格付け）することが行われた。また、登録査察官から校長に対し、観察を行った授業での教員のパフォーマンスについて口頭報告を行うことが1996年より開始された。

　坂本（1996）によれば、査察官による教室観察回数は「3・4回」が最も多い（約40％）が、「1・2回」（約20％）から「11回以上」（6％）までとバラつきが大きい。また授業観察時間も、「40分以上」（約36％）を筆頭に、「30分未満」（約12％）から「60分以上」（7.5％）まで幅がある。さらに、授業観察後の査察官の口頭でのフィードバックについては、「簡単な口述コメント」（約40％）、「詳しい口述コメント」（約9％）だったのに対し、「コメントなし」が最も多かった（46.3％）という（坂本1996: 184）。

　1999年下院教育雇用委員会報告では、査察チームが行う授業観察とそれに基づく評価（判定）にかかる問題、査察の結果の学校等へのフィードバックの問題が指摘されている（The Education and Employment Committee 1999: para.83-93）。同報告書は、具体的に二つの懸念を指摘している。一つは、登録査察官による校長への口頭報告が、学校にとって意味のないものであるという指摘である。これはフィドラー（Fidler, B.）らによる300以上の中学校に対する調査において、登録査察官の授業に関する口頭報告について、54％が「ほとんど役に立たない」、17％が「役に立たない」と答えていることによって示されている（Fidler et al. 1998: 261-262）。

　下院教育雇用委員会報告書が指摘するもう一つの、さらに深刻な懸念は、

査察チームがそもそも十分な授業観察を行っていない、ということであった。これは、多くの査察官が、授業を途中から部分的にのみ観察し、十分な時間観察したうえで評価を行っていないことへの各方面からの批判を受けたものであった[10]。これについて、同報告書は、示された懸念は正当であり、このような不十分な授業観察は、「教育指導の質について誤った評価を導きかねない」（para.87）と警告している。そのうえで、教育水準局に対して、「執行上の誤り」を是正し、登録査察官との契約に際しては、適切なガイダンスを行うことを要請している。

次に、下院教育雇用委員会報告書は、査察プロセスにおける教員や校長へのフィードバックについて、その質が学校と教育水準局査察の関係性にとって決定的に重要なものとして検討を行っている。このフィードバックの履行義務については、査察開始当初の規定が1998年に改訂され、より明確化された。

同報告書によれば、この査察プロセスにおけるフィードバックについて、その義務を明確化することを主張する意見が多いという。たとえば、全国校長協会（The National Association of Head Teachers = NAHT）は、「教員は、授業観察の後には専門的なフィードバックを受ける権利を有する」として、査察後のフィードバックを評価している（para.92）。これらは、先に紹介した坂本の調査でも明らかなように、十分な時間の確保をはじめとしてフィードバックが不十分であること、あるいは行われていないという実態への批判の裏返しであると考えることができよう。

ここでは、教育水準局の学校査察によって授業観察や教員へのフィードバックが行われているものの、授業観察が必ずしも授業全体を評価できるほど十分でない場合が多いこと、観察後のフィードバックが適切に行われておらず、査察を契機とした授業改善にかかる専門的な対話が展開されていないこと、それに対する教育現場からの不満が強いことなどが確認でき

---

10 教育水準局の査察ハンドブックでは、授業観察について十分な時間を確保することが記載され、査察ガイダンスでは、一つの授業につき最低30分以上は観察することが規定されている。

る[11]。

査察報告書における勧告内容とその履行状況

次に、教育水準局が各学校の査察後に作成した査察報告書の中で、今後の学校改善の方向を示した「主要な改善課題（Key Issues for Action）」の内容とその影響についての調査を紹介する。前章でも述べたとおり、教育水準局の査察枠組みや査察ハンドブックにおいては、査察後5週間以内作成されるに報告書において、「査察の主な発見（Main findings of Inspection）」と並び「主要な改善課題」を明記することが規定されている（本書第二章）。この改善課題に記される内容が、教育水準局から各学校への事実上の「勧告（recommendation）」となる。

この勧告内容について、24の小中学校を調査したウィルコックスとグレイ（Wilcox and Gray）によれば、教育水準局が査察報告書を通じて各学校に行った勧告は、表3－3のようになっている（Wilcox and Gray 1996: 83-85）。

ここから明らかとなっているのは、以下のことである。

第一に、両者に共通するのは、カリキュラムやそれに関わるアセスメントについての勧告の多さである。ここで挙げられているアセスメントとは、「学校の政策全体をナショナル・カリキュラムに関連付けて評価・記録・報告すること」であり、カリキュラム配置とは、「全てのナショナル・カリキュラムを学校で実施することの徹底」であり、カリキュラムの文書化とは、「主要科目や基幹科目についての政策発表を速やかに公表周知すること」である。

第二に、小学校と中学校における勧告の重点の差異である。両者の違い

11　査察プロセスを調査したコーガン（Kogan, M.）らは、授業を担当する教員のほか、カリキュラム・コーディネーターや学科長へのフィードバックが十分に行われていないことを証言している。（The Education and Employment Committee 1999: Appendix. 79）。これを受けて下院教育委員会報告は、フィードバックを強化する教育水準局の取り組みを支持し、「すべての教員が、査察チームからのフィードバックを、重要な専門性開発の機会と捉えるように希望する」と述べている（ibid: para. 93）。

表3-3　小学校と中学校の査察において作成された勧告の種類

勧告の種類	小学校の査察（%）	中学校の査察（%）
アセスメント	11	9
カリキュラム配置	10	15
カリキュラムの文書化	13	8
カリキュラムの進行管理と評価	6	5
カリキュラム（特殊）	14	5
学校改善計画	12	5
環境・施設	3	7
管理・運営	15	8
特別教育ニーズ	2	1
教育指導と学習	5	20
勧告の総数	93	88

出典：Wilcox and Gray 1996: より主な項目を抜粋して作成

が際立っているのは、小学校における管理・運営、学校改善計画、カリキュラムの勧告の多さと、中学校における教育指導と学習（teaching and learning）への勧告の多さである。

　次にウィルコックスらが注目するのは、これらの勧告がどのように実行されているのか・されていないのかである。どのようなタイプの勧告が、学校内の各アクターにどの程度受け入れられ、実行されるまでにいたったかは、教育水準局の査察が、各学校の持つ専門性に対する影響力に大きく関わる。ウィルコックスらは、表3-4のように中学校における勧告の実行状況について分析している（ibid. 86-87）。

　まず目につくのは、勧告の実行についての進捗の遅さであろう。この要因については、一つには、先に指摘した学校ごとの査察および勧告に対する取り組みの違いが指摘できる。しかしそれよりも重要なのは、ウィルコックスらの指摘によれば、勧告の中で教員や児童生徒の行動全体に関わるもの、すなわち教育指導や学習、あるいはカリキュラム配置に関わる勧告を実行するのは容易ではなかったということである。

表3−4　査察9ヵ月後と21ヵ月後における中学校11校に対する勧告の実行状況

	勧告の実行状況					
	完全実行	大方実行	ある程度実行	少し実行	実行せず	合計
9ヵ月後（%）	10	10	33	14	21	88
	11%	11%	38%	16%	24%	100%
21ヵ月後	17	16	34	9	12	88
	19%	18%	39%	10%	14%	100%

出典：Wilcox and Gray 1996: 87

「特に教育と学習に関わる勧告について、われわれの最初のインタビュー時（勧告から9ヵ月後—筆者注）にはまったく手がつけられていなかったことが重要である。1年後にわれわれが再び訪れたときも、わずか17％の中学校だけが勧告をおおむね実行していた。カリキュラム配置に関わる勧告についても、21ヵ月後に7校に1校しか実行していないという低い実行情況だった」(ibid. 86-87)。

以上をまとめれば、査察報告書に記載される教育水準局の勧告内容は、ナショナル・カリキュラムが定める教育内容の履行とその到達度を図るテスト結果の改善が中心となっていた。ここでは、1988年教育改革法によって国家から各学校に課されたカリキュラムの実行が、教育水準局という事後評価のシステムを通して管理されている実態がうかがえる。

他方で、それら教育パフォーマンスを改善するための教育指導や学習については、勧告が教育現場に容易に浸透していない状況がうかがえる。この原因についての明確な分析はないが、勧告内容が学校に共感を持って受けとめられないケース、スタッフの力量や学校資源の乏しさから勧告を実施できないケースなどが考えられる。これは次に述べる、査察後の学校支援のあり方に関わる問題でもある。

誰が査察後の学校改善を支援するのか

査察で指摘された勧告（改善事項）を学校が実行する際に、それを誰がどのように支援するのか・しないのかという点は、重要なポイントとなる。

スキャンロンの調査によれば、各学校の教員は、査察後の改善のためにさまざまなアクターから支援を受けている（Scanlon 1999: 107）。教育指導に関わる「専門的な支援」は、校長や学校管理チーム、中間管理職などからも提供されているが、教員にとって最も役に立っているのは、「他の教員」、すなわち同僚からの支援であった。この傾向は、「特別措置」適用校と非適用校の両方に共通している（約7割が「役に立ったと回答」）。つまり、学校査察後の教育現場における学校改善は、個々の教員と同僚教員の専門性を軸に、それを校長など学校幹部が支える形で進められている状況が浮かび上がる[12]。

　他方で、従来各学校に助言・支援機能を発揮していた地方教育当局アドバイザーについては、査察後の改善支援についてそれほど高い有益性が認識されていない。しかもそれは「特別措置」の非適用校において顕著である（「役に立った」は「特別措置」適用校48％、非適用校31％）。後述のように、「特別措置」適用校には地方教育当局から様々な支援が行われるが、それは「失敗」の認定を受けて初めて可能になる支援なのである。総じて、査察後の改善の実行は、教育の専門性に関わる部分においても各学校の自助努力にゆだねられていたのが実態であったと言えよう。

(5)　「特別措置」学校における査察の影響

　次に、査察の結果「失敗」と判定され「特別措置」が適用された学校における査察の影響について検討する。「特別措置」適用校の数は、査察を受けた学校全体の中では数％程度である。しかし、前章でも述べたように、この「失敗」の判定とセットで適用される「特別措置」は、その先に担保される閉校措置も含め、従来の査察にはない教育水準局査察の強権的あるいは懲罰的な側面を象徴している。それゆえ、「特別措置」を適用された

---

[12]　校長の支援については、「役に立った」が特別措置適用校で57％、非適用校で60％であった。また「学校管理チーム」や「中間管理職」についてもほぼ同様の認識が示されている。

学校が受けた影響は、新たな行政統制としての教育水準局査察が各学校に与える影響を凝縮しているといえよう。

すでに紹介してきたように、スキャンロンの調査によれば、特別措置におかれた学校の査察に対する認識は、極めてアンビバレントなものであった。すなわち、自らを「失敗」とみなした判定やそれに伴うスタッフのモラルなどについては、ネガティブが認識が強く見られた一方、特別措置に基づいて行われた教育の質や子どもたちの到達水準については、改善されたという認識が示されているのである（Scanlon 1999: 11, 47, 49）。

査察が生み出すストレスとその要因

「特別措置」の適用校に限らず、教育水準局査察の最大の批判点の一つは、それが現場の教員をはじめとするスタッフに過度なストレスと負担をかけることである。スキャンロンの調査によれば、査察に伴う業務負担により「不快なプレッシャーを受けた」と感じた教員は、「特別措置」適用校で83％、非適用校でも71％にのぼり、そのストレスによって「仕事のパフォーマンスが下がった」と答えた教員も、それぞれ51％と45％に上っている（Scanlon 1999: 106）。また、坂本が行った「学校視察に対する感情」にかかる調査でも、「かなりストレスを感じた」（約44％）、「少し不安だった」（約41％）と、8割以上が何らかのストレスや不安を感じたことが明らかとなっている（坂本1996: 186）。

しかし、査察を受けた学校の中でも、特別措置におかれた場合には、他校にはないストレスの下に置かれることになる。スキャンロンは、特別措置におかれたスタッフが査察プロセスをストレスと感じる要因について、次の四つを指摘している（Scanlon: 31-36）。

第一に、絶え間なく行われるモニタリングである。「特別措置」適用校は、そのほとんどが当該年度に勅任視学官の訪問を受け、それが複数回におよぶ学校もある。さらに、すべての学校は、地方教育当局が行うモニタリングを受ける。また、学校独自のモニタリングもすべての学校が行っている。これらのモニタリングの形態は、おおよそ授業観察、文書の検証、会議や聞き取りなどである。「特別措置」適用校では、スタッフに対す

るモニタリングが増加していることが明らかとなっている (ibid. 23-24)。調査に答えた教員の一人は、「『特別措置』は、絶えず教育水準局査察を受けるようなものだ」と証言している。

　第二に、業務負担の増大と業務の変質である。これは、一言でいえば書類仕事の著しい増大であり、それによって本来の教育指導やそのための研修の時間が確保できなくなることを指している。

　第三に、教員の専門性に対する信頼の減少である。教育水準局の査察によって、現場の教員の専門性に対する自信喪失が指摘されている。そして「特別措置」におかれた場合には、ある教員が証言するように、「最悪なことに、自らの専門性の正当性をいちいち文書によって証明しなければならなくなった」という。「特別措置」適用校の教員にとっては、教育水準局の評価によって現在の自らの専門性を疑われるとともに、将来に向けての専門性の証明にもより重い責任を負わされるのである (ibid. 32-33)。

「失敗校」スティグマと引き換えの支援

　第四に、学校に対する「失敗」というラベリングとそれによるスティグマの付与である。「特別措置」適用校の多くは、「失敗」の認定を地方の新聞等に大きく報じられ、場合によっては「特別措置」が続く間、常に報道の対象となるという。そこで働く教員たちも「失敗」教員のレッテルを貼られることにおびえるようになる。さらに深刻なのは、「失敗」校のスティグマがスタッフだけでなく子どもたちにも影響することである。ある校長は、失敗の判定が、子どもたちの学ぶ意欲を阻害し自尊心を傷つけていることを指摘している (ibid. 34-35)。

　「特別措置」適用校に対しては、地方教育当局を中心に学校改善のための様々な支援措置が行われる。この支援措置が、実際に多くの特別措置校で教育パフォーマンスの改善を生み出していることは、教育水準局の年次報告書でも強調されているし (Ofsted 1997: 4、1998: 11)、当該校のスタッフによっても実感されている。地方教育当局による支援の概要は、①追加の財政支援、②改善計画についての助言、③学校理事の追加と理事会の研修、④学校経営の地方教育当局による管理（学校予算の権限委譲）、

などである。このうち、追加の財政措置については特に有益であるとの認識が強い。また、教員に対する助言サービスやモラルに対する支援も行われている（Scanlon 1999: 38）。

　しかし、このような支援は「特別措置」の適用があって初めて行われるものである。多くの学校はこのような支援を期待するが、それは「失敗校」というラベリングを引き受けて初めて得られるものである。これが、「特別措置」適用校が抱える最大のジレンマである（ibid. 52）。困難を抱える学校に対し、地方教育当局が、「失敗するまで待っている」ことへの批判は強い。それは、上記のような「介入」が査察の前からあれば、多くの学校は特別措置を適用されなかったのではないか、という認識でもある（ibid. 92）。

(6)　行政統制のあり方をめぐる認識の対立と新たな「行政責任のジレンマ」

　本節では、これまでの1990年代の「初期」査察の実態分析をふまえ、教育水準局査察という新たな学校評価システムが、教育サービスの統制にどのような転換をもたらしたのか、そしてその転換によって新たにどのような問題を発生させたのかについて、やや理論的に考察する。すでに前章で見たように、教育水準局による学校査察は、教育の「準市場」化に対応したNPM型行政統制の柱の一つとして導入された、というのが本書の認識である。しかし、すべての改革がそうであるように、この行政統制の転換は単線的に行われたのではなく、様々な対立やジレンマを発生させながら進行したのである。ここでは、それらの対立や新たに発生したジレンマの一端を見ながら、その含意を検討することにしよう。

1）査察の役割をめぐる論争——改善のための「助言」からアカウンタビリティのための「監査」へ？

査察の役割は「監査」か「助言」か？

　まず、1999年下院教育雇用委員会報告書で指摘された、学校査察の目的あるいは役割をめぐる論争について紹介・検討しよう。この論点は、一言でいえば、学校査察が提供すべきは「監査か助言か（Audit or Advice?）」ということである（The Education and Employment Committee 1999: para.94-102）。この論点は、教育水準局の学校査察開始当初から議論が始まり、2010年代に入ってもイギリスにおける学校査察の主要論点の一つとなっている[13]。

　この論点にかかる議論は、査察開始当初の枠組み文書などで査察を通じた改善が強調される（Ofsted 1994: 5）一方で、現実の学校査察においては、従来地方教育当局のアドバイザーが学校評価の際に行っていた、学校改善のための種々の助言が行われなくなったことに対する批判として開始された。報告書のもとになった1998~1999年の下院教育雇用委員会では、学校関係者による証言において、教育水準局の査察では学校に対する助言が与えられるべきであることが、強く主張された。例えば全国教員組合（National Union of Teachers = NUT）は、「教育水準局査察が事実上学校への助言提供を禁止しているため、査察システムが全体として学校改善からかい離してしまっている」と批判した。また全国学校理事協会（The National Association of Governors and Managers = NAGM）は、「査察官が有している豊富な経験は共有されるべきで、査察プロセスでは学校スタッフや理事に対して良質な事例にかかる助言は許容されるべき」と主張した（para.94）。

---

[13] 筆者が2014年3月に行った教育水準局本部（ロンドン）におけるSonia Ghandi氏（Head of Research, Evaluation and Impact）へのインタビュー調査でも、この論点が現在に至るまで議論され続けていることが確認された。後述するように、この論点は「査察か改善か」「査察か支援か」など時代や文書ごとに異なる表現で記述されている。

これに対し、教育水準局長官のウッドヘッドは、「監査か助言か」という議論は誤った二分法である、と主張した。いわく、教育水準局は学校改善の事業に直接組み込まれるべきではなく、教育水準局は「経営コンサルタント」として、学校の長所と短所に対する正直で容赦のない批判者であるべきである、というのである（para.96）。他の証言者からも、このように査察官が査察プロセスにおいて助言を行うことを否定し、学校改善は教員が自ら査察結果を検証することによって進めるべきである、とする主張が述べられた。
　この論点につき、下院教育雇用委員会報告書の勧告は、総じて教育水準局の主張を受け入れつつ、次のように述べた。

　「われわれは、教育水準局の査察が公式の助言や学校の発展に関わるべきだとは思わない。学校に来て校長に助言するのは査察官の役割ではない。査察官の導きに頼るのではなく、査察結果に基づいて自己を成長させるのは学校の役割である。改革と発展の触媒として、教育水準局の査察官は最も機能しうる。このことは、査察の潜在的なメリットが実現される『専門性の対話』の発展を通じて、最もよく達成されるだろう」（para.99）。

　この下院報告書における勧告に現れているように、教育水準局は査察によってあくまで学校の評価や判定を行うべきであり、学校の改善は、査察を契機としつつも、査察の結果を受けた学校の責任において進められるべき、という考え方が支配的であった。

「査察を通じた改善」の陥穽についての認識
　この論点につき、二人の論者の批判的認識を紹介しよう。
　デヴィッド・ハーグリーブス（Hargreaves, D.）は、早くも1995年に「近年の教育水準局の出版物に現れた『査察を通じた改善』というテーゼは検証が必要だ」と指摘した（Hargreaves 1995: 118）。すなわち、このテーゼに基づく戦略は、査察によって各教員と学校理事はおのずから改善

に乗り出すので、すべての学校が査察から利益を得る、という前提を含んでいる。しかし、これらの前提は、現実には機能していない[14]。

ハーグリーブスによれば、そもそも教育水準局の査察に対しては、多くの校長や教員が警戒しており、学校の強みを全面に出し弱点を隠そうとする傾向がある。学校が自らの弱点に向き合いその改善に取り組むためには、内部（自己）評価のプロセスが必要であり、外部評価と内部評価を何らかの形で組み合わせることが、最も効果的な学校評価となるはずだ。しかし、現実の教育水準局査察は、共通の基準に照らして各学校を判定する外部評価である「教育水準局モデル」をすべての学校に適用する。それによって、各学校が自己を評価し改善する多様なモデルが発展する余地が奪われてしまっている。さらに、査察によって批判的な報告を作成された学校は、教育水準局に対して批判的かつ防御的になるし、失敗校の多くは当面の改善計画以上の発展の道筋を描けないまま放置されている。つまり、各学校の自己評価や課題認識と、学校査察の結果に現れた査察官の認識をすり合わせることができない。

要するに、すべての学校で「査察を通じた改善」を実現するには、外部評価の結果をふまえつつ、学校ごとの自己評価にもとづく問題意識と改善方向のビジョンを許容するシステムが必要なのだが、教育水準局査察のシステムはそのような自己評価や学校改善の多様性を許容しないという点が批判されているのである（ibid. 120-121）。

次にアーレイ（Earley, P.）は、1990年代における「査察を通じた改善」の実態を調査・分析した文献において、教育水準局の査察システムの抱える矛盾を以下のように整理した。

「重要なことは、主な目的をアカウンタビリティに置く外部査察や監査と、対照的に学校の発展や改善のために行われる外部査察との間にある、

---

[14] もう一つの戦略は、査察によって認識された失敗校は親の選択による淘汰にさらされることであるが、ハーグリーブスによれば、これも現実には機能していないという。

緊張や矛盾を想起することだ。パフォーマンスを他者に正当化するためのアカウンタビリティや査察的評価は、改善のための判断を行う能力開発的なあるいは専門的な評価とは対照的だ。ここで鍵となる問題は、活動の主な関心が改善にあるのか証明にあるのか、ということだ。学校のような制度の改善を目指しているのか、何かを誰かに証明することを目指しているのか、が問題なのだ。教育水準局査察のプロセスにおける困難の一つは、この両方を追求していることである。つまり、アカウンタビリティを求める機構として活動しながら、他方で『査察による改善』を実行していることなのだ」(Earley 1998: 169)。

アーレイが指摘するように、学校現場においては、親に対するアカウンタビリティ（情報提供）を主眼とする査察と、学校の改善を導くための評価とは、異質なものとして捉えられており、その整合性こそが現場レベルで問題となっていたのである。

論争の背景――教育統制における重点のシフト
　教育水準局査察の役割をめぐりこのような論争が生じたのは、次のような背景によるものであった。
　前章でも指摘したように、従来の統制＝学校評価は、地方教育当局アドバイザーや勅任視学官により、外部評価に加え専門的な助言と支援を含むものであった。そして学校自身も学校自己評価（School Self-Evaluation）を行い、自身の長所と課題を把握しつつ、それを地方教育当局のアドバイザーと突き合わせながら学校の改善方策を検討する慣行が成立していたのである[15]。したがって 1992 年以前の各地域には、「地域政策共同体」の内部におけるフォーマルな外部評価とインフォーマルな内部（自己）評価と

15　もと地方教育当局のアドバイザーによれば、1992 年の教育水準局査察の導入以前、地方教育当局は各学校の自己評価を外部評価によって公認し、地域レベルで有効な改善のためのパートナーシップを築いていたという。ここでは、地方視学（アドバイザー）のローカルナレッジと学校との支援的な関係性が、自己評価のプロセスに学校を巻き込んでいく要となっていたのである（Wood 1998: 41）。

の緩やかな結合があったといえよう。

　しかし、教育水準局査察の導入により、学校査察という名の統制は、その目的や手法を大きくシフトさせた。前章でも述べたように、教育水準局査察の導入に際して最も重視されたのは、教育市場における「親の選択権」の保障であり、そのためのアカウンタビリティの強化である。その新たな目的に資するため、教育水準局査察では、画一的な基準に基づく個々の教員を含む学校のパフォーマンスの「判定」や「失敗」校の認定が中心に置かれた。査察の結果として認定される学校の課題について、それを解決する計画作成やその実行は、各学校の責任において行われるものとなった。先述の通り、査察後に地方教育当局からまとまった支援を受けられるのは、「特別措置」を適用された「失敗」校のみである。

　したがって、教育水準局査察の枠組み文書では「査察を通じた改善」が目的として掲げられたが、現実の査察という外部評価のプロセスと、学校による自己評価や改善に向けた取り組み、あるいはそれを支える外部機関の助言や支援の提供は、基本的には断絶し別個のプロセスとして存在することとなった。現実に査察を通じて「改善」を行うのは、あくまで学校の自己責任となったのである。

　ここにおいて、1990年代の初期査察における「査察を通じた改善」の含意が明らかになった。第一に、教育水準局の学校査察が、直接に学校改善、あるいは学校改善につながる支援（助言を含む）を提供することは想定されていない。学校改善は、原則として、査察の結果を受け指摘された課題を克服する学校の自己努力によって行われる。第二に、「改善」の内容についても査察により各学校には制約が課されている。それは、ナショナル・カリキュラムの内容に沿って、ナショナル・テスト等で測定される子どもの到達水準と、それを保障する教員の教育指導力を向上させる限りでの「改善」である。何を持って学校の改善とするかについて、自主的な判断や解釈の余地は乏しい。

　したがって、このスローガンで企図されている「改善」は、従来の「地域政策共同体」で行われてきた、学校自己評価と外部機関の助言や支援による改善ではない。むしろ、外部からの支援を当てにせず、積極的に教育

水準局が求める基準に自己のパフォーマンスを高めていく「新たな」学校の育成が企図されていたとみるべきであろう。この点は次で検討する。

すでに第二章で述べたように、教育水準局査察の導入によってイギリスの教育サービスにおけるNPM型行政統制が成立したというのが、本書の立場である。この視座から初期査察において行われた「論争」について、以下のことが指摘できよう。

学校査察の役割をめぐる「監査か助言か」「査察か改善か」という議論の登場は、査察という学校評価の役割が従来の学校改善やその支援から、「親の選択権」に資する「アカウンタビリティ」の実現へとシフトしたとの反映であった。このシフトによって、学校査察という教育の統制のあり方をめぐる価値観の対立が現実化したのである。次に、中央にNPM型の査察システムは成立したが、地域ごとあるいは各学校ごとには、自己評価や地方教育当局との支援的な関係性を媒介とした学校改善が継続しており、これらの取り組みと新たなシステムとの整合性が問題となった。

教育水準局査察という新たな統制は、特に成立当初には、「特別措置」適用校以外の学校の改善については無言であり、また学校の自己評価との接続関係についても未整理であった。「査察か改善か」という議論は、単に新たな学校査察のあり方をめぐる規範的な議論だっただけではなく、現実に存在する異なる評価活動の整合性をめぐる議論でもあったのである。これらの論点は、労働党政権下で新たな制度改正に結びついていく。

２）新査察体制における学校──「自己規制メカニズム」の形成と学校言説の分裂

学校における「自己規制メカニズム」の形成

多くの学校は、教育水準局が設定する統一的な基準の達成や達成度の向上について、高いエネルギーを振り向けて取り組むようになった。このことは教育水準局査察の導入による重要な変化であり、NPM型行政統制としての学校評価システムの成立のカギとなるものであった。なぜなら、査察の枠組みや基準を内在化させようとするこれらの主体的な努力によって

形成されるのが、サービス供給主体の「自己規制メカニズム」であり、これによりNPM型行政統制が機能すると想定されるからである。

競争的な市場において、統制機関による判定と格付けがひとたび始まれば、被統制主体は統制主体が求める基準のクリアや到達水準の達成を目標として、自らのパフォーマンスを高めようと行動する。教育水準局査察の導入以来、多くの学校が、次の査察でも教育水準局から「及第点」を獲得できるように、示された課題に対する学校改善に自主的・積極的に取り組むようになったのは必然であった。

さらに、学校内部において、教育水準局査察で高い判定を得られるように、積極的に学校のパフォーマンスを査察の基準や枠組みに適応させようとする層が出現した。表3－2に見るように、査察プロセスについて、校長や理事会という学校経営層は、教員に比して、高い満足度や高い有益性の認識を示した。また前出のスキャンロンの調査に見るように、特別措置におかれた学校における「スタッフのモラル」をめぐっても、教員の多くの認識と異なり、校長は査察を経て「改善された」と認識する者が多かった（Scanlon 1999: 49）。また、これらの調査では、一般の教員の間でも、教育水準局査察に対する受けとめは一枚岩ではなく、査察を肯定的に受けとめその有益性を評価する者と否定的に評価する者、査察に対して高い評価を得るべく積極的に取り組む者とそうでない者とが生まれていたと考えられる。

したがって、教育水準局査察導入後の各学校内部には、独立機関による外部評価という新たな統制とその評価基準を積極的に受け入れ、学校という組織内に外部評価に対応する「自己規制メカニズム」を構築しようとする層が形成されてきたと考えられる。ここでは、校長や理事会を中心に形成されるこれらの層を「新管理職層」と呼ぼう。これらの「新管理職層」は、学校を教育サービス市場における一個の経営体として捉え、消費者たる親の選択に結び付くように、教育水準局の指摘に沿って学校を改善していこうとする志向を持つ。なぜなら、いまや親の選択行動は、学力テストの結果と教育水準局の査察における判定という決定的な情報を軸に行われるようになったからである。そして、多くの親もまた、学校が教育水準局

査察においてよりよい判定を獲得できるように、学校パフォーマンスが改善されることを望むことが想定される。

NPM に対応する「自己規制」をめぐる学校内の分裂

では各学校は、教育水準局の査察を受けながら、スムーズに NPM 型統制を構成する主体として「自己規制メカニズム」を自らのうちに確立していったと言えるだろうか。

ロウ（Lowe, G.）は、学校査察を受けた学校 7 校のその後の改善への取り組み状況と、学校内の教育や学校経営にかかる言説の変化を調査した。そして、このように学校内の様々な行動規範が教育水準局の査察枠組みに規定されるようになった事態を「学校言説の植民地化（colonization of school discourse）」と呼んでいる（Lowe 1998: 103）。学校内でこの「植民地化」を推進するのは、校長であり「新管理職層」である。「学校言説の植民地化」が完成するのは、これが個々の教員にまで浸透した時であり、それは学校において、教育水準局という外部統制に対応する「自己規制メカニズム」が完成した時である。

しかしロウの調査では、各学校において校長が「教育水準局モデル」を採用したにもかかわらず、それは学校全体の教育にかかる言説のすべてに浸透してはいなかった。その背景には、学校が、様々な伝統や地域性の影響を受けた独自の「学校言説」を有しており、これらは特に教員の間で強く共有されているという事情がある。したがって、校長らが主導して導入しようとした教育水準局の学校分析やそれに基づく改善勧告は、学校経営や文書管理などの項目では容易に受け入れられたが、特に教育指導（teaching）や学び（learning）については、それを直接に行う教員に受け入れられず、勧告が履行されないことが多かったという（ibid. 108）。これは先に表 3 – 4 で紹介した、各学校における勧告の進捗の遅れとその内実を分析したウィルコックスらの指摘とも符合する。

3）新たな「行政責任のジレンマ」と教員の専門性の変質

新たな「行政責任のジレンマ」の発生

　教育水準局査察を含むNPM型行政統制の要請は、学校内の分裂状況を産むだけでなく、一人一人の教員の中に、新たな「行政責任のジレンマ」を発生させる。もとより教員は、教室における子どもをはじめ、学校、行政組織、親や地域社会など様々なアクターからの他律的な要請（統制）と、教育専門職としての自己の知識や経験に基づく判断という内在的な要請（統制）のなかで、様々なジレンマを抱えながら教育に従事している。そのようなジレンマの中でも、従来は教員の専門職としての自律性、あるいは教員集団や地方教育当局も含めた「地域政策共同体」が有する専門性が、相対的に重視されてきた。しかし、国家と市場が共通の基準に基づく教育パフォーマンスの達成を求めるNPM型統制が成立すると、個々の教員は新たなジレンマ状況におかれることになった。

　保守党政権下で形成された教育諸政策が教員に与えた影響について調査したガルトンとマクベスは、以下のように指摘する。

> 「ナショナル・カリキュラムの厳格な構成、特にカリキュラム目標を達成しなければならないというプレッシャー、度を越したテストの実施（キーステージ2の算数の教員が毎週テストを行っていた事例）、そして教育水準局査察に備えた準備は、特にフラストレーションの原因となっていた。これらの活動は膨大な量のペーパーワークを生み出すだけでなく、より重大なことに、教員が子どもの学びを管理する専門能力に疑問を投げかけるものだった。自分たちの仕事をコントロールできないという思いが、教員のストレスの最大の原因だったのである」（Galton and Macbeath 2008: 9）。

　さらにガルトンとマクベスの調査では、上記のような外部から課せられる諸課題が、子どもたちの疑問やつまずきに対応する教員の時間を奪い、授業運営における創造性や自発性が失われていく様子が報告されてい

る（ibid. 25-28）。ここでは、子どもたちの習熟や問題状況そして学校や地域の置かれている社会経済的文脈に向き合いながら創造的に専門性を発揮するという要請と、カリキュラムやテスト、あるいは査察という外部の統一的・画一的な基準・水準に応えるという要請のあいだでジレンマ状況に陥っている教員の姿が描出されている。これがNPM型行政統制の成立後に、学校、そして教員が新たに抱えることになった「行政責任のジレンマ」である。

学校および教員は、このようなジレンマを新たに内包し、たえずそれに対する自らの着地点を模索しながら業務に従事することになった。重要な点は、このジレンマは、学校内における言説の分裂、特に校長や学校間慮職層と教員層との対立、という形で現れるだけではない。教員一人ひとりが、ナショナル・カリキュラム、教育水準局査察および準市場という外在的統制と、子どもたちの状態に即した自らの教育の専門性の発揮という内在的統制との双方に応えなければならないというジレンマを抱えることになるのである[16]。

教育水準局の学校査察によって完成を見た、イギリス教育サービスにおけるNPM型行政統制は、このような新たな「行政責任のジレンマ」を生み出すこととなったのである。

教員の専門性とその変質

このような学校内部の状況は、「準市場」と教育水準局査察というNPM型行政統制が成立する中で、教育サービスに従事する教員の専門性が変質し分裂した状況におかれるようになったことを反映している。

そもそも教員の持つ専門性は、教室における教育や指導の技術や能力という「内容」における専門性と、教員が置かれている専門職としての社会的な地位、すなわち「社会的文脈」における専門性に分けて考えることが

---

[16] 坂本真由美は、教育水準局査察の導入を受け、自らの教育パフォーマンスを「よく見せることに集中する教員」と、「教育活動が制限され教師自身の持つ教育観の揺らぎに困惑する教師」という二つのタイプの教師像が浮き彫りになっていると指摘している（坂本 1996: 186）。

できる（久保木 2011）。さらに、教員の専門性には、「反省的実践家」と言われるように、様々な困難に直面したときあらかじめ設定された目的とそれを実現する手段としての定型化された理論や技術の枠組みの中でのみ対応するのではなく、問題状況に応じてそれらの枠組みの見直しを絶えず行っていく、という特徴がある（勝野 2002: 68-70）。

アンディ・ハーグリーブス（Hagreaves, A.）は、20世紀以降の教員の専門性の時期区分を行い、1960年代以降の「自治的専門性の時代」「同僚に支えられた専門性の時代」に対して、新自由主義的な改革が進行した20世紀末前後を「ポスト専門性の時代」とよぶ。この時期には、専門性の高い教員集団は教育の市場化の障害と認識され、集権化されたカリキュラムや学校管理者による業績管理によって教育の専門性を統制する傾向が強まる（Hargreaves 2000）。ザックス（Sachs, J.）は、このような状況下の教員の専門性について、「伝統的専門性」から「経営主義的専門性」への変化と表現した（Sachs 2003: 24-27）。この変化の下で、教員は、NPMによる効率性重視と顧客（消費者）志向のサービス追求の要請を受け、自らの教育サービスをマネジメントし、中央政府や親が求める測定可能な教育パフォーマンスを生み出すことに能力を発揮することを求められるようになる。

さらにウィッティ（Whitty, G.）は、このような新たな専門性の登場の中で、「教育専門職の分断」が生じたことを指摘している。すなわち、学校管理職および教員は、従来の教員の自律的かつ集団的な専門性を重視する者と、新たな教育市場の中で学校や教員の戦略目標を追求する「経営者」としてふるまおうとする者とに分裂するようになったのである（ウィッティ 2004: 98-102）。この指摘は、教育水準局査察下における学校現場の実態を、そのまま表現していると考えられる。

4）オルタナティブな学校評価の提起── NUT 報告書『学校は自らのために語れ』

本章の最後に、1995年に全国教員組合（NUT）が、ジョン・マクベス教授らに委託して作成した報告書『学校は自らのために語れ（Schools speak for themselves)』（以下、SSFT 報告）について簡単に触れておきたい。

　SSFT 報告は、教育水準局査察を軸とする学校評価システムを批判しつつ、学校内部のアクターによる評価指標設定を嚆矢として展開する「学校自己評価」の推奨と、その枠組みを提起したものである。まず教育水準局査察を中心とした学校評価について、二つの批判点が挙げられる（NUT 1999）。第一に、現在の学校評価が、教員、生徒、保護者、理事などから構成される「学校コミュニティ」の外部からのみ行われており、評価のプロセスにおいて「学校コミュニティ」を構成する諸アクターの活動や判断が生かされていないことである。第二には、その結果として教育水準局査察という外部評価が、従来から行われてきた学校による様々な内部評価＝自己評価との調和を欠いており、外部評価の結果が学校改善に活かされていないことである。そこで SSFT 報告では、自己評価を基軸にした、外部評価と自己評価の相互補完的な制度設計が提唱されたのである。

　SSFT 報告の概要はすでに別稿で紹介・検討したので（久保木 2010）、詳細はそちらに譲る。同報告の特徴は、学校評価において、各学校における教育活動や学習の現状や学校改善の文脈をふまえつつ、「学校コミュニティ」の主体が、「基準やプロセスをわがものとすること（ownership of the criteria and of the process）」（Macbeath, et al. 1995: 73）を企図していることである。そしてそのために、学校自己評価、評価基準の議論と合意、教職員・生徒・親・地域住民の参加、評価を支援する「批判的な友人（critical friend）」、および評価を通じた学校改善を重視することである。そのうえで、制度設計としては、学校自己評価を中心としながら査察という外部評価をそれと接続し、両者が相互補完するシステムを構築しようとするところにある。そのような制度を通じて、学校外部への説明責任の確保と学校改善を関連づけつつ追求するという射程を有していたのである。

　SSFT 報告の意義は、第一に、教員や学校の有する専門性に信頼を置く学校自己改善を基礎に、学校自己評価に「参加」と「関係性強化」の視点を採り入れながら、従来の自己評価を発展させたモデルを提示したことである。それは、急速に支配的となった、査察というアカウンタビリティ重

視の外部評価への、オルタナティブを示すものでもあった。第二の意義は、同報告が、アカウンタビリティ重視の外部評価を、自己評価中心の学校改善サイクルに接続し、双方の強みを生かしながら教育活動と学習を支援する総合的な品質保証のシステムを構築することをめざしたということにある。この点は、従来のイギリスにおける自己評価にはなかった視点であった。第三の意義は、上記のような内容によって、1997年以降の労働党政権における学校査察改革に影響を与えたことである[17]。この点は、次章で検討する。

17　NUT は SSFT 報告の公表後、それらを実現すべく中央政府および各地方自治体に積極的に働きかけた（Macbeath 1999: 71-73）。まず中央政府レベルでは、NUT は教育水準局長官ウッドヘッドや政権党である保守党の政策担当者に対して SSFT 報告のプレゼンテーションを行った。当然ながら、保守党政権にとっては、自己評価を機軸とした評価体制の修正は基本的に受け入れがたいものであった。逆に、NUT をその支持基盤の一つとしている労働党は、自己評価を軸とした学校評価体制の改革を肯定し、労働党が政権をとったあかつきには、SSFT の提案内容を政府の政策に取り入れることを約束した。

次に、地方自治体レベルでは、NUT は、イングランドとウェールズ全体に SSFT 報告を 5000 以上配布し、41 の自治体において同報告の研究成果を何らかの形で採り入れていることが確認されたという（NUT 1999）。地方教育当局の査察官やアドバイザーに情報提供するために同報告を利用するケースもあれば、学校が独自の自己評価をたちあげるのに利用するケースもあったという。また、学校評価を通じた教育の品質保証という点では、教員がその評価の担い手として加わったことに大きな意義があった。教員からは、SSFT 報告の活用により、「学校改善計画を教室での教育活動に結びつけるのに役立った」「重要な基準に照らして教室での実践を評価することができた」「教育活動の評価や改善に生徒を巻き込むことができた」等の肯定的なコメントが寄せられたという（Macbeath 1999: 80）。

第四章　労働党政権期（1997-2010年）における教育改革と学校評価——NPM型行政統制の重層化と深化

(1) 本章の課題

　本章では、1997年5月の政権交代によって誕生し2010年まで継続した労働党政権による教育改革とその中で進められた学校評価システムの改革を検討する。この作業を通じ、保守党政権下で成立した、「準市場」と教育水準局査察によるNPM型行政統制がどのように変化したのかを明らかにする。

　本章における記述は、第一章で確認した論点に即して次のように進める。第二節では、労働党政権における主な行政改革・公共サービス改革の取り組みを概観し、保守党政権下で進められたNPM型の改革がどのように変化したのかを検討する。その検討をふまえ、第三節では、労働党政権における教育ガバナンス改革の取り組みを概観する。検討のポイントは、保守党政権下で構築された教育の国家統制と教育サービスの「準市場」化などの政策の変化である。第四節から第八節までは、労働党政権の下で行われた教育水準局の学校査察改革を検討する。改革の内容が多岐にわたるので、第四節で概要を紹介したのち、続く各節で学校自己評価の重視、児童福祉分野等への査察対象の拡大、査察のスリム化と業績「比例」化といった個別の改革課題について検討する。第八節では、これらの改革を経て学校査察のプロセスがどのように変化したのかを明らかにする。第九節では、労働党政権期の学校査察改革に対する学校現場をはじめとする様々なアクターの受けとめと議論を紹介・検討する。第十節では、章のまとめとして、

労働党政権期の学校査察においてNPM型行政統制はどう変化したのかを検討・総括する。

(2) 労働党政権の行政改革・公共サービス改革

1)「ニューレイバー」の政策基調

1997年総選挙で地滑り的勝利を収めたトニー・ブレア率いる労働党政権は、一方ではサッチャー政権以降の保守党による新自由主義的政策を批判しつつもその重要な骨格を継承し、他方では従来のケインズ主義的福祉国家に回帰することを明確に拒否し、「第三の道」と呼ばれる独自の政策路線を掲げ、それに基づく諸政策を推進した。そのため、労働党政権の性格をめぐっては、保守党政権、特にサッチャー主義に基づく諸政策との連続性と非連続性を中心に多くの議論を呼ぶことになった。

まず、労働党政権の基本性格について述べる。労働党政権は、保守党政権と同様に、現代国家としてグローバル経済への対応と国際競争力の強化を推進すべく、従来のケインズ主義的福祉国家から「国民的競争国家」(ヒルシュ1998)あるいは「シュンペーター型競争国家」(Jessop 2002: Chapter3)への転換という課題を引き受けている。したがって、その転換にとって不可欠の、官僚制や公共サービスの新自由主義的な改革、すなわち民営化、「準市場」の導入、企業経営型の組織マネジメントと業績管理システムの導入などの改革は、保守党政権の枠組みが基本的に継承された。

しかし、労働党政権の国家戦略は、以上のような主要課題をふまえつつ、明らかに保守党政権とは異なる以下の三つの特徴を有していた。一つは、公共サービスの供給や管理において、地方自治体に加えコミュニティ、住民および民間部門の参加とパートナーシップを重視したことである。二つには、貧困や格差を抱えた地域や階層へのケアを提供する政策・制度を導入したことである。そして三つには、全ての地域、サービス分野を包摂する業績管理体制と国家介入を強化したことである。これらは、保守政権が断行したラディカルな新自由主義改革、特に公共サービス改革における徹

底した民営化とNPM改革の後を継いだ労働党政権だからこそ、取り組まざるをえない課題であった[1]。

二宮元は、ティッケルとペックによる新自由主義の歴史段階区分に依拠しつつ、ブレア党首率いる労働党「ニューレイバー」を、新自由主義の第二段階に相当するものとして捉えている。すなわち、サッチャー政権が進めたように、グローバル経済に対応して自由市場を開放すべく、その障害となる福祉国家の制度や機構を破壊することが新自由主義の第一段階の主要な役割であるとすれば、そこで生じた様々な弊害や社会の分裂に対して新たな国家介入や制度形成によって社会の安定化を図り新自由主義的な経済運営を軌道に乗せることが第二段階の役割となる。したがって、ブレアによるニューレイバーの政策は、第一にグローバル化した新しい資本主義経済に対応する国家・政治体制を創り出すこと、第二に保守党政権の新自由主義政策によって深刻化した社会統合の破たんに対処することを自らの政権の主要課題としたことに、大きな特徴があったのである（二宮 2014: 302-305、Peck and Tickel 2002: 41-43）。そして、労働党政権が新たに取り組んだコミュニティの重視や参加とパートナーシップの活用、および貧困地域への対応や社会的排除対策の重視は、この第二段階の課題に対応したものであったと考えられる。

そして、次節で検討する労働党政権の教育改革にも、上記のような労働党政権の政策基調が反映していた。すなわち、教育政策は、グローバル経

---

1 永田祐によれば、第三の道のガバナンス改革の特徴は、コミュニティの重視、アカウンタビリティの重視、市民自身の「責任（responsibility）」と「機会（opportunity）」の重視に整理される。（永田 2011: 56-60）。特に市民の「責任」と「機会」の重視は、国家による社会保障給付による所得再分配を中心とした従来の福祉国家型政策から、すべての市民に就労の機会を保障し経済主体として自立を促す「福祉から就労（Welfare to work）」政策に対応するものであり、これがニューレイバーの「社会的包摂」のモデルとなっている。コミュニティの重視政策による自治体や地域のパートナーシップの位置づけも、市民の位置づけと同様に、中央政府による財政支出や事業の単なる配分の対象ではなく、公共サービスや地域再生事業などに主体として関わる「機会」を提供し、競争的な市場の中で自らのパフォーマンスに対する「責任」とアカウンタビリティを負わせるものであると考えられる。

済に対応する競争国家化の中心政策として位置づけられていた[2]。労働党は野党時代より、保守党政権の民営化や地方自治体あるいは労働組合への攻撃が、過度に多くの人々を公共サービスから排除し社会や地域の連帯を弱体化させたことを批判してきたが、あるべき教育政策については、グローバル経済に対応する国際競争力を強化するため、今後は国民への教育を通じた知識基盤型社会を構築すべく教育水準の向上と生涯学習（訓練）に力を入れるべきことを主張するようになっていた。すなわち、経済戦略の柱として教育を通じた人的投資論が、労働党政権の政策の柱となったのである（Tomilinson 2001: 4-5、Ball 2013: 32-33、大田 2010: 123-126）。

他方で、労働党政権は、社会的包摂と呼ばれる就労支援を軸とした「福祉」政策や貧困対策、コミュニティ再生政策を次々と打ち出していった[3]。そして教育政策についても、経済政策の柱として位置づけつつも、これらの社会的包摂政策と連動させたイニシアチブを具体化し、保守党政権の市場化政策によって切り捨てられた貧困層の自立のための政策としても推進していったのである（小堀 2005: 170-171）。

2）労働党政権における行政改革・公共サービス改革の特徴

次に、労働党政権における行政改革と公共サービス改革の特徴について、概観しよう。あらかじめその特徴をまとめて述べれば、一方では民営化や

---

[2] 労働党はすでに 1980 年代後半の政策見直しによって、従来の左派的な社会主義路線を放棄しており、1990 年代には保守党の新自由主義を大枠で承認しつつ、独自の政策展開を模索していた。

[3] 二宮によれば、労働党は 80 年代末から 90 年代にかけて、二つの国家構想からなる新自由主義路線を形成していた。一つは、「条件整備型国家（enabling state）」の構想であり、①安定したマクロ経済環境の維持を経済の最優先課題とし、民間主導の投資に依拠した経済活性化を志向する、②産業政策の重点が教育・技能訓練の強化におかれる、という特徴があった。後者は、人的投資論に基づく人的資源管理の強化へ結びつくものである。もう一つは、「社会的投資国家」の構想である。これは、福祉国家的な所得再分配ではなく、人々を就労により社会保障から自立させる社会的包摂という方向性をとるものであり、のちのブレア政権によるニューディール政策によって行われる就労強制的な就労支援策に結び付くものであった（二宮 2014: 325-333）。

表4－1　労働党政権における行政改革と教育改革・学校査察改革

	行政改革	教育改革／教育水準局の学校査察改革
1997年	ブレア政権発足	1997年教育法 教育白書『学校における卓越性』
1998年	白書『現代的な地方政府：人々とともに』 「包括的歳出レビュー」「公共サービス協定」導入。	学校水準と枠組み法 教育水準局文書『学校評価が大切だ』 PANDAレポートの導入
1999年	白書『政府の現代化』 1999地方自治法。「ベスト・バリュー（BV）」の導入	ウェールズは査察対象から外れる。
2000年		・2000年学びとスキル法。 ・査察対象を成人教育に拡大する ・2000年版学校査察枠組みの改訂。短期査察とフル査察の分岐型を採用。
2001年	第二期ブレア政権発足	教育白書『学校：成功を達成する』
2002年	内閣府「戦略室」「公共サービス改革室」設置 白書『地方の強力なリーダーシップ』。「包括的業績評価（CPA）」を導入（※）。	
2003年	公共サービス改革室『公共サービスの査察についての政府方針』	・政府緑書『すべての子どもが大切だ』 ・子どもサービスを査察対象に加え、ECMアウトカム指標による評価を提起。 ・2003年版学校査察枠組み。
2004年	第三期ブレア政権発足	・2004年子ども法 ・子どもサービスの総合的な査察を教育水準局に義務付け ・教育水準局コンサルテーション・ペーパー『査察の未来』（2004）。
2005年		・2005年教育法 ・教育白書『すべての人々のためのより高い水準、より優れた学校』 ・2005年版査察枠組み。査察の軽量化、学校自己評価、格付けの4段階化
2006年	内閣府『イギリス政府の公共サービス改革のモデル：自己刷新システム』	・2006年教育と監査法
2007年	ブラウン政権発足	
2008年		2008年教育とスキル法

※包括的業績評価（CPA）は2009年に包括的地域評価（CAA）に改編された。
出典：筆者作成

競争原理の活用など保守党政権の新自由主義的な公共サービス改革を継承し、NPM 型行政統制の精緻化・重層化をすすめつつ、他方では公共サービス予算の拡大、公共サービスの担い手としてのパートナーシップやコミュニティの重視などを推進したことが指摘できる（小堀 2005: 150-152)。つまり、公共サービス改革や行政改革においても、新自由主義改革を進めつつ社会統合の再構築を図ろうとする「ニューレイバー」の路線が見て取れるのである。

労働党政権による保守党の行政改革・公共サービス改革の継承と発展

労働党政権は、保守党政権が進めてきた公共サービスの民営化や NPM に基づく行政組織や公共サービスのマネジメント改革を基本的に継承しつつ、その刷新を図った。

同政権は、サッチャー政権が行った国営企業の民営化についてはそれを継続した。新たに民営化された公共部門こそなかったが、中央省庁のエージェンシー化を継続しつつ、そのいくつかを民営化している。その最大規模のものは、国防省の研究機関である国防評価研究庁であり 8000 人の職員が民間企業に移ったとされている（バーナム／パイパー 2010: 144）。また官民連携の型として、保守党政権下で始まっていた PFI 方式による公共事業を積極的に進めている。1997 年以前に締結された PFI 事業の契約が約 100 件だったのに対し、2006 年には、約 750 もの PFI 契約が登録されていたという（ibid. 145）。

さらに、労働党政権は、医療分野と教育分野における「準市場」の整備に力を入れた。医療分野については、保守党政権が整備した NHS 内部市場において一般開業医が選択した医療サービスを地域保健当局が病院から購入する仕組みを整備したが、労働党政権はこれに対して、①患者の選択の自由の拡大、②病院に対する評価と格付け、③財団病院への経営権限拡大、④出来高払いによる予算拡大、などの改革を行い、「準市場」を整備・強化した。さらに教育分野については、のちに詳しく見るように保守党政権が進めた「準市場」化政策の拡大・強化を行い、さらには新たな公設民営学校の開設や地方教育当局の「民営化」まで行った。

公共サービスの質やマネジメントの改革については、1999年に白書「政府の現代化（Modernizing Government）」によって労働党政権の改革戦略を発表した。ここでは、①連携した戦略的な政策決定を行う、②重視するのはサービスの供給者ではなくユーザー、③高い質の効率的な公共サービスの提供、が掲げられた。労働党政権は、NPM型の公共サービス改革を推進するうえで、明確な目標にもとづいた戦略的マネジメントを行う中央政府の組織強化を重視しており、2002年に内閣府内に「戦略室（Strategy Unit）」を設けたほか、「公共サービス改革室（Office of Public Service Reform）」「公共サービス提供室（Delivery Unit）」を設置している。また、保守党政権の「市民憲章」に代表される消費者志向の公共サービス改革については、1998年より「サービス第一（Service First）」政策を打ち出し、その継承と発展を図っている。

公共サービス予算の拡大

　他方で、労働党政権の行政改革・公共サービス改革は、明らかに保守党政権の新自由主義・NPM改革路線の継承・発展にとどまらない特徴を有していた。まず同政権は、NPM的な行政改革・公共サービス改革と並行して、保守党政権とは異なり公共支出の大幅な拡大を行った。

　労働党政権は、政権交代後の1990年代末までは保守党政権と同様に公共支出の抑制に努めたが、2000年以降に公共支出を大幅に拡大する政策転換を行った。分野別では医療と教育に対する支出が1999年から2000年以降に上昇している（二宮 2014: 360-361）。教育予算は、1998年には対GDP比で4.5％を切るまで抑制されていたが、2002年には5％台を回復している。以後、労働党政権における教育予算は、図4-1にみるように2010年の政権交代まで一貫して増大し続けた。

　この二つの分野は、いずれも労働党政権が保守党政権に引き続き「準市場」改革を進めた分野であるが、その改革が大幅な予算増と並行して行われたことが、労働党政権の大きな特徴となっている。これは、保守党政権の新自由主義改革路線を継承しつつ、保守党政権の政策がもたらした「社会的排除」に対する手当を行い、失われた社会統合を再構築することを志

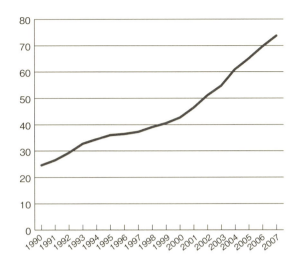

図4-1　1990年代から2000年代にかけてのイギリス教育予算（単位£billion）
出典：UK Public Spending（https://www.ukpublicspending.co.uk/）

向した労働党政権の政策を反映していると言えよう。

公共サービス供給主体の「ネットワーク・ガバナンス」化──連携政府、パートナーシップ、コミュニティ重視

次に労働党政権は、行政組織や公共サービスの供給組織などの主体において、それぞれのネットワークの強化や協働あるいはコミュニティの参加を強めることで、各主体のパフォーマンスを高めサービスの質の向上を図ろうとした。この特徴は、保守党政権期におけるNPM型、すなわち競争と管理型のガバナンスに比して、行政学者ローズ（Rhodes, R.A.W.）の定式化した「ネットワークとしてのガバナンス」として捉えられる（Rhodes 1997、新谷2007）[4]。この「ネットワーク」の重視の背景には、保守党政権が進めた公共サービスの市場化とNPM化の影響に対する批判的な認識が

4　またストーカー（Stoker, G.）は、ローカルレベルにおける労働党政権の公共サービス改革について、「NPMを超えてネットワーク化されたコミュニティ・ガバナンスへ向かう」動きとして捉えている（Stoker 2004: 10）。

ある[5]。

　この「ネットワークとしてのガバナンス」化の特徴は、中央政府レベルでは「連携政府（Joined-Up Government）」の取り組みとして現れた。「連携政府」は、1999年の「政府の現代化」白書において、公共サービス供給方法を改善するために政府の全部門が協働することを求めて提唱されたものである（Cabinet Office 1999）。具体的には、省庁やエージェンシーが行う活動につき、政策形成過程、サービス供給過程、および両者の統合過程において、連携のために組織整備、予算管理、目標や情報の共有を行うこと、必要な調整やルール化について首相官邸や内閣府などの政府中枢が、適切に介入することなどを定めた。後述する包括的歳出レビューや行政サービス協定など省庁レベルの業績管理手法も、これらの連携活動のツールとして位置づけられている（新谷 2007: 15-17、久保木 2008b）[6]。

　次に地方レベルでは、主に地域再生に関わる公共サービスの供給主体として「パートナーシップ」[7]および「コミュニティ」が重視された。1998年に発行された『現代的な地方政府：人々と共に（Modern Local Government: In Touch with the People）』では、21世紀における地方政府の「現代化」の課題として、①地域の社会経済および環境の課題に応えるコミュニティのリーダーシップあるいは地方自治体のパートナーシップ、

5　具体的には、民営化によって政府組織が当該分野から撤退し、エージェンシー化によるサービス供給組織の分離・独立が進められることにより、行政組織やサービス供給組織の「断片化（fragmentation）」が進行した。NPMは基本的には各組織の個別管理を行う理論であるため、公共部門全体として計画性や調整能力が低下し、かえって非効率が増大したという批判が行われるようになった。そこで従来の官僚制ではなく、市場に任せるのでもなく、自律性を有する各組織の連携とネットワークの管理を効果的に行うことが重要であるという認識が強調されるようになったのである。

6　したがって、連携政府の実態は、各組織の水平的なネットワークを強めるだけでなく、むしろ政府中枢による垂直的な管理強化の側面も伴って進められたことに注意が必要であろう。

7　労働党政権では、公共事業の主体としてパートナーシップと呼ばれる官民連携の形態も重視され、PFIと並んでPPP（public private partnership）という形態が用いられた。

②地方自治体と市民との新たな関係を築く民主主義の刷新（Democratic Renewal）、③ニーズを満たしサービスを提供するパフォーマンスの改善、の三つが掲げられている（DETR 1998）[8]。

地方におけるコミュニティやパートナーシップにかかる政策の代表例が、貧困地域の雇用対策として新たに打ち出された「コミュニティのためのニューディール（New Deal for Communities = NDC）」政策であり、「近隣地域再生資金（Neighbourhood Renewal Fund）」とその受け皿としての「地域戦略パートナーシップ（Local Strategic Partnership）」の設置などであった。特に、NDC政策は、労働党政権の社会的排除対策の一環として行われたもので、貧困地域の改善や他地域との格差の縮小を、コミュニティの参加や多様な主体のパートナーシップによって行おうとするとりくみであった（永田 2011: 第3章、自治体国際化協会 2004、山本 2011）。この「パートナーシップ」が、犯罪・コミュニティ・住宅にかかるアウトカム、あるいは健康、教育、就労にかかるアウトカムを達成すべく、地域再生事業に取り組んだのである[9]。

このように、労働党政権における行政改革・公共サービス改革の特徴の一つとして、政府組織間の「連携」、あるいはコミュニティやパートナーシップによる「協働」を重視する、「ネットワーク・ガバナンス」化への動きが指摘できるのである。

8 　この3項目を検討対象に労働党政権の地方政策を分析した文献として Stewart（2003）を参照されたい。

9 　具体的には、1998年の第一ラウンド、1999年の第2ラウンドを合計してイングランド全体で39の貧困地域を政府が指定し、各地に5000万ポンド、総額20億ポンドを交付して住宅対策、コミュニティ再生、就労、教育、犯罪対策などの諸事業を推進した（10年間限定）。この主体となったのは、行政と民間事業者、ボランタリーセクターおよび住民代表からなる「パートナーシップ」であった。このように住民を含むコミュニティの多様な主体のパートナーシップと参加によって構成される主体が、政府の資金をもとに地域再生に取り組む仕組みは、「近隣再生」や後述する「教育アクションゾーン」などでも採用されている。

労働党政権による新たな業績管理体制と国家介入──NPM型行政統制のバージョンアップ

その一方で労働党政権は、中央政府レベルおよび地方政府レベルそれぞれで、保守党政権下のNPM型行政統制の手法を発展させた、新たな業績管理の制度を導入した（稲沢2002: 223-227、稲継2001: 29-51）。

中央政府レベルでは、まず1998年の予算改革により、「包括的歳出レビュー（Comprehensive Spending Review）」を導入した。これは、各章の歳出予算と政府の政策順位の整合性を調査したうえで、各章の予算をゼロベースで見直し、計画的な予算編成を行うものであり、レビューを経て各省庁は、三か年にわたる歳出計画を作成することになった[10]。次に、大蔵省と各章が協議を経て合意する「公共サービス協定（Public Service Agreement）」の制度が導入されている。これは、「包括的歳出レビュー」の枠組みの中で、各省庁の業績達成目標を合意・公表するものである。すなわち、各省は3年間の予算計画の中で達成すべき目標（Targets）を定量的に設定し、「協定」として公表したうえで、その達成状況を検証することになった。この達成状況は公共サービス提供室によって監視される。そしてこの達成状況を客観的に測定・分析するために「アウトプット業績分析（Output and Performance Analysis）」という手法が導入されている。

このように労働党政権は、中央政府レベルでは、各省庁の予算執行と業績達成について、戦略目標化と業績管理の制度化を含むマネジメントサイクルを導入したのである。

次に、地方政府レベルでは、ベスト・バリュー（Best Value = BV）と包括的業績アセスメント（Comprehensive Performance Assessment = CPA）という二つの業績管理手法が導入された。

BVとは、保守党政権下の強制競争入札（CCT）に改革に代えて導入された、地方自治体の業績評価とサービス改革の枠組みである。1999年地方自治法に基づき、自治体のサービスを5年に1回、①（より良いサービ

---

[10] レビューでは、①政府政策との整合性をふまえた中長期的な施策目的の再検討、②個々の予算項目について効率性、不要資産の選別、PFIの活用可能性の検討、③省庁が共同で取り組む予算の洗い出し、が行われた。

ス提供への）チャレンジ、②（サービスに関するユーザー、市民との）協議、③（ほかの自治体や過去の実績との）比較、④競争（原理の適切な導入）の視点から、総合的に見直すことが制度化された。その見直しの過程で「ベストバリュー実行計画」を策定し、政府と自治体監査委員会が示すベストバリュー業績指標（Best Value Performance Indicators = BVPIs）に基づき、達成すべき数値目標を明確にする。その計画は、外部監査を受けることが規定されている。要するに、地方自治体のパフォーマンスが、全国で統一された指標に基づき目標設定および事後測定されること、それが独立の監査機構によって評価されることが、大きな特徴となっている（石川 2004: 159）[11]。

つぎに、CPA は、2002 年の白書『強力な地方のリーダーシップ――質の高い公共サービス（Strong Local Leadership: Quality Public Services)』によって提起された、自治体評価と「格付け」の仕組みである。これはベスト・バリューを改善する目的で、個々の行政サービス分野ごとの評価に加えて、地方自治体の組織運営や政策形成などを総合評価したものを5段階で「格付け」するものである[12]。重要な点は、教育分野における各自治体の評価には、教育水準局による地方教育当局の査察結果が用いられるように、公共サービス各分野の査察機関の評価がそのまま自治体評価に結び付く仕組みになっていることである[13]。さらに、好業績だった自治体には種々の優遇措置（各種補助金の交付、規制緩和、BV 検査の任意化）が行われ、低業績だった自治体に対しては他機関への業務の移譲、好業績自治

---

[11] 行政サービスの見直しの過程では、競争入札や民営化なども、サービスの質をより良く改善すると判断された場合には採用される。

[12] 具体的には、①教育、福祉、環境、図書館・レジャー、住宅、助成金の6分野について業績評価と自治体の組織能力評価を行う、②各分野の評価をサービス業績評価と組織能力評価に分けてスコア（点数）化する、③スコアに基づき各自治体を excellent、good、fair、weak、poor の5段階に格付けし、それを受けて自治体が改善計画を作成する。

[13] また、法的要請はないものの、個別分野でも公共サービスの供給主体の自己評価の指標として BV の枠組みが用いられた。例えば、2000 年の教育水準局による学校査察のハンドブックでは、各学校に BV の枠組みに基づく自己評価とサービス改善が推奨されている（Ofsted 2000: 148-151）

体のフランチャイズ化などの強制措置も行われる。

　したがって、BV および CPA の導入により、各自治体においても、行政サービス提供に際して、明確な業績目標を明示し、それを中央の外部評価機関が監視・評価・格付けし、その結果によってその後の処遇に差がつく「報奨とサンクション」の仕組みが導入されたのである。これはまさに保守党政権下で成立した教育水準局による統制モデルが自治体にまで適用されたものと評することができよう[14]。

　このように、NPM 型行政統制の経営管理型統制は、労働党政権によってすべての地方自治体レベルで制度化・適用され、さらにそれらは公共サービスの個別分野にも拡大されていったのである[15]。

NPM 型行政統制の下での連携、パートナーシップ、コミュニティ参加とその矛盾

　以上、ブレア労働党政権における行政改革・公共サービス改革の特徴を見てきた。特に同政権における公共支出の拡大やコミュニティ・参加の重視などは、保守党政権からの重要な変化であった。他方で、本書の問題関心である NPM 型行政統制との関係で指摘しなければならないのは、これら労働党政権の公共サービス改革の方向性は、NPM 型行政統制からの離脱や転換ではなく、むしろ NPM 型行政統制を労働党政権の「第三の道」路線に適合するように精緻化し、バージョンアップさせたものであったということである。同政権の行政改革が、「ブレアリズム的 NPM」（安

---

[14] 小堀眞裕は、ブレア政権の公共サービス改革がサッチャー政権に比して「ターゲットの達成に重点を置くことで、規制国家としての性格を強め」たが、そのスタンスは保守党政権のように市場という価値を実現することを重視するのではなく、ターゲットの達成のために必要な限りで民営化や市場化という手法を駆使するものであることを指摘している（小堀 2005: 151-152）。

[15] 加えて労働党政権は、後述する教育分野はもちろん、地方自治体を含む公共サービスの多くの分野で査察を重視した。2003 年には、首相直属の「公共サービス改革室（Office of Public Service Reform）」が『公共サービスの査察についての政府方針』という文書を公表している。同文書では、公共サービスにかかる査察について、基本方針が掲げられている（OPSR 2003）。

2006: 148）と評されるゆえんである[16]。

　このことは、特に労働党政権の地方政策について様々な矛盾の指摘がなされる原因となった。バーンハム（Burnham, J.）とホートン（Horton, S.）は、労働党政権では分権、参加、地方への応答性などの理念が強調されるが、主要なサービスの「現代化」の実態は中央主導のトップダウンであり、労働党政権の13年を通じて公共サービスの質の向上を図るために強力なトップダウン・アプローチが採用されたことを強調している（Burnham and Horton 2013: 156）。またスチュアート（Stewart, J.）は、BV や CPA を通じた中央政府の介入が、労働党政権下の中央地方関係に新たな「選別主義（selectivity）」をもたらし、当該自治体や有権者の判断や意思決定が軽視されるようになった問題を指摘している（Stewart 2003: 205-209）。ストーカー（Stoker, G.）は、労働党のガバナンス改革戦略には、「ヒエラルキー」や「平等主義」だけでなく、常に予測不可能性や不確実性の中で自治体に行動することを迫る「くじ引きによるガバナンス戦略（strategy of governance by lottery）」が含まれていると指摘し、自治体が中央政府に認められるべく自己改善の努力する誘因を持たせる戦略を採用していると指摘している（Stoker 2004: 75-81）。

　小堀眞裕は、このような労働党政権の政策について、「コミュニティ政策に対する規制国家の優越」と表現する。すなわち労働党政権は、リージョンやコミュニティに対して権限移譲を進める一方で、それらへの自己決定の自由は厳格に制限し、政府の定めた目標達成を追求させたのであり、逆に言えば目標設定は政府が行い、その実現主体や実行方法について「パートナーシップ」や「コミュニティ」に柔軟な対応を許容したという

16　安は、ブレア政権の NPM の特徴について、NPM 型のマネジメントサイクル（Plan・Do・See）を前提に、参加やパートナーシップ、あるいはネットワークの論理を組み込んでバージョンアップしたものと指摘する。すなわち、Plan には参加によってユーザーの志向を反映させ、Do の部分では他のアクターとのパートナーシップの形成を推進し、See の部分ではより中央政府による業績管理を強めタイトなコントロールを行う。こうして参加やパートナーシップ、あるいはネットワークの論理を組み込んでバージョンアップしたのが労働党政権の「ブレアリズム的 NPM」である（安 2006: 148）。

ことができるのである（小堀 2005: 192-194）。

　労働党政権では、一方で保守党政権時代よりも地方自治体の役割分担やコミュニティの重視を行い、他方ではそれらのアクターをより厳格に中央政府が定めた業績管理システムに包摂した。したがって、NPM 型行政統制は、従来その射程外にあったアクターまで包摂し、より大規模な形で再現されたのであり、それゆえに供給主体における「自由」とシステム全体の管理志向との相克も、より多様で広範囲に現出することとなったのである。

NPM を推進する「自己規制メカニズム」の奨励

　最後に、労働党政権の下では、NPM 型行政統制だけでなく、それに能動的に対応する「自己規制メカニズム」の形成が、各サービス供給主体において推奨されたことも指摘しておきたい。労働党政権の公共サービス改革戦略においても、「自己規制メカニズム」を各主体が内在化させることが奨励されている。その戦略は、2006 年に内閣府が公表した公共サービス改革のモデル『イギリス政府の公共サービス改革のモデル：自己刷新システム』に集約されている。

　このモデルは、労働党政権における公共サービス改革が内包すべき構成要素を包括的に示している。すなわち、「自己刷新システム（Self-Improving System）」というサブタイトルが示すように、公共サービスに携わる各組織は、トップダウンの業績管理に服しつつ、市場競争によるインセンティブを活かした効率性や質の改革、ユーザーの志向を活かしたサービス改善、およびこれらを活かした行政組織のサービス遂行能力（その向上）によって、不断に自己刷新を行うことを求められていることを示したのである（Cabinet Office 2006: 9）。ここには、労働党政権が保守党政権期に提案・駆使された個々の NPM 手法を総合化しつつ、それらを自己刷新＝「自己規制メカニズム」として戦略的にすべての公共サービス組織に埋め込んでいこうとする企図が示されている。

　ボール（Ball, S.）は、この「自己刷新システム」モデルは、サッチャー・メージャー政権の改革から始まり労働党政権の「第三の道」を経

第四章　労働党政権期（1997-2010年）における教育改革と学校評価

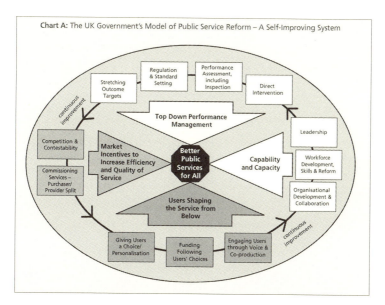

図4－2　『イギリス政府の公共サービス改革のモデル：自己刷新システム』
出典：Cabinet Office 2006: 6

て2010年以降の連立政権に至る公共サービス改革を貫く要素を内包していると分析する（Ball 2013: 121）。そして、次節から検討する労働党政権下で進められた教育改革は、他の公共部門改革と同様に、この公共サービス改革の戦略に包摂されるものであることを強調しているのである（ibid. 119）。この指摘をふまえれば、教育を含む公共サービス改革の戦略や手法に関して、NPMを基軸とする「新自由主義コンセンサス」が成立したということができよう。以下では、労働党政権の教育政策の検討を通じて、その「コンセンサス」を含む保守党政権からの連続性と労働党政権の独自性に注目していきたい。

(3) 労働党政権の教育「ガバナンス」改革

1) 労働党政権の教育政策の基調と主要課題――教育水準の向上と低パフォーマンスへの不寛容

　労働党政権は、野党時代の1990年代には、すでに従来の教育政策を転換し、保守党政権が進めた教育政策の重要な部分を受け入れた教育政策を公表していた。例えば1995年に公表された『多様性と卓越性（Diversity and Excellence）』では、①自律的学校経営の継続・拡大、②地方教育当局のアカウンタビリティの重視、③親の学校選択の容認、④学校理事会や地方教育当局への親の参加の拡大、④シティー・テクノロジー・カレッジの継続と国庫補助学校の廃止、⑤公立学校での選抜制度のイレブン・プラス試験の反対などの原則を掲げていた（Labour Party 1995、望田 2010: 25、大田 2010: 132）。

　しかし、1997年の総選挙における労働党は、教育政策を「保守党政権最大の失敗」と批判し、同時にそれを「労働党政権の最優先課題」と位置づけた。総選挙の演説において、ブレア党首が最後に必ず「教育、教育、教育」と叫んだことは有名である。労働党マニフェストでは、30人学級や幼年時教育の実現と並んで「学校における低い教育水準との闘い」が掲げられた（Labour Party 1997）。1997年マニフェストにおいても、のちの教育白書においても強調されたのは、「制度（改革）ではなく水準（の向上）（standards not structures）」というスローガンである。これは、これまで保守党と労働党のあいで政権交代のたびに繰り広げられてきた教育制度改革とそれをめぐる論争を超えて、すべての学校の教育パフォーマンスを改善することを優先するねらいを鮮明にするものであった（Chitty 2009: 67）。

　第一期ブレア政権では、まず小学校における教育水準の向上が重視された。政権発足後に発表された1997年教育白書『学校における卓越性（Excellence in Schools）』では、総選挙マニフェストの内容を受け、改めて以下の原則が掲げられた（DfEE 1997）。①教育が政権の最優先課題であること、②制度よりも水準が重要であること、③学校への介入は成功に

反比例して行われること、④低いパフォーマンスに対しては容赦しないこと、⑤水準向上のためのパートナーシップを重視すること。

そして、小学校については、2002年までに英語では80％、算数では75％の子どもが政府の求める水準に到達することを国家目標として掲げた。さらに第二期ブレア政権では、中等学校の水準向上に重点が置かれた。2001年教育白書『学校：成功を達成する』では、「2006年までにすべての学校で生徒の25％以上が、5教科のGCSE（中等学校卒業資格試験）でC以上を獲得する」「キーステージ3の終了時に、85％が英語、数学、情報教育で、80％が理科でレベル5以上を獲得する」ことなどが掲げられた（DfEE 2001）。

これらの目標を達成するため、教育雇用省には、「水準と効果ユニット（Standards and Effectiveness Unit)」と「水準タスクフォース（Standards Task Force)」という、教育水準の推進と目標管理を行う機関が設置された。「ユニット」は、政権の中心となって教育政策を推進し地方教育当局や学校が目標に向けて進める取り組みを支援する役割を負い、「タスクフォース」は、政権が重視するリテラシーやニューメラシーの目標について先進事例を普及し、その達成を推進する機関である（DfEE 1997: 34、Chitty 2009: 65)。

以下で述べるブレア労働党政権の教育行政の改革は、このような教育水準の達成を強力に推進する文脈において行われたものであった。

なお労働党政権における教育担当省は、保守党時代の教育省（DfE）から、教育雇用省（DfEE, 1997-2001)、教育技術省（DfES, 2001-07)、子ども・学校・家族省（DCSF, 2007-10）と変遷した。2010年の連立政権成立後は、再び教育省が担当省となっている。

2）労働党政権の教育行政改革

保守党政権の教育「ガバナンス」改革の継承と修正

先述の通り、労働党は保守党政権が失敗した教育改革を成功させることを強調して政権についたが、実際には保守党政権が1988年教育改革法を

中心に行った新自由主義教育改革、なかんずく NPM 型の教育「ガバナンス」の基本構造はこれを継承した。すなわち、ナショナル・カリキュラムの設定とナショナル・テストの実施、公立学校の選択制、生徒一人当たりの予算配分システム、学校理事会を中心とした自律的学校運営、そして教育水準局による学校査察は、政権交代後もすべて維持されたのである（久保木 2008a: 241-245、スミサーズ 2012: 255）[17]。一方、政権交代によって、保守党政権が導入した国庫補助学校（GM スクール）は廃止され、同学校は新たに地方教育当局の下に置かれるファウンデーション・スクールとなるか、ボランタリー・エイデット・スクールとなるかを選択することとなった。

「教育水準とアカウンタビリティ」——テストを通じたパフォーマンスの強化

　1997 年白書は、第三章「教育水準とアカウンタビリティ」において、政権の最優先課題と位置付けた「教育水準の向上」のための具体的な取り組みを提起している。その最初に述べられているのが、「水準を向上させるためにパフォーマンスを測定する（Measuring performance to raise standards）」ことである（DfEE 1997: 3-4）。

　ここで述べられているのは、第一に、保守党政権下で導入された学力テスト（National Curriculum assessment）を、子どもの到達を測る手段として重視し、その改善を図ることである。5 歳の子どもに行われる「ベースライン・アセスメント（baseline assessment）」の導入も提起されている。第二に、そこで得られたパフォーマンス・データを、親をはじめとする様々なアクターに提供・共有し、子どものパフォーマンスの改善に結びつけることである。ここでは地方教育当局も、より充実した比較可能な情報やデータの提供を、親や各学校に対して行う責任主体として重視されている。第三には、学校別の学力テストの結果公表は継続される一方、結果

---

[17] 労働党は、1992 年総選挙の時点では、リーグテーブルによる学力テストの結果公表に反対し、GM スクール（国庫補助学校）は地方教育当局の下に戻すことを主張していた。

の集計に際しては各学校や子どもたちの置かれた社会経済的な文脈や家庭環境に配慮する措置が取られた[18]。第四には、各学校が1998年より改善のために挑戦する目標を設定することである。この目標は、各学校が自由に設定するものではなく、政府が「国家目標（national targets）」とそれにかかるパフォーマンス・データおよびベンチマーク・データを設定・公表し、地方教育当局がそれをふまえてベンチマーク・データと助言を各学校に提供し、それをふまえて各学校が設定するものである。この目標は学校と地方教育当局の間で「協定（agreement）」化され、その内容は地方教育当局が作成する「教育改善計画」に盛り込まれる。

したがって、労働党政権は、「教育水準向上」のための政策として学力テストを重視するだけでなく、具体的な国家目標を達成すべく各地域レベルで目標管理の仕組みを整備し、すべての地方教育当局と学校が目標達成に向けて努力する体制の構築を求めたのである。これは次で述べる新たな「ガバナンス」構想の具体化であった。

「圧力と支援」の「ガバナンス」構想

労働党政権は、単に保守党政権下の「教育ガバナンス」の構造を個別に継承したのではない。同政権は、「教育水準の向上」という国家目標を達

---

[18] 労働党政権下で公表・比較される学校のテスト結果については、以下のような測定方法の改革が行われている（Leckie and Goldstein 2016: 4-5）。従来の学校ごとの「テスト結果」の測定は、中学校卒業段階におけるGCSEテストにおいて5科目かそれ以上「Good」の判定を得た生徒の割合について行われていた。2002年には、政府は「Value-Added」方式を導入し、各学校の生徒の入学時に予想されたパフォーマンスに比べてGCSE試験の結果がどの程度優れたものだったかを測定する方式に変更を加えている。さらに2006年、政府はVA方式に変えて「Contextual Value Added ＝ CVA」方式を導入した。CVAでは、各学校における入学者の構成の特徴を考慮し、それをふまえた上で学校の達成や進歩を測定しようとするものであった。つまりCVAに基づいて出されるスコアは、相変わらず実際の生徒のスコアと予想されたスコアとの差異の平均であったが、生徒のスコアの予想には、中学校が始まる時点のテスト成績（＝KS2テストのスコア）を単純に用いるのではなく、生徒の年齢、ジェンダー、人種、社会経済的地位（無料給食の割合で代用される）、および他の生徒や学校の特性などを考慮して計算されるものとしたのである。この方式は2010年の保守・自民連立政権成立まで継続された。

成すべく、「圧力と支援」を用いた教育行政を構築する構想を公式に打ち出したのである。この構想は、保守党政権下で構築された制度を駆使し、さらに保守党政権が「弱体化」を図った地方教育当局にも明確な役割を与えながら、必ずしも整理されてこなかった学校、自治体、査察機構、および中央政府の各アクターの関係性について、役割分担と統制構造を明確にしたものであった。

1997年に発行された最初の教育白書『学校における卓越性』は、「教育水準とアカウンタビリティ」の制度構造を次のように説明している。

「われわれは圧力と支援の組み合わせを改善し、それらを学校に適用してコンスタントな改善と低いパフォーマンスへの対応を促さなければならない。現在すでに高い質の外部査察が教育水準局によって行われている。これらを達成するために、各学校は毎年のパフォーマンスの改善の計画を持ち、よりよい教育指導と学習に焦点を置き、達成した結果を基盤としなければならない。それらの計画は、地方教育当局の賛同を必要とし、地方教育当局のパフォーマンス改善の取り組みは、新たな「水準と効果ユニット」が主導する教育雇用省の支援と圧力によって改善される。教育水準局の地方教育当局査察がこれを補強する。」(DfEE 1997: 24-25)

改めて整理すれば、教育水準向上に向けた学校への「圧力と支援」のガバナンスは、次のような役割分担で行われることとされた。すなわち、教育水準の向上にかかる主要な責任は学校自身が負う。しかし、それは地方教育当局、教育水準局、および教育雇用省の行動的なパートナーシップの下でこそ、より効果的に行われる。地方教育当局は、必要な介入も行いつつ、学校が目標を設定し達成するのを支援する。教育水準局は、定期的に個々の学校および地方教育当局のパフォーマンスを査察して、学校システム全体の外部評価を行う。教育雇用省は、政策の枠組みを制度化し、先進事例を推奨し、地方教育当局に対して圧力と支援を提供する (DfEE 1997: 27)。

第四章　労働党政権期（1997-2010年）における教育改革と学校評価

　次では、労働党政権下の「教育ガバナンス」で重要な位置づけを与えられた地方教育当局の役割について、やや詳しく見ていこう。

3）地方教育当局の位置づけの変化

教育統制の地域における要としての地方教育当局へ
　保守党政権が各地方教育当局の学校に対する影響力を弱める政策をとったのに対し、労働党政権は、教育水準の向上政策の要として、地方教育当局に再び高い位置づけを与えた。これは、従来のように中央政府から自立した「地域政策共同体」のアクターとしての地方教育当局の復活ではなく、各地域においてすべての学校のパフォーマンスを監視し、その改善を保証する機関として地方教育当局を新たに位置づけなおすものであった（大田 2010: 167-168）。
　1997年の労働党マニフェストは「すべての学校には成功する能力がある。すべての地方教育当局は、すべての学校が改善されていることを示さなければならない」（Labour Party 1997）と述べた。つまり、労働党政権が掲げる「教育水準の向上」の達成を、地域において実現する責任を持つ機関として地方教育当局が位置づけられたのである。また、『学校における卓越性』白書で述べられた「圧力と支援」という言葉は、労働党政権が企図する教育行政機関と学校との関係、なかんずく地方教育当局と各学校との関係の変化を象徴していた。地方教育当局は学校に対し、従来のように専門性に基づく助言と支援を行うのではなく、教育水準向上という政府の至上命題の目標達成を常に促しながら、それが目標どおりに進められない場合には様々な「圧力」をかけることを求められるようになったのである。

地方教育当局の位置づけの変化と、教育水準局による地方教育当局の査察の導入
　労働党政権は、教育水準局を含む中央政府の機関と地方教育当局の役割分担によって、各学校の教育パフォーマンスを重層的に統制する構造を整備した。これは保守党政権末期から進んでいた、地方教育当局の位置づけ

をめぐる変化を受けたものである。

　政権交代の直前、保守党政権は、教育水準局の査察対象に地方教育当局を新たに加えることを内容とした1997年教育法を成立させた[19]。労働党政権の発足直前に成立した1997年教育法は、主席勅任視学官（HMCI）がすべての地方教育当局を査察できること、また大臣の求めがあった時はそれを行わなければならないことを定めた（38条）[20]。

　第二章で述べたように、1988年教育改革法に代表される保守党政権の教育ガバナンス改革では、地方教育当局は福祉国家時代の「地域政策共同体」の要として弱体化の対象とされていた。しかし、1993年の教育水準局査察の開始後には、地方教育当局が各学校の査察後の改善について様々な支援を行ってきた。「査察を通じた学校改善」にとって、地方教育当局は結果的に重要な役割を果たしており、そのことは政府内でも認識されていた。（本書第三章、Wood 1998: 42）。

　1996年の教育白書『学校のための自己統治（Self-Government for Schools）』では、地方教育当局が学校改善に対して果たす役割を認め[21]、その課題を遂行する上で政府自身が地方教育当局の質保証を行うために教育水準局の査察の対象に地方教育当局を含むことが示唆されたのである（DfE 1996: 57）。

19　1997年教育法の成立過程については、清田（2005）に詳しい（清田 2005: 131-134）。なお、清田は保守党政権下の地方教育当局に対する査察の導入について、「公立学校の水準低下の責をLEAに負わせ、それから権限を奪うことを正当化するための手段として、LEAの機能不全を開示させるためにLEA査察制度を導入したと解釈できる」と述べている（清田 2005: 164）。

20　さらに、この査察が終了したのちには、査察官が、査察を受けた地方教育当局と大臣に向け報告書を作成・提出すること、報告書を受け取った地方教育当局は、報告を受けた改善のための声明を作成・公表すること、などが規定された（39条）。また、地方教育当局に対する査察について、教育水準局は自治体監査委員会の支援を受けることができることも規定された（41条）。

21　同白書は、教育水準を向上させる責任は学校自身が第一義的に負う、という前提を置きつつ、その上で地方教育当局について、以下の役割を担うことを求めた。a.学校以外の教育の編成、b.学校用地計画と個別の苦情対応、c.学校予算の配分、d.個々の子どもへの支援サービス、e.学校の業務や研修への支援サービス、f.学校の教育パフォーマンスの質の向上促進、g.実践交流など学校間ネットワークの調整。

この結果、労働党政権期には、地方教育当局は学校に対する新たな統制構造の一翼を担いつつ、その地域の学校のパフォーマンスについてのアカウンタビリティを追うようになっていくのである。

中央政府と地方教育当局の重層的介入と新たなサンクション──教育改善計画と「フレッシュ・スタート」

　労働党政権が発足すると、地方教育当局の役割の明確な再定義が、『学校における卓越性』白書と、それを法制化した1998年「学校水準と枠組み法（School Standards and Framework Act）」によって行われた。

　同法では、まず地方教育当局が、小学校と中学校において高い教育水準を達成することについて責任を持つこと（5条）、そのために当該地域の「教育改善計画（Education development plans）」を作成し、教育大臣の承認を得ること（6、7条）が定められた。そのうえで、地方教育当局に対し、重大な弱点を持つ学校や「特別措置」におかれている学校に対し介入する権限（14、15条）、あるいは学校理事会の理事を追加する権限（16条）、さらに学校への予算配分を停止して学校の自律的経営を停止する権限（17条）を付与した。

　同法の下で、以下のような地方教育当局および中央政府の学校への介入が展開された。

　第一に、地方教育当局が各学校に対し「数値による統御」を徹底して行うことである。地方教育当局は、近年のテスト結果と教育水準局の査察データからなる教育パフォーマンスの数値データを分析すること、それを他の学校と比較すること、学校の改善計画が教育雇用省の設定した国の目標に適合しているかどうかをチェックすること、などが求められている。各学校への必要な介入の判断はこれらの作業の上に行われる。

　第二に、地方教育当局が当該地域の学校改善を進めるうえでは、1999年より地方教育当局の作成する「教育改善計画」が最も重視されるようになった。そしてこの作成に当たっては、教育雇用省と教育水準局が深く関わる。「教育改善計画」には、地方教育当局の承認した各学校の改善目標がもりこまれるが、その作成に当たっては、教育雇用省の「水準と効果ユ

ニット」から当局自身の査察結果をふまえた資料や助言が提供され、計画が作成される[22]。

第三に、1998年「学校水準と枠組み法」では、地方教育当局の介入によっても改善しない学校に対しては、地方教育当局に対して閉校を命じる権限が付与された（19条）[23]。この閉校措置は新たな学校の開校とセットで行われるものであり、「フレッシュ・スタート（Fresh Start）」と呼ばれた[24]。それを受け、『学校における卓越性』白書では、近年教育水準局によって「失敗」とみなされた300校のうち、改善の証拠がみられない学校に対して「フレッシュ・スタート」を行うことを明言している。「フレッシュ・スタート」には多様な形態があり、閉校した学校の生徒を近隣の成功している学校が引きうける場合、地方教育当局の承認の下である学校が他の学校の運営を引き継ぐ場合、閉校して同じ場所等で新たな学校を開校する場合などが想定されている（DfEE 1997: 30）。

労働党政権において、各学校の教育水準向上の取り組みに対する「圧力と支援」は、このように大臣、地方教育当局、学校という垂直的な介入の構造が整備される中で進められたのである。

---

[22] 計画は教育雇用大臣によって承認されるが、不十分とみなされた場合には教育水準局からの助言を受けるよう促される。さらに、計画における協定事項が守られなかった場合には、大臣が教育水準局に対して当該地方教育当局の査察を行うように指示することもある。

[23] 1996年教育法では、地方教育当局の管轄下にある学校の閉校を提案する権限は、地方教育当局に担保されていた。また、1998年法では、学校理事の追加について、教育雇用大臣にも地方教育当局と同様の権限を付与することが規定された（18条）。

[24] 労働党はすでに1997年総選挙マニフェストにおいて、教育水準の向上の必要性の後に続けて、低パフォーマンス校の閉校と「フレッシュ・スタート」の導入について述べていた。「改善が不可能な失敗校に対しては、大臣が「フレッシュ・スタート」を命じるだろう。それは学校を閉鎖し、同じ場所で新たに再スタートすることである。良質な学校と劣悪な学校が隣同士で並存しているところでは、われわれは地方教育当局に対して、一方の学校が他方の学校を引き継いで、低いパフォーマンスの学校に新たな道筋をつけることを許可する権限を与える」（Labour Party 1997）。

「報奨とサンクション」の地方教育行政への適用

　以上のような地方教育当局の垂直的な介入の構造は、評価を通じた統制の構造によって強化された。地方教育当局は教育水準局の査察が行われない間、各学校を評価する権限を与えられるとともに、先述の通り1997年教育法によって、地方教育当局自身も定期的に教育水準局の定期的な査察を受けることとなったのである (DfEE 1997: 31)。

　さらに、地方教育当局が地域の学校のパフォーマンスの改善に失敗しているという評価が行われた場合には、地方教育当局の業務を民間セクターや非営利セクター、あるいは他の自治体に外部委託する仕組みも整備された。2000年代初頭には七つの地方教育当局の機能が外部委託されている (清田 2005: 138-140)。「圧力と支援」政策は、学校に対してだけでなく、低パフォーマンスを改善できなかった地方教育当局に対しても向けられるようになったのである。

　また、本章第二節で述べたように、教育水準局による地方教育当局の査察とその評価・格付けは、中央政府の自治体監査委員会による「包括的業績アセスメント」によって、地方自治体の評価・格付けの枠組みの中に組み込まれるようになった。教育水準局による査察結果が、スコア化を通じて自治体の格付けに影響し、それが中央政府の当該自治体に対する処遇にも影響する構造が作られたのである。

　労働党政権による教育「ガバナンス」改革は、サービスの統制については、地方教育当局の役割の転換に見られるごとく、学校に対する外部統制システムの「重層化」を進めたと言える。NPM型行政統制における経営管理型統制は、教育サービス供給主体の学校だけでなく、そのパフォーマンスを管理する地方教育当局にも向けられるようになったのであり[25]、そ

---

[25] フッドらは、このような事態を教育サービスにおける「規制のジャングル (The regulatory jungle)」と表現した (Hood et al. 1999: 142-144)。「規制のジャングル」の構成機関としては、教育水準局、地方教育当局はもちろん、教育雇用省、FAS (学校基金局)、SCAA (学校カリキュラム・アセスメント機構)、NCVQ (全国職業資格協会)、TTA (教員訓練庁)、EAB (教育財産管理委員会) に加え、教育外部の統制機関として自治体監査委員会 (Audit Commission)、地方教育当局から独立した学校については会計検査院 (National Audit Office) が挙げられている。

れにより地方教育当局と学校との関係は、従来の支援的・協働的な関係性からNPM型の統制に媒介される関係へと変貌していったのである。なお、地方教育当局は、2000年代後半には、「地方当局（Local Authority）」と呼ばれるようになった。

4）学校の「多様化」政策と「準市場」化の推進

　労働党政権は、公立学校の「多様化（diversity）」政策にも力を入れた[26]。もともと公立学校の「多様化」政策は、保守党政権時代に取り組まれていたものであり、政権交代時の1997年には、164のグラマー・スクールに加え、15のCTCと181のスペシャリスト・スクールが存在していた（Chitty 2009: 69）。労働党は既に野党時代から公立学校の多様化を唱えていたが、政権獲得後は特に第二期ブレア政権以降にその具体化を進めた。ここでは学校「多様化」政策を、2000年代初頭までの労働党政権「前期」と、2000年代中盤から2007年以降のブラウン政権に至る労働党政権「後期」に分けて述べていく。

労働党政権「前期」の学校「多様化」政策

　2001年の教育白書『学校――成功を達成する』において、以下の内容が提起された。

　第一に、労働党政権が最も力を入れたのは、スペシャリスト・スクールの拡大である[27]。具体的には、保守党政権期に導入された四つのスペシャリスト・スクールに加え工学、化学、ビジネス、起業の各分野を加えた。政権発足当初は2001年までに650校が目標とされたが、2001年白書は、

26　労働党政権期の学校体系については榎本（2002: 14）を参照のこと。

27　2001年白書によれば、労働党政権がスペシャリスト・スクールの拡大を進めたねらいは、特別な専門分野を持つ多様な学校があることで社会の様々なニーズに応えることに加え、スペシャリスト・スクールの認定が教育水準の向上に貢献するという研究結果が明らかになったからであった。2000年のGCSEテストの結果を391のスペシャリスト・スクールとその他の学校とで比べた場合、グレードAを取得した生徒の割合は、スペシャリスト・スクールの方が10％も高かったという（DfES 2001: 40）。

2005年までに1500校のスペシャリスト・スクールを認定することを目標として掲げた。実際のスペシャリスト・スクールの認定は、当初の目標を超え、2004年の時点で1955校がその認定を受けている（DfES 2001: 37-41、Chitty 2009: 69、DfES 2004: 47）。

第二に、教育パフォーマンスの優秀さを認められたモデル校、「ビーコン・スクール（Beacon School）」の拡大である。同校は、地域の他の学校の改善にも支援的な役割を果たすことが期待されており、2001年秋までに中学校250校を含む1000校に増加させることが掲げられた（DfES 2001: 39）。

第三に、民間事業者やボランタリー、あるいは宗教団体がスポンサーとなって開設される公設民営学校、「シティ・アカデミー（City Academy）」が挙げられる。「シティ・アカデミー」プログラムは、2000年に開始された。保守党政権時代に導入されたCTCをモデルにしたものであり、インナーシティなどの貧困地域を中心に、教育困難校の学校運営について民間企業や非営利部門から学校へのスポンサーを募り、政府の資金援助と合わせて学校の再生を図ろうとするものであった[28]。これは労働党政権の教育「多様化」政策の一環として、教育サービスの新たな供給主体と学校とのパートナーシップを奨励し、これらが学校に対してもたらす新たなアイデアや技術、あるいは競争圧力が、教育パフォーマンスのさらなる改善をもたらすという考えに基づくものであった（ibid. 43-44）。

「多様化」政策と公立学校における「選抜容認」への転換

労働党政権における学校「多様化」政策の柱である「スペシャリスト・

---

[28] 具体的には、学力の向上に失敗したと評価された学校を政府の権限で閉校し、民間のスポンサーに一定額の補助金を支給して新たな学校を開設させる。この学校は独立の法人格を有し、法人自身が教職員の雇用や資産管理など学校運営を行い、入学手続き（一定の選抜を含む）を自主決定できるものである。校長や学校理事会は、地方教育当局の管理から独立に学校の運営を行うことができる。2001年白書によれば、すでに13のパートナーシップがシティ・アカデミー開設のために活動しているが、2005年までに20のシティ・アカデミーを開設することを目標とすると述べている。

スクール」と「シティ・アカデミー」には、教育の「準市場」化との関連で共通する重要な特徴が二つあった（Taylor et al. 2006: 56-57）。一つは、これらの学校が、何らかの形で政府から直接に財政支出を受けていることである。このことは、これらの学校が地方教育当局の管理からの独立性を高めるとともに、他の公立学校に比べ財政的に優位に立つことを意味していた。ただし、2010年以降に比して、このタイプの学校の設立はまだ抑制的であった。

もう一つは、これらの学校が他の地方教育当局所管の公立学校に比して、入学者の選抜について一定の裁量を持ったことである。例えば「スペシャリスト・スクール」は、入学定員の最大1割を生徒の潜在能力により選考することが認められていたし、「シティ・アカデミー」も独自のアドミッション・ポリシーを持つことが認められていた。したがって、供給主体である学校側にも入学する生徒の質をコントロールし、他校との差異化を図る誘因が付与されたのである。これらの点はいずれも、教育の「準市場」における競争性を強化するものであったと考えられる。

そもそも政権獲得以前、労働党は公立学校における選抜そのものを原則として否定していた。しかし労働党政権の選抜に対する態度の転換は、次のことでも明らかになった。一つは、政権発足以前に選抜制を取り入れていた公立学校については、1998年「学校水準と枠組み法」によって10％までの選抜を認めたことである（100-102条）。もう一つは、数十年来批判を続けてきた選抜制公立学校グラマー・スクールへの反対を事実上撤回したことである（Chitty 2009: 69-70）[29]。ウィッティによれば、グラマー・スクールについての労働党政権のこのような態度は、「旧労働党の政策からの最も鮮明な転換」であり、その結果、「多様化が多様な他者を統合する基盤を掘り崩す危険性があるとの警告にもかかわらず、英国の教育は、

---

[29] 労働党は1960年代に、保守党政権が導入したグラマー・スクールについて、子どもたちを選抜して差別すると批判し、すべての公立学校は無選抜の総合制学校（Comprehensive School）にすることを同党の教育政策の中心に据えてきた。しかし1997年の政権発足後には、現存するグラマー・スクールの今後については各地域に親によって決められるべきという態度に転換した。

学校制度の多様化と選択の拡大に傾倒してきた」のである（ウィッティ 2004: 186-189）。

労働党政権「後期」の多様化政策――「親の選択」強化による教育水準の向上

2000年代半ばになると、学校の「多様化」政策の方向性はさらに明確になる。それは保守党政権が進めた「選択と多様性」政策のバージョンアップである（Chitty 2009: 81-84）。

2004年の教育技術省の政策文書『子どもと学習者のための5年間の戦略』（DfES 2004）では、「選択と多様性」を拡大するための方策として、この「スペシャリスト・スクール」と「シティ・アカデミー」の拡大が提起されたのである。さらに同文書では、「選択と多様性」強化のために、2010年までに「シティ・アカデミー」を200まで拡大させることが提起された。なお同アカデミーは、2000年代後半には単に「アカデミー」と呼ばれるようになった。

さらに、ブレア政権が3回目の勝利を収めた2005年の総選挙後の教育白書『より高度な水準、すべてのためのより良い学校――親と子どものためのさらなる選択』（DfES 2005）では、学校の「多様化」政策が、「親の選択」の強化と結びつくことによって、労働党政権が目指す「教育水準の向上」に資するものであることが、ブレア首相によって強調された（DfES 2005: 3-4）[30]。そしてさらなる学校「多様化」の手段として、新たに「トラスト・スクール」の設立が提起されたのである。

「トラスト・スクール」は、翌2006年「教育と監査法（Education and Inspection Act）」によって制度化された新たな制度である。具体的には、

---

[30] ブレア首相いわく、「親の選択は水準の改善を強力に導くことができる。パフォーマンス・テーブルと査察は多くの親に学校のパフォーマンスや有効性について客観的に判断することを可能にした。これは改善が足りない学校にとって重要なプレッシャーとなってきた」「学校選択システムが高いレベルの公正さを維持しつつ水準を改善するという国際的なエビデンスが増えてきている。（略）研究では、より選択が機能している地域ほどより早く改善が進むことが示されている」。

すべての学校が「トラスト」を設立し、「トラスト・スクール」の地位を得ることができるようにする。「トラスト」とは、学校を運営する権限を持つ公益法人であり、傘下に置かれた学校の学校理事会メンバーを任命できる。「トラスト・スクール」は、公的にはファウンデーション・スクールと同等に地方当局から運営資金の交付を受けるが、学校の施設や資産の保有、教職員の人事、入学方針について独自の決定権を有することになる。労働党政権は「トラスト」と「トラスト・スクール」の関係については三つのパターンを示し、柔軟な対応を認めた（望田 2010: 43）[31]。同法は、学校が独自の責任で子どものニーズに応える改革を行い、ほかの学校や外部のパートナーと協働できるように、権限を付与するものであった。

ここにおいて、労働党政権の学校「多様化」政策が、「親の学校選択」を推進することで地域の教育市場を活性化させ、もって「教育水準の向上」に結びつけようという論理が明確になってきたことが確認できるだろう[32]。

社会的包摂のためのNPM？──「失敗」を克服するための競争・介入・民営化

以上のような学校「多様化」の取り組みは、明らかに、教育において民間事業者を含めた供給主体間の競争を組織し、それによって特に「失敗校」や「低パフォーマンス」の学校のパフォーマンスを半ば強引に改善しようとするブレア政権の政治姿勢が現れたものであった。2005年教育白

---

[31] トラスト・スクール設立については、当初ブレア政権において200校の設立が掲げられたが、実際の設立は2007年のブラウン政権誕生後に取り組まれ、2008年時点で113校が設立された（望田 2010: 44）。望田は、このトラスト・スクールを労働党政権における「協働」型の教育改革の中心政策と捉えている。

[32] 他方で、「多様化」政策が真の意味で学校の教育サービスの多様化に結び付いたのかについては疑問が呈されている。スミサーズは、「スペシャリスト・スクール」の実際の「専門化」は極めて不十分であり、むしろ多くの学校が政府からの資金（例えば子ども1000人につき4年間で61万6000ポンド）を受け取るために「スペシャリスト・スクール」化に熱心であったことを指摘している（スミサーズ 2012: 267-268）。

書では、「アカデミー」や「トラスト」の導入・拡大により親の選択権の強化を提唱した後に、「我々は失敗や低パフォーマンスと闘う強力な手段を必要としている」という表題の下、次のような提起をおこなった（DfES 2005: 10）。

すなわち、査察の結果「特別措置」となった学校は、速やかに「転換」させる。そのため、1年後に学校改善の進展が見られない場合は、新たな供給主体による「競争」が設定され、失敗校に代わり新たな学校を設立する。すべての新設学校は、「自立型ファウンデーション」、「ヴォランタリー・エイデッド」、「トラスト・スクール」、あるいは「アカデミー」のいずれかになる。親は、教育水準局の勧告を求めたりあるいは新たな供給主体を要請したりすることができ、地方当局にも対応が要請される。要するに、失敗校の刷新を行うために、新たな供給主体を求めて民間事業者を含む「競争」を組織し、新たな供給主体に「多様化」政策によって生まれた独立性の強い学校形態のいずれかの学校の運営をゆだねるのである。

2007年にブレアから政権を禅譲されたゴードン・ブラウン（Brown, G.）は、教育政策の中心にアカデミー・プログラム（トラスト・スクールを含む）を教育改革の中心に据えた。ブラウン政権の教育大臣エド・ボールズ（Balls, E.）は、「失敗校」や「低いパフォーマンス」に対する中央政府の新たな介入の手段として、「アカデミー」と「トラスト・スクール」への転換を位置づけた。彼は、全国にある中学校3100校のうち、深刻な低パフォーマンスとみなされている638校につき、当該地方自治体に対し「トラスト・スクール」か「アカデミー」に転換できるように制度改正を行うことを発表したのである（Chitty: 107）。

いまや労働党政権の学校「多様化」政策は、単に公立学校の種類を増やすことにとどまらない射程を有することになった。それは第一に、学校の運営主体に民間事業者の参入を可能にすることにより、供給主体の範囲を市場経済全体に拡大した。それは第二に、地方（教育）当局の管轄から独立して教育サービスにかかる意思決定を行う学校の拡大を意味した。第三に、政権後期には「多様化」政策と「親の学校選択」との関係が重視され、選択強化による「準市場」の活性化を学校の教育水準向上に結びつけるこ

とが企図された。第四に、「アカデミー」や「トラスト・スクール」に見られるように、学校「多様化」政策によって参入が可能になった供給主体間の「競争」が、中央政府による「失敗」や「低パフォーマンス」への介入の手段として位置づけられるようになった[33]。

ここにおいて、労働党政権発足当初の「低パフォーマンスへの不寛容」という政治姿勢は、学校「多様化」政策を媒介にして、供給主体の「民営化」と「準市場」における「競争」強化と結びつけられるようになったのである[34]。社会的包摂を掲げる労働党政権は、貧困地域の学校や教育困難校の教育水準向上に熱心であった。それは保守党政権の新自由主義政策によって拡大した格差や社会的分裂への対応の一環でもあった。しかし、その手法は保守党政権が導入したNPM型の教育改革であり、選択と競争による「準市場」強化の路線は、2000年代後半に向かうにつれ、むしろその輪郭を鮮明にしてきたのである。

労働党政権初期の教育分野における貧困地域対策で有名なのが、教

---

[33] 労働党政権における「シティ・アカデミー」の成功例と言われるのが、ロンドン・ハックニー区で1990年代に閉校措置が取られたハックニーダウンズ校の跡地に開設された、モズボーン・コミュニティ・アカデミーである。同アカデミーは、開設以降高い教育パフォーマンスと厳格な規律を持つ学校として「再生」し、公設民営化による学校再生の一つのモデルとなった。同アカデミーの「成功」をもたらした校長のマイケル・ウィルショー（Michael Wilshaw）は、後述するように連立政権において教育水準局の長官に任命された。筆者らは2005年に同アカデミーの視察を行っている。

[34] この「シティ・アカデミー」および「トラスト・スクール」をめぐっては、公立学校の民営化であるとしてNUTなど教員組合が批判を強めた（Chitty 2009: 87）。のちにNUTの発行したアカデミー政策に反対するパンフレットによれば、批判の要点は以下の通りである。①アカデミーは学校を民間スポンサーの手にゆだねてしまう、②アカデミーは公平な入学手続きを脅かす、③アカデミーは、教員の給与や労働条件を脅かす、④アカデミーは他の地域公立学校に比してよい教育を提供しない、⑤アカデミーは、学校理事会の独立性を掘り崩す、⑥アカデミーは近隣の学校や地方当局に否定的な影響を与える（NUT 2011a）。このような批判もあり、アカデミー化が推進された地域では、組合だけでなく親を巻き込んだ反対運動が展開され、紛争化する事例がみられた。例えば、ロンドン・イズリントン区における、イズリントン・グリーン校のシティ・アカデミー化をめぐる教員や地域住民と行政当局との紛争がある。

育アクションゾーン（Education Action Zone = EAZ）である。これは、1997年教育白書によって提起され、1998年学校水準と枠組み法（School Standards and Framework Act）によって法的に制度化された、貧困地域を中心とする教育困難地域における教育水準を向上させるための政策である（望田1999、岩橋2007）。EAZに認定されると、当該地域で教育水準、特に子どもたちの基礎学力を向上させる取り組みに対して特別な予算が配分される。

EAZの枠組みで特徴的なのは、①取り組みの主体は、コミュニティを基礎としたパートナーシップであること、②パートナーシップには民間企業が含まれ、この企業からの資金集めが要請されること、③認定後は、財政支援を通じた教育水準向上の「目標（target）」達成とそれについての「評価」が厳格に行われることである。EAZは、一面では保守党政権の教育政策が切り捨てたと言われた階層を包摂する一方で、旧来の労働党の「あるがままの弱者に対する社会的公正の観点からの富の再分配的支援」から「富を自分で勝ち取らせるための支援の推進」（岩橋2007: 21）へのシフトであり、保守党政権の教育政策における新自由主義的な要素の継承（Taylor et al. 2006: 51）とも評される側面を持つ政策でもあった。

5) 労働党政権における教育「ガバナンス」──「準市場」の変化と垂直的・重層的統制構造

ここで1997年以降の労働党政権における教育改革とそこで構築された教育「ガバナンス」の特徴を、第二章で述べた保守党政権の教育改革と比較しながら整理しておきたい。

労働党政権の教育政策への評価

まず、両党の教育政策の関係に対する議論を概観しよう。保守党政権の教育政策と労働党政権のそれとの関係については、多くの論者の言及がある。

ブレア首相のブレーンであるギデンズ（Giddens, A.）やバーバー（Barber, M.）らが「第三の道」や「世界クラスの教育」を掲げて労働

党政権の政策の独自性を強調したのに対し（Giddens 1998、Barber and Sebba 1999）、教育社会学者を中心に保守党政権と労働党政権の政策の連続性について、多くの指摘がある。教育学者のボール（Ball, S.）は、保守党政権が生み出した選択と競争を通じた教育の商品化、自律性と遂行能力の強調を通じた管理主義、集権化と規制という三つの政策的特徴は、労働党政権においても継続していることを指摘する（Ball 1999: 196-197）。またウィッティは、1970年代末以降の保守党政権と労働党政権の教育政策には、中央政府による目標設定と監視という枠組みの中でサービスの分権化を行うという点において「強い一貫性（strong continuity）」が存在したと指摘する（Whitty 2008: 178-179）。さらにウィッティとパワーは、ギデンズらの「第三の道」という主張にもかかわらず、労働党政権の政策は総じて新自由主義の拡大であったという認識を示している（Power and Whitty 1999）。それに対し、パターソン（Paterson, L.）のように、労働党政権の教育政策は保守党政権からの単純な連続と捉えることを批判し、同政権の政策の背景にあるイデオロギーの多様性を主張する論者もいる[35]。

もちろん、ボールやウィッティは、労働党政権の教育政策を保守党政権からの単純な連続として捉えているわけではない。ボールは、先に指摘した三つの政策的特徴に加えて「機会の平等」が労働党の政策の主要な特徴となりうることを指摘している。また、ウィッティは、労働党政権が貧困地域と他地域の子どもの格差を埋めることに多大な注力を行っていることを指摘している。しかし両者は共通して、労働党政権が進める「平等」の推進や「貧困・格差」対策が、他方での「選択と多様性」の追求や市場主義に基づく目標達成のアプローチの中で、有効に機能するのかどうか、あるいは新たな排除を生み出さないのかどうかということについて強い疑問

---

[35] パターソンによれば、労働党政権の教育政策の背景には、バージョンアップされた社会的自由主義（social liberalism）、成長主義（developmentalism）、および新たなタイプの社会民主主義（social democracy）という三つの異なる政策や思想潮流がミックスされたものであるという。またその多様性の背景には、分権化されたスコットランドやウェールズの教育政策の影響があることが指摘されている（Paterson 2003）。また、パターソンの議論についての検討と批判については、小堀（2007: 26-27）も参照のこと。

を提起している (Ball 1999: 197、Whitty 2008: 178)。

さらに、ウォルフォードが指摘するように、労働党政権の教育政策については、多くの論者によりその「矛盾」についての議論が存在する (Walford 2006: 5)。それは一方での不平等や貧困の解決への取り組みと他方での競争の強化、一方での自治体やコミュニティへの分権と他方での中央政府による管理や介入を通じた集権などの「矛盾」である。また学校の「多様化」政策における、一方でのパートナーシップや協働の強調と、他方での各学校の差異化による競争的な関係の創出の矛盾である。これについて、テイラー (Taylor, C.) らは、「学校間のさらなる差異化によって、教育市場の空間は学校間の協働を厳しく抑圧」(Taylor et al. 2006: 63) され、学校「多様化」政策の中で、財政や専門性などの優位性を獲得した学校と、それらを持たないその他の学校との間で「勝者と敗者を生み出している」(ibid. 64) と指摘している[36]。

労働党政権における教育の「準市場」

次に、保守党政権下で創出された教育の「準市場」が労働党政権においてどのように変化したのかについて整理しておこう。

第一に、教育「ガバナンス」とその下での「準市場」の基本枠組みは、労働党政権に継承された。その上で、「教育水準の向上」という国家プロジェクトのために、よりテスト結果が重視されるようになり、到達水準の

---

[36] なお、これらの議論をふまえれば、ブレア政権の教育政策における協働やパートナーシップの強調をもって「競争から協働へ」の転換があったとする認識はややナイーブに過ぎると思われる。むしろ「教育水準の向上」という国家目標の達成のために、教育の「準市場」とその競争性を支える供給主体の多様性や差異化、およびそれらをふまえた親の選択は、特にブレア政権第二期以降に強化されている。したがって、学校間の協働や民間事業者とのパートナーシップは、保守党政権下では競争から排除されていた学校も含め、すべての学校を教育の「準市場」における主体として位置づけつつ、それらに教育サービスの自己改善を進めるためのエンパワーメントを行う手段として位置づけられたという側面を見る必要があると考えられる。労働党政権における協働やパートナーシップは、大枠において市場競争と業績管理の枠組みの中にあり、常にそれらに接続される回路が確立されていたことを見失うべきではない。

国家目標の明示と学校ごとの目標へのブレークダウンが行われた。さらに、到達目標に向かって努力する各学校に対しては、地方自治体の介入権限を創出し「教育改善計画」で自治体ごとに管理を行うなど、「圧力と支援」と呼ばれるアプローチを採用した。このような中央政府による教育内容への介入強化より、「準市場」における各学校に対する競争圧力および各学校に内在する競争誘因は強化されたと言えよう。

　第二に、そのような競争圧力と競争誘因は、「スペシャリスト・スクール」や「ビーコン・スクール」、「シティ・アカデミー」など、選択の対象となる学校の「多様化」が推進されたことによって、さらに高められることとなった。これらは、供給主体の多様化により親の選択の誘因を高める政策であり、ブレア首相が2005年教育白書において改めて「親の学校選択」の意義を強調したのも、労働党政権における教育「準市場」の活性化の重要性に対する認識を示すものであったと言えよう。総じて、労働党政権における教育「ガバナンス」改革により、教育の「準市場」における競争性は強化されたと言える。同時に、この「多様化」は、各学校による子どもの「選抜」が拡大するという側面も有していた。それにより、選抜される能力とそのための資源を持つ子どもとそうでない子どもの間に不平等が拡大し、「どんな子どもがそこに通うかで、学校間のヒエラルヒーを作りだしてしまう危険性」が指摘されることとなったのである（ウィッティ2004: 188）。

　第三に、第二の点のコロラリーであるが、「準市場」において教育サービスを提供する供給主体について、これにパートナーシップや協働原理を導入することによって供給主体の改善能力やポテンシャルの強化を図ったことである。第三期に導入された「トラスト」や後述する「学校改善パートナーシップ（SIP）」など一連のパートナーシップは、供給主体の多様化や協働を通じ、各教育サービスの改善を図る、すなわち「準市場」における供給主体の能力を強化するものであったと評価できる。

　第四に、供給主体の多様化あるいはパートナーシップ化が進められる中で、公的な教育サービスや教育行政の「民営化」が進められたことである（Chitty 2009: 101-108）。数は少ないが、「シティ・アカデミー」という公

第四章　労働党政権期（1997-2010年）における教育改革と学校評価

設民営学校の導入や、低パフォーマンスの地方教育当局の民営化や外部委託化は、保守党政権下でも行われなかった公的教育サービスや教育行政の民営化であった。そして「シティ・アカデミー」の導入は、のちの連立政権下で進められた公立学校の大規模な公設民営化に道を開くものであった。したがってこれは、教育の「準市場」に、一般の市場経済のアクターが参入・関与し、公的教育サービスに対する私的部門の影響力が拡大する契機となったのである。

　第五に、教育パフォーマンスの事後評価について、重層的かつ垂直的な構造が強化されたことである。事前の目標設定について、中央政府、地方教育当局、各学校による連携が垂直的に行われる一方、教育水準局の査察が各学校だけでなく地方教育当局に対して行われ、さらにその結果が自治体監査委員会の行う各自治体の評価と格付けに連動する仕組みまで整備された。つまり、事後評価においても、中央政府、地方教育当局、学校という垂直的な関係性が構築されたのである。

　この業績の新たな統制の構築において、地方教育当局の位置づけの変化は決定的に重要であった。戦後福祉国家の時代には、教育の「地域政策共同体」の要として、また　地域の民主主義の機構として教育サービスを統制してきた地方教育当局は、労働党政権によって、中央政府と目標や評価基準を共有し、一方では供給主体たる各学校の地域における管理統制を行い、他方ではそれ自身も地域の教育パフォーマンスについて住民と中央政府に対してアカウンタビリティを負い、NPM型統制システムの一翼を担う主体となったのである。

　総じて、労働党政権下の教育「ガバナンス」改革は、保守党政権の確立した教育サービスの「準市場」に対し、一方では特に供給主体をパートナーシップや協働さらに民営化などの要素によって「多様化」しつつ、他方ではそれによる「選択」の強化を供給主体のパフォーマンス向上の誘因にしようとするものであった。これによって、NPM型行政統制の市場型統制の拡大・強化が図られた。さらに、経営管理型統制については、次節から検討する教育水準局査察に加え、地方教育当局を業績管理とアカウンタビリティ確保の軸として位置づけ、中央政府（教育雇用省、教育水準局、

自治体監査委員会)、地方自治体、学校という垂直的・重層的な統制構造を構築するものであったと言えよう。

次節で見る労働党政権下の教育水準局査察の改革は、このような教育「ガバナンス」改革の中で進められていったのである。

(4) 労働党政権下の学校査察改革の概観

保守党政権によって導入された教育水準局の学校査察に対し、労働党政権はいくつかの重要な改革を行った。第一に、すでに述べたとおり、重層的な統制構造の構築の中で、教育水準局査察の対象に地方教育当局が入ったことである。第二に、学校負担の軽減のための査察の「マイルド化」と、学校のパフォーマンスに応じて査察の負担を変える「比例化」を進めたことである。第三に、これまで教育水準局による外部評価であった学校査察プロセスへ、学校自己評価を導入したことである。そして第四は、教育水準局の査察権限と査察対象を、学校教育から、幼児教育、子どもの社会的ケア、職業訓練や生涯学習まで拡大したことである (Elliott 2012)。

労働党政権発足直後の学校査察改革方針――保守党政権の学校査察の継承と修正

まず、政権発足当初の学校査察政策として、1997年「学校の卓越性」白書で提起された、労働党政権における教育水準局の役割に対する認識を確認しよう (DfEE 1997)。

まず、教育水準局による学校および地方教育当局に対する外部査察は、学校独自の改善計画と並んで、教育サービスの改善プロセスの中核に位置づけられた。労働党政権は、教育水準局による定期的な査察を、「比較可能なデータによって公的なアカウンタビリティと教育サービス改善に貢献する」ものとして是認したのである (para.31, 32)。

他方で、教育水準局の査察について、その一貫性、質、VFMを改善するために次のような改革が提起された (para.33)。①査察の事前通知を5週前から2週前に短縮し、学校の過度な準備を防ぐこと、②査察は教室で

の取り組みと学校の改善能力に焦点化し、最終報告書は査察官の判断について明確な表現で記述すること、③査察によって得られたデータを、学校、地方教育当局、および教育雇用省においてフル活用すること、④教育水準局は、査察メンバーの専門性開発、特に特定科目の査察、教育水準の判定、教育指導の質の評価にかかる査察官の専門性開発についてプログラムを持つこと、⑤査察結果についての苦情申立ての手続きを計画的に整備すること。

総じて、発足直後の労働党政権の学校査察に対する認識は、保守党政権が確立した学校査察システムを、労働党政権が進める「教育水準の向上」と「アカウンタビリティの強化」という政策目的に資するものとして肯定し継承するものであると言えよう。そのうえで、査察をより効果的に行う（①、②）、査察で得られた教育パフォーマンスのデータを教育サービスのあらゆる統制主体が活用する（③）、査察を行う主体の専門性の向上（④）などを当面の学校査察の改革テーマとして列挙しているのである。

表4-1にまとめたように、これらの改革の多くは、1997年教育法の後には、2005年教育法および2006年「教育と監査」法によって法的根拠を持つ新たな学校査察制度となった。しかし、例えば学校自己評価の導入のように、労働党政権の発足以来、2000年代前半の査察枠組みの改革や政府文書に基づく試行的な改革を経て全面的に実施されたものもある。また、複数の大きな改革提案が同じ政府文書で提起されることもあり、査察改革のプロセスは複雑であった。

以下では、これらの変化のプロセスとその影響を分析しながら、労働党政権において、教育水準局査察を通じた教育の統制構造がどのように変化したのかを検討しよう。

(5) 労働党政権下の学校査察改革①──学校自己評価の位置づけの強化とその含意

労働党政権前半の学校査察改革と学校自己評価

労働党政権において、最も早くから取り組まれた学校査察改革は、野党時代から同党や全国教員組合（NUT）が主張してきたように、学校自

己評価を学校査察のプロセスに組み込むことであった。この取り組みは、2000年および2003年の学校査察枠組みの改訂を通じて具体化し、2005年教育法とそれを受けた2005年の査察枠組みの改訂によって、すべての学校に制度的に義務づけられるようになった[37]。

学校査察のプロセスに学校自己評価を導入する目的は、次の二つである。一つは、学校査察のプロセスを「学校改善（School Improvement）」に資するものにすることである。もう一つは、学校自己評価の比重を高めることで、次節で述べる学校査察の「マイルド化」あるいは「軽量化」を追求することである。

まず政権発足当初、教育水準局は学校査察に関わる文書「学校評価が重要だ（School Evaluation Matters）」やガイドライン「査察を最大限に活用しよう（Making the Most of Inspection）」などを発行して、当面の学校査察の方向性を打ち出している。そして、すでにこれらの文書でも、学校査察プロセスの中に内部評価（self-review）を組み込むことは示されていた（Ofsted 1998b, 1998c）。

他方で、労働党政権の発足から教育水準局は、各学校に対し毎年「業績とアセスメント報告書（Performance and Assessment Report ＝ PANDA Report）」を発行するようになった。このPANDAレポートは、前回の査察以降の学校の改善状況について、達成、教育の質、学習環境、経営などについて、テスト結果など具体的なデータとその分析に基づき教育水準局が評価・判定し各学校に送付するものである[38]。そして、このPANDAレポートに記載されたデータと評価を素材として、各学校が自己評価を行うことが奨励されるようになったのである（Ofsted 1999: 141）。したがって、PANDAレポートの発行と学校による分析は、学校自己評価と共に学校査察プロセスの不可欠の構成要素となったのである。

次に、2000年度版の各査察ハンドブックでは、いずれも「自己評価のガイド」が加えられることとなり、学校自己評価は公式に教育水準局査察

37　学校自己評価の労働党政権期における展開は、久保木（2012）でも詳述している。
38　PANDAレポートの詳細については、高妻（2007: 226-228）を参照されたい。

と連携して推奨されるものとなった[39]。具体的には、学校での査察が行われる前に査察官に提出される査察用のエビデンス（inspection evidence）の一つに「学校自己評価フォーム（self-evaluation form）」の提出が記載されている（Ofsted 1999: 109）。ただし、学校自己評価については、査察プロセスの記述とは別に記載されており、2003年以降の査察枠組みと比べれば、査察プロセスの中での学校自己評価の位置づけはあまり強調されていない印象を受ける。

他方で、学校自己評価は、基本的には査察という外部評価で用いられる基準（criteria）を基礎にして行われることが、査察ハンドブックの冒頭で確認されている（ibid. 4）。そして、学校自己評価が、労働党政権が重視する教育水準の向上に資するために、「生徒の達成」の客観的な観察や、評価情報の「学校改善計画」への活用が強調されている（ibid. 151）。さらに、評価の基準（Evaluating Standards）では、「テスト結果と教員評価の分析」「テスト結果の人種やジェンダーごとの研究」「何人の生徒が業績目標に到達しているかを監視」「他の学校と比した当該校の水準」などが列挙されている（ibid. 152）。つまり、2000年度版の査察枠組みにおける学校自己評価は、教育水準局査察で重視する客観的な業績を中心とする基準を、ほぼそのまま自己評価の基準として用いているのである。

学校査察の枠組みは、2003年に改訂された。2003年版の査察枠組みでは、2000年版に比して、学校自己評価の査察プロセスにおける役割が明確化されたことが指摘できる。すなわち、パートAの「査察システム」において、「学校内部評価」の節が設けられ、「査察の中で学校自己評価

---

[39] 例えば2000年度版小学校・保育園の査察ハンドブックでは、自己評価の意義について以下のように述べられている（Ofsted 1999: 150）。
「効果的な改革と自己評価は、公開性と協議によって特徴づけられ、良質な学校において誰もが参加を奨励される日常的な活動となっている。自己評価は、改善、モニタリング、アウトカム評価のための優先順位をコンスタントに認識するプロセスによって、査察を補完している。」
「全ての学校が査察の際に使っているものと同じ基準のうえに学校自己評価をおくことは、有益である。学校の活動について共通の言語が形成され、基準を通じて表現されてきたからである。」

はどの役割を担うのか？」という項目の下で明確な説明が行われている（Ofsted 2003: 10）。これによれば、学校自己評価は、学校現場での査察の前に査察リーダーに提出されるエビデンスの一つである[40]。査察官は査察の前に、学校自身によるパフォーマンスの分析を十分に考慮に入れることが求められている（ibid. 14）。特に、査察本番の前に行われる「事前訪問（pre-inspection）」において、査察リーダーは提出された学校自己評価を含むエビデンス[41]をもとに、査察において認識・確認すべき学校の諸課題について校長とよく打ち合わせをすることが求められる（ibid. 17）。

つまり2003年の査察枠組みでは、学校査察において自己評価を取り入れることにより、学校の課題を認識するうえで学校自身の認識を尊重しながら、より効果的な査察の実行や査察後の改善計画の作成を行おうとする意図が明確にされたと言えよう。

2005年教育法と2005年査察枠組み改訂

学校査察における学校自己評価の位置づけは、2005年教育法による学校査察の規定の見直しと、それに伴い2005年9月より導入された新たな査察枠組みによって「完成」した。2005年教育法による学校査察制度の見直しは、これまで述べてきた「学校改善のための学校自己評価の導入」という文脈に加え、後述するように、労働党政権が教育水準局の査察対象を子どもサービス領域へ拡大したこと、これをふまえて教育水準局査察そのもののスリム化と査察負担の軽減が追求されたことを背景に行われたものである。そしてこれらの課題を明確にし、学校査察制度の改革を提案

---

[40] 節の冒頭は次のような記述で始まる。「教育水準局は、継続的なプロセスとしての学校自己評価の重要性を認識しており、それは時々の外部評価によって補完される。自己評価は査察に重要な貢献を行っている。それは、学校と査察リーダー（lead inspector）に、査察がカバーすべき学校の潜在的な重要事項を確認する手段を提供する」（ibid. 10）。

[41] このエビデンスには、にはエビデンスのフォームＳ１＝学校の基礎情報、Ｓ２＝学校や生徒のより詳細な情報、Ｓ３＝学校理事会による法令上の要請事項の履行状況、Ｓ４＝学校自己評価やPANDAレポートにおける学校のパフォーマンス・データなどが含まれる（Ofsted 2003: 15）。

したのが、教育水準局のコンサルテーション・ペーパー『査察の未来』(Ofsted 2004) と同局および教育技術省の文書『学校との新たな関係』(DfES and Ofsted 2005) であった。

2005年教育法のセクション5に基づいて改訂された査察枠組みでは、冒頭に「学校改善のための学校自身による自己評価の強調」と記されている (Ofsted 2005: 3)。学校評価の位置づけの重視は、続く「査察システム」の説明における「学校査察の目的」の項で、①学校の質と水準向上、②アカウンタビリティの確保と並んで、学校自己評価の意義が次のように述べられていることにも表れている。

「3. 定期的な外部査察は、より継続的な内部評価によって補完されなければならない。この査察枠組みと採用された査察のアプローチは、厳格な自己評価と改善の文化を推進することを企図したものである」(ibid. 4)。

そして2005年版査察枠組みは、学校自己評価を推進する手段として、教育水準局が統一された「学校自己評価フォーム」を導入し、各学校に毎年これを記入することを求めた (ibid. 1)。2005年教育法のガイドブックによれば、「学校自己評価フォーム」は、学校に対し、①自分たちの学校の進捗を査察項目に照らして評価する、②自己評価がよって立つ主なエビデンスを記載する、③学校の強みと弱みを認識する、④学校が弱みを克服し強みをさらに発展させるための活動を説明する、というような内容を問うものとなっている (Fowler and Waterman 2005: 4)。

ここにおいて、学校自己評価は教育水準局による学校査察プロセスの不可欠の構成要素となった[42]。同時に、これは査察プロセスの変化にとどま

42　後述するように、ここでは学校自己評価を通じ、各学校が日常的に自らのパフォーマンスを監視し子どもの達成度を向上させる活動の有効性を評価すること、さらにそれを用いて「学校改善計画」をアップデートすることが期待されている。学校査察のプロセスでは、学校で最も問題となっている部分に焦点を当てるために、学校自己評価フォームに基づいて、査察リーダーと学校幹部が査察の計画について議論を行うこととなっている。

らず、学校査察の目的における「学校改善」の比重が従来に比して高まったことも示している。学校査察を各学校の自己評価に現れた問題意識に沿って行うことが、査察後のより有効な改善計画に結びつくと考えられたためである。他方で、従来は各学校の裁量にゆだねられていた学校自己評価は、教育水準局による統一のフォームの中で行われることになった。また学校自己評価の項目やその指標についても、共通の枠組みが与えられた。したがって、一連の学校自己評価の制度化は、そのプロセスの画一化と規律化という側面も有していたことを指摘しておきたい。

(6) 労働党政権下の学校査察改革②──社会的包摂政策と教育水準局査察対象の拡大

　次に、2000年代の教育水準局査察は、教育政策とは別の文脈から大きな改革を迫られることとなった。それは主に子どもを対象とする広義の社会的包摂政策である。

　労働党政権は、1997年の発足以来、「社会的包摂（Social Inclusion）」を主要政策の一つに掲げ、社会から排除されてきた子どもや若者に対しても積極的な対策を講じてきた。たとえばシュア・スタート・プログラム、教育アクションゾーンの設置、ニューディールと呼ばれる就労支援政策などである。

　2000年、8歳の女児 ビクトリア・クリンビー（Victoria Climbie）が親族等の虐待によって死亡した事件が社会的に大きな衝撃をもって受けとめられた。この事件は労働党政権の子ども・若者政策にも大きなインパクトを与えることとなった。そのインパクトとは、第一に、子どもサービスに関わる関係諸機関が、共通のアウトカム（成果）の達成に向けた協力を求められるようになったことである。これはブレア政権の「連携政府」の政策路線に符合する。第二には、それらの達成が教育水準局査察による事後評価によって管理されるようになったことである。

　同事件に対して設けられた政府の機関「Lord Laming 委員会」は、事件を未然に防げなかった子ども向けサービスの現状には、システム上の

問題があることを指摘した。これを受けて、政府は 2003 年に緑書『すべての子どもが大切だ（Every child matters）』を発表した（HMTreasury 2003）。

同緑書では、政府が取り組むべき課題として、家族やケアラーなどの子どもの影響についての検証、子どもを危険から守る必要な介入、子どもに関わる人々の訓練と報酬、そして子どもに関わる諸機関のアカウンタビリティの弱さと分散化の克服、が指摘された。

そして子どもの健全な成長に向けた成果を得るために、関係諸機関に早期の適切な介入を行うことを求めた。ここで子どもサービスのシステム改革として提起されたのは、①子ども向けサービスの計画と実施は五つのアウトカム（後述）に焦点化すること、②第一線サービスを統合して提供すること、③子どものためのサービスを横断的に利用できるようなプロセスの構築。自治体は「子どもトラスト（Children's Trust）」の展開を導くこと、④教育水準局が主導機関として査察を統合し、諸サービスが各地域において、五つのアウトカムを改善するために共同して機能しているかどうかを評価すること、という四つの政策であった。

これを実行すべく、以下のことが行われた。まず、子ども関連の行政サービス機関の再編成が行われるとともに、子ども関連サービスを評価する四つの機関が、教育水準局に統合された[43]。

次に、五つの「Every Child Matters アウトカム」（以後「ECM アウトカム」）と呼ばれる新たな評価項目と、それを評価するための指標が導入された。「ECM アウトカム」とは、すべての子ども・若者について、①「健康であること（be healthy）」、②「安全であること（stay safe）」、③「楽しみながら達成すること（enjoy and achieve）」、④「積極的に社会貢

---

[43] 2005 年、新たに「成人とコミュニティサービス庁（Adult and Community Services）」と「子どもと若者サービス庁（Children's and Young People's Services）」が設立された。また、教育水準局に統合されたのは、「社会的ケア査察委員会（Commission for Social Care Inspection）」、「子ども家庭裁判所助言・支援サービス（The Children and Family Court Advisory and Support Service）」、「裁判所運営査察機構（HM's Inspectorate of Court Administration）」、「成人教育査察機構（The Adult Learning Inspectorate）」（査察の権限のみ）である。

献すること（make a positive contribution）」、⑤「経済的に満たされていること（achieve economic well-being）」の五つの項目について、良好な状態であることをめざすものである。五つの「ECM アウトカム」は、それぞれ五つのねらいを持ち、そのねらいに対応した指標が設定されている。そのうえで判断すべき項目が、一つのアウトカムにつき5～6項目設定されている。それらのアウトカム指標を通じて、子どもに関わる全ての公共サービスを改革することが企図されているのである。

そして、これらの指標に基づく関係機関の査察を、教育水準局が行うこととなった。労働党政権において、教育水準局は、従来の学校教育機関に対する査察に加え、早期教育、子ども向けサービス、および若者向け訓練や生涯学習までその査察対象として責任を持つこととなったのである[44]。

(7) 労働党政権下の学校査察改革③──学校査察の「スリム化」、負担の軽減、査察の「比例化」

『査察の未来』──学校の負担軽減と教育水準局査察の「スリム化」

労働党政権下の学校査察改革の第三は、すでに1997年教育白書でも提起されていた査察の「スリム化」や「比例化」に関わるものであった。

教育水準局は、2004年2月にコンサルテーション・ペーパー『査察の未来（The Future of Inspection）』を発表した。これは、10年目を迎えた教育水準局査察のあり方を総合的に見直そうとするものであった。その背景には、2000年および2003年の査察枠組み改訂において示された査察改革の方向性を確かなものにすること（Ofsted 2004: 1）、政府緑書『すべての子どもが大切だ』で教育水準局の査察対象の拡大が提起されたことを受け、査察をより効率的に改革する必要が生まれたことがあった（ibid. 3）。特に、教育水準局としては、「細かなマネジメントや官僚制による統制を排し、学校管理者たちのエネルギーを解放して改革のギアを挙げるために、

---

44 2007年には新たな児童虐待死事件を受けて、イングランドの児童養護（Child Protection）の観察についても教育水準局が責任を持つこととなった（Elliott 2012）。

学校との新たな関係の構築へ進んでいく」ことを企図していた（ibid. 7）のである。

このペーパーによって広く意見聴取にかけられたのは、学校自己評価のさらなる活用に加え、査察サイクルを6年に1回から3年に1回にすること、すべての査察の告知期間を短縮し過度な準備を避けること、査察の日数を半減すること、などであった。つまり現状よりも「短く鋭い評価（a short, sharp review）」を繰り返すことで、学校の負担を軽減し、査察にかかるコストを減らすことを企図したのである（ibid. 3）。

『学校との新たな関係』から2005年教育法へ

教育水準局と教育雇用省（DfES）は、『査察の未来』の提起を受けて行われたいくつかの学校におけるパイロット査察の結果を踏まえ、『学校との新たな関係（A New Relationship with Schools）』を発表し、査察改革の内容をさらに具体化した（DfES and Ofsted 2005）。この内容は、2005年教育法によって法制化され、実行に移された。その主な内容6点について説明する[45]。

第一に、査察のスリム化・軽量化については、以下のように変更された。査察の告知は、従来の6～10週前が2～5日前となった。定期査察のサイクルは、労働党政権発足後に年2回となっていたが、3年に1回に改められた。また学校現場での査察については、大勢の査察チームが1週間滞在して行っていたが、人数が4分の1程度で2日以内に査察を終えることとなった。

第二に、学校自己評価は、先述の通り、より学校に即した改善を進めるという文脈に加えて、この学校査察のスリム化・軽量化の手段としても位置づけられた。政府の認識では、従来各学校で行われていた自己評価は、外部査察や改善計画と必ずしも有効に結びついていなかった。『学校との新たな関係』では、学校自己評価が査察、改善計画などすべての起点に位

---

[45] 『学校との新たな関係』では、従来の査察システムと2004～05年の改革による変更点が整理されており（DfES and Ofsted 2005: 7）、その概要は久保木（2012）で紹介した。

置づけられ、2005年の査察枠組みに具体化された。

　第三に、この査察を通じた学校改善を、より「学校主導」で行うために、従来の地方教育当局のアドバイザーなどに代わって新たに設けられた外部支援の仕組みが、「学校改善パートナー（School Improvement Partners）」の制度であった[46]。「学校改善パートナー」は、各学校のリーダーである校長が、学校の改善の実務とそこで求められるリーダーシップの実際について熟知している人間からの支援を受けるしくみである。同パートナーには、校長経験者のような、人々からの信頼が厚く経験豊富な実践家が、国の基準にもとづき任命される。彼・彼女は、各学校の自立性に配慮しながら、児童生徒の到達度に焦点を当て、証拠に基づき学校の指導や学びのパフォーマンスを評価し、専門的な見地から指摘と支援をすることが要請された（DfES and Ofsted 2005: 21-22）。

　そしてこの「学校改善パートナー」と学校長とが、学校改善の課題について協議し助言を受ける対話のひな型として「シングル・カンバセーション（single conversation）」も整備された（ibid. 24-25）。「シングル・カンバセーション」は、学校改善についての議論の拡散を防ぎ、学校自己評価フォームや学校改善計画を素材にして（Input）、学校のパフォーマンスや管理システムの検討を焦点化し（Focus）、理事会や地方当局に対する具体的な助言や勧告を導き出す（Outputs）ようにデザインされていた。

　第四に、各学校の教育パフォーマンスの判定（judgement）および格付け（grade）が、従来の7段階から4段階となったことである。すなわち、グレード1の「Outstanding」、グレード2の「Good」、グレード3の「Satisfactory」、グレード4の「Inadequate」である（Ofsted 2005: 14）。グレード4に格付けされた学校は「重大な懸念を持つ（Causing Concern）」とみなされて「改善勧告（Notice to Improve）」か「特別措

---

[46] 「学校改善パートナー」の実態について邦語の研究としては、植田（2013）がある。同制度は、2010年の保守・自民連立政権発足後には国の制度としては事実上廃止され、地方自治体の任意事業となった。

置」の適用が行われる[47]。

　第五に、先にも指摘したとおり、査察の結果によってその後に受ける査察の頻度や間隔が変化する、査察の「比例化」が進行した。すなわち、査察の間隔は原則として3年に1回とされたが、「Outstanding」「Good」の判定を受けた優良校は6年に1回、「Satisfactory」の学校が3年に1回、「Inadequate」の判定を受けた学校は定期的な訪問監察を受けるようになったのである（Elliott 2012）。

　第六に、査察官の編成の変更である（Fowler and Waterman 2005: 5）。従来の学校査察の多くは教育水準局と契約した登録査察官（Registered Inspector）によって行われていたが、2005年教育法成立に伴う制度改編の中で廃止された。それに代わり、すべての学校査察は、勅任視学官（HMI）によって行われること、そして勅任視学官が各地において民間企業から直接に査察官を雇用して、各地の査察業務を遂行することとなった[48]。この新たに雇用される査察官は、「アディショナル・インスペクター（Additional Inspector = AI）」と呼ばれる。さらにこれらの査察官は、従来と同じく民間企業から供給されるが、その企業は政府によって五つに限定され、査察官の訓練などはすべて同じ枠組みで行われるようになった。査察官のパフォーマンスについては、教育水準局と地域の供給会社がHMIに共同して責任を持つこととなった（ibid. 6-7）。また、1993年の査察体制で導入された素人査察官は、廃止された。

47　これら二つのカテゴリーの定義は以下の通りである（Ofsted 2005: 17）。
「特別措置」：学習者に許容できる水準を提供することに失敗し、学校運営において必要な改善能力を示せていない学校。
「改善勧告」：受容できる水準を提供できていないが、改善する能力は有しているとみなされる学校。

48　登録査察官の廃止の理由として、同査察官のパフォーマンスが不安定であったことが指摘されている。登録査察官の経験やスキルは多様であり、その質の管理については供給会社ごとにばらばらで、教育水準局もコントロールができていなかったと言われる。また査察官によっては、登録しているもののコンスタントに査察業務に携わっていない者もあった（Fowler and Waterman 2005: 6）。

(8) 労働党政権期の学校査察プロセスと学校評価の特徴

2005年教育法以後の査察プロセス

　ここで、労働党政権の査察改革の集大成ともいえる2005年版査察枠組みをもとに、労働党政権における学校査察のプロセスを整理し、改めてその特徴をまとめておきたい。

［査察前］
・教育水準局が査察する学校を決定し、査察官の供給会社に連絡する。供給会社は査察官を集め、チームを編成する。
・査察官は、学校自己評価フォーム（SEF）、PANDAレポート、以前の査察報告書などの情報を集める。
・学校は査察予定の2日から5日前に通知を受け取る。
・査察リーダー（lead inspector）は校長と、事前に査察の態勢について協議する（最初のコンタクトで査察官と学校が良好な関係を築くことが求められる）。
・査察官と校長、管理職との事前ミーティングが行われ、学校自己評価フォームに基づく協議によって、査察の中で重視されるべき学校の課題について認識が共有される。
・学校は査察が行われることを保護者に通知し、保護者の学校に対する見解を尋ねるレターが発送され、回収されたのち、査察リーダーの分析に回される。

［学校現場での査察（On-Site Inspection）］
・直接に集められるエビデンスは、直接の観察、スタッフや子どもらとの会話[49]、子どもの最近の成果物の分析、校内の会議への出席、特別支援ニーズの子どもの記録の分析、困難を抱える子ども（vulnerable pupil）のケー

---

[49] 査察官は子どものグループ、特に学年代表などと対話を行う機会を設けることも記載されている。

ス分析、などによる。
- 査察官は授業をフルに観察する必要はないが、観察する場合には教員が観察されている理由を理解できるように進める。
- 査察中には、教員やスタッフへの口頭でのフィードバックが行われる[50]。
- 査察の間に集められたエビデンスは、共通のスタンダード・フォームあるいはエビデンス・フォームによって収集・記録される。
- 総合的な判定（judgement）は、査察リーダーを中心に集団的に行われ、「査察の判定（Inspection Judgement）」の中に記録される。
- 査察リーダーがチーム会議を行い、学校の判定、特に「共通査察項目（The Common Inspection Schedule for schools and other post-16 provision、後述）」の要請にもとづく主な評価について合意を形成し、学校の強みと弱みおよび改善点が認識されるようにする。
- 査察チームは、査察の終わりに学校が「懸念」を抱えるカテゴリーに位置づけられるかどうかを判断しなくてはならない。

［査察後］
- すべての評価は「共通査察項目」に沿って行われる。
- 査察後、査察チームが結論を得たのち、すみやかに学校幹部や学校理事会に口頭で説明が行われる。
- 口頭説明の内容に沿って、査察報告書が作成される。その内容は、学校自己評価に沿って、学校の強みと弱み、改善すべき点、親や子どもたちの認識を掲載し、学校改善計画の基礎となるようなものでなければならない。
- 査察報告書は、査察終了の3週間後に教育水準局のウェブサイトに掲載される。地域の供給会社は、教育水準局に代わり、査察報告書を学校管理団体（理事会等）と校長に送付する。地方当局の管轄下の学校については、地方当局にも送付される。

50　ここでは、査察官とスタッフ、特に査察リーダーと校長との建設的な対話が重要であることが強調される。

・学校理事会は、報告書を受け取ったのち、そのコピーを 5 日以内に保護者に送付する。

[重大な懸念を抱える学校（Schools Causing Concern）への対応]
・もし査察官が、学校の有効性（effectiveness）が総合的に不適切な水準であると判断すれば、「特別措置（special measures）」か「改善勧告（Notice to Improve）」が要請されることになる。
・これらの判定は、上級勅任視学官（senior HMI）が介在して行われ、特別措置が適用される場合には、主席勅任視学官（HMCI）がそれを認めることが法的に要請される。
・これら二つのカテゴリーが適用される場合には、学校理事会は、報告書が確定する前にコメントを出さなければならない。

2005 年査察枠組みにおける評価項目とその特徴

　2005 年の査察枠組みにおいて、個別の評価は「共通査察項目」にもとづいて行われる。ここではその内容を概観し、特徴を検討する。

　まず、すべての学校査察では、イングランドの地方当局との共管エリアの評価に利用できるように、先に述べた五つの ECM アウトカムを用いることが冒頭で述べられている。実際には、次に述べるような「子どもの達成と水準」や「提供の質」に関わって、通常の評価と並んでこの ECM アウトカムの特定項目についての評価が要請されることになった。そのことを前提に、以下の評価項目が掲げられている。

・「総合的な有効性（Overall Effectiveness）」
　教育サービスが学習者のニーズに効果的に答えているか、改善の課題、改善能力などを評価する項目。
・「到達と水準（Achievement and Standards）：学習者はどれだけ達成しているか？」
　学習者の目標達成や到達水準、以前からの進歩、ワークの楽しみ方を評価する項目。

・「提供されるサービスの質（The Quality of Provision）」

教育指導、訓練及び資源配分が学習者のニーズ、コースやプログラムの要請に応えているか、学習者が成長し福祉を享受するために支援やケア、情報提供を受けているかを評価する項目。

・「リーダーシップとマネジメント」

パフォーマンスの効果的な監視と改善、リーダーと管理者による、ケア・教育・訓練を通じた改革や学習者の福利の促進を評価する項目。

査察プロセスおよび評価指標の保守党政権期からの変化

以上のような査察プロセスと評価項目は、第二章で述べた保守党政権期の評価項目に比して、どのような特徴を有していたと言えるだろうか[51]。

まず、評価プロセスの変化について、査察前、査察中、査察後に分けて検討しよう。

査察前について。査察チームが査察の内容や態勢を決定するうえで、学校自己評価を重視するようになったことが、最も重要な変化である。これは、実際の査察において教育水準局の査察枠組みと評価項目・評価指標を使うことに変わりはないが、学校が重視している課題に即して学校評価を行うことが奨励されるようになったことを意味する[52]。また、学校の課題に関わる共通認識を査察官とスタッフとの間で築くことも奨励している。また、査察の告知が数日前となり、学校が査察の準備を行う期間はほとんど与えられなくなり、学校にとって準備の負担が減る一方で、査察はより

---

[51] ここでの比較は、あくまで掲げられた評価「項目」の違いを概括的に検討しているものである。したがって、ここでの考察は、評価項目を構成する評価指標の詳細な比較やその教育学的意味の変化にまでは及んでいない。また、個別の2005年査察枠組みはすべて2005年に新たに生まれたものではなく、ECMアウトカムの導入などいくつかの重要な変化を含みながらも、労働党政権期の2000年および2003年の査察枠組みを受け継いでいることにも留意されたい。

[52] 他方で、先述の通り、この学校自己評価を行う際しては、教育水準局が作成したPANDAレポートによる「中間評価」を素材とすることになっているため、この学校自己評価が真に自律的・内在的な評価となっているのかどうかについては留保が必要である。

「抜き打ち」という性格が強まった。

　学校現場での査察について。査察期間は従来の1週間程度から2日間へと縮小され、学校の負担は軽減された。査察の項目やエビデンスの収集について、大きな変化は見られない。しかし、評価項目の変化を反映して、収集すべきエビデンスに、社会的包摂の視点が求められるようになっていること、教員やスタッフに対しても査察中にフィードバックが行われることなどが、保守党政権期より変化した点である。

　査察後について。教育水準局による総合判定＝「格付け」とそれを含んだ査察報告書が作成されることに変化はない。他方で、報告書の作成においても、教育水準局は学校自己評価の内容をふまえ、査察の客体すなわち被評価主体である学校の問題意識をふまえて「学校改善」に結びつくものを作成することが求められている。また低パフォーマンスの学校に対しては、「特別措置」以外に「改善勧告」というカテゴリーを設け、学校自身の改善能力をより丁寧に見極める仕組みとなっていると言えよう。しかし、格付けの結果、低いパフォーマンスの学校が中央政府からの介入をうける仕組みは変わらない[53]。また、優良な判定を受けた学校はその後の査察が軽減される一方で、「特別措置」や「改善勧告」にカテゴライズされた学校は、短期間に繰り返し査察を受けることになっている。

　次に評価項目とそれ構成する指標についても、簡単に検討する。主要な項目が、学習の達成度や進歩を問う「水準」、教員の指導内容やカリキュラム、子どもの学びの内容を問う「供給」、学校の効果的な経営状況を問う「リーダーシップとマネジメント」という構成を取っていることは、保守党政権下の査察枠組み以来ほぼ共通している。また、学校自己評価を含め、子どもの到達や水準を重視する姿勢は労働党政権下でさらに強化され

---

[53] 先述の通り、労働党政権のスローガンは、「低パフォーマンスに対する不寛容」であり、改善の見られない学校には「フレッシュ・スタート」という強制措置も用意されている。

た[54]。

　しかし、総合的な有効性の評価において強調されるように、学校の強みと弱みだけでなく、その改善能力に着目して評価を行い、さらに改善のために求められるステップを具体的に指摘することが求められるようになった。他方で、労働党政権の政策を反映して、すべての項目に教育サービスとしての側面だけでなく、ECMアウトカムの評価を通じた子どものケアサービスの側面についての評価が求められるようになったことは、大きな変化である。

　個別の評価指標については、詳細な検討は避けるが、大枠の評価項目が受け継がれる一方で、労働党政権の特色が反映されていると思われる指標

---

[54] 筆者らが2006年9月6日に教育水準局本部で行ったTim Key氏とMichael Davis氏へのインタビューでも、学校自己評価を含む査察プロセスの力点について以下のような指摘があった。「我々はアウトカムへの関心を強くしている。テストの結果、入試の結果はどうだったか？　我々は学校が自己評価においてテストの結果を大いに活用することを期待している」。

も多数含まれている[55]。

小括

　総じて、労働党政権における査察プロセスの改革では、査察の負担を減らし査察をより学校改善に資するものにする「軽量化・マイルド化」という傾向と、「抜き打ち」査察化や「査察の比例化」に見られる査察の「先鋭化・厳格化」という側面が混在していたと言えよう。また、評価指標においては、従来から問われてきた学校パフォーマンスにかかるアカウンタビリティを継続的に重視しつつも、一方では子どもや学校の置かれた環境に配慮した、多様性・包摂性・ニーズへの応答性を問う視点を、他方では学校の改善能力、あるいは子どもの自立や協働の能力の向上を問う視点も組込まれた。したがって、学校査察の評価内容が、労働党政権における

---

[55]　例えば、「水準」では、従来と同じく各キーステージにおける科目ごとの達成を、ナショナル・カリキュラムや学校の目標との関係で評価することがうたわれている。ただし、これらの評価も、前回の査察からどれくらい変化したのかを問うものとなっている。他方で、それらの評価に止まらず、同じような環境の学校の平均との比較でも評価を行うこと、学校の置かれた社会経済状況を数値化した付加価値（value-added）を考慮に入れること、あるいは人種・民族的マイノリティーや障害者および公的ケアを受給しているなど異なる階層の子どものパフォーマンスを分析し配慮することなども、評価指標となっている（Ofsted 2003: 44-48）。
　また「供給」では、「教育指導（teaching）」において、教員が個々の科目やコースを効果的に指導できているか、明確な目標や戦略を持っているか、子どものやる気や意欲を引き出す方法や資源を活用しているか、さらに各学校のカリキュラムが法的要請に応えているかどうかなどが、保守党政権期から継続して問われている。他方で、子どものニーズ、特に特別支援のニーズを抱えた子に機会の均等を保障できているか、「学び」において子どもたちが自立してまた協働して活動する能力を伸ばしているか、などが問われている（ibid. 77-84）。また、カリキュラムについては、その評価における最大の焦点は、それが個々の子どもの要請に応えているか（How well does curriculum meet pupil's needs ?）、に置かれている。具体的には、カリキュラムが特別支援対象（SEN）の子どものニーズにこたえているか、性教育やアルコールおよびドラッグなど人格や社会、健康に関わる教育を提供できているか、教育・雇用・生涯学習などの連続するステージの準備を提供できているか、など「社会的包摂」政策に関わる諸指標によって構成されている（ibid. 95-100）。
　なお評価項目以下の個別評価指標は、2005 年の査察枠組み（Ofsted 2005）には記載がないため、ここでは主に 2003 年査察ハンドブックの指標を労働党政権の評価指標の事例として参照した。

「社会的包摂」政策を反映しているのみならず、学校査察という評価システムの重心が、親や地方自治体、および政府へのアカウンタビリティだけでなく学校改善にも拡大する傾向があったと言えよう。

(9) 労働党政権期の学校査察改革に対する受けとめと議論

本節では、労働党政権下の学校査察に対する学校現場を中心とした受けとめを、いくつかの調査結果をもとに概観し、その上で学校査察改革をめぐる主要な議論を取り上げて考察を行う。

1) 査察改革に対する学校現場の認識

ここでは、教育水準局からの委託を受けて行われた「教育調査全国基金（NFER）」による調査を中心に、査察改革への受けとめを検討する（NFER 2007）。この調査は、2006年から2007年にかけて、「学校が、新たな査察についてどの程度改善に資するものと捉えているかを評価することを目的に」、約1600校（1597校）を対象として行われたものである。後述する議会下院報告書でも、この報告書の結果が査察改革の現場における受けとめのデータとして重視されており、査察改革に対する学校現場の主要な意識動向を反映しているとみていいだろう。また、この調査以外には、教育水準局が2005年査察枠組み実施から約10ヵ月後、主に査察を経験した校長を対象に行った調査の報告『学校査察：一つの評価（School Inspection: An Evaluation）』（Ofsted 2006）[56] と、全国教員組合（NUT）

---

[56] この調査は、教育水準局が、2005年改訂の査察枠組みで査察を受けた学校に対し質問紙への回答を要請したもので、2006年春まで行われ394の回答を得た。あらかじめ注意する必要があるのは、回収率が17％と低かったこと、回答したのはほとんどが校長であったということである。さらに、回答した校長について、査察の判定・格付けが高い学校の校長ほど新たなシステムを肯定する傾向が強いことが指摘されていることも、考慮する必要がある（ibid. para.9）同報告書では、校長の新たな査察枠組みへの賛意とその学校の与えられた格付けとの間には強力な相関関係があることが指摘されている。すなわち、Outstandingの格付けを与えられた学校の校長は100％、Goodは94％の賛意を示している（Ofsted 2006: para.12）。

が2006年秋に行った、主に教員を中心とした意識調査がある（NUT 2007）[57]。この二つの調査結果も補足的にとりあげる。

まず、査察に対する「総合的な満足度」について。NFER調査では、52％が「とても満足」、36％が「おおむね満足」、10％が「満足していない」と回答している。したがって、調査対象校の圧倒的多数である9割弱は、新たな査察に「満足」している。同様の傾向は、他の二つの調査でも共通している[58]。

次に、学校自己評価について。NFER調査では、86％の回答者が、新たな査察枠組みの利点（benefit）について、「学校自己評価で認識した内容が査察によって確認されたこと」、と回答している[59]。したがって、学校自己評価に対する肯定的な評価も同様に高い。特に、新たに導入された学校自己評価フォームについては、多くの回答者が、同フォームの記述には時間がかかるが、フォームが学校の強みと弱みを認識するうえで効果的な手段となっており、「学校自己評価は学校改善の不可欠なパート」と認識している（ibid. 95）。他の二つの調査でも同様に、学校自己評価や自己評

---

[57] この調査は、2007年の下院教育技術委員会報告書『教育水準局の業務』にエビデンスとして収録されているものであり、無作為に抽出した対象に質問紙を送付する方法で、小中特別支援および幼稚園の教員367人から回答を得たものである（回収率36.7％）。この調査で特徴的なのは、NUTが、査察改革進行中の2004年にも、教育水準局査察にかかるほぼ同様の質問調査を行い、その結果との比較によってこの間の査察改革に対する教員の意識の変化を観察していることである（NUT 2007: para.46-65）。

[58] 教育水準局調査では、「査察のやり方に満足している」について91％が肯定しており、回答した校長の圧倒的多数は、新たな査察枠組みに対して肯定的である。これに対しNUT調査では、やや異なる「新たな査察システムは従前のものより改善された」という問いに対して、75％が肯定している。

[59] 主な利点として認識されているのは、学校の自己評価に外部の確認が与えられたこと（86％）、スタッフのモラルを向上させたこと（42％）、改善を誘発したこと（33％）などであった。

価フォームの導入に対する肯定が高い結果が出ている[60]。

次に査察プロセスについて。NFER調査では、査察チームによる口頭のフィードバックについて、60％が「とても有用」、32％が「まあまあ有用」と回答した。査察中の口頭でのフィードバック（oral feedback）の重要性が確認される結果となっている。次に、査察後に公表される査察報告書と勧告については、50％以上の回答者が、「査察報告書は、改善が必要な分野の発見に有用だった」と回答した。一方、教育水準局調査では、「教室の実践を改善するうえで、査察官と教員との対話が建設的であった」については82％が肯定、15％が否定、「授業についてのフィードバックは、教育指導の強みと弱みを明確に認識していた」については80％が肯定、13％が否定、「学校に対する判定は公平で正確だった」は89％が肯定、9％が否定であった。これに対し、NUT調査では、「査察官は教員と専門的な対話を行った」という質問については、肯定67％・否定18％、「学校に対する査察の判定は公平で正確である」については、肯定60％・否定18％であった。査察プロセスに対しても、いくつかのポイントで、査察官と学校との関係性や認識の共有において改善がみられたと言えよう。

一方、NFER調査では査察プロセスかかる「懸念」事項として、「学校自己評価フォームを記入するのに時間がかかること」（55％）、「データの活用」（27％）が挙げられている。特に「データ活用」について、「いくつかの学校は、「達成と水準（achievement and standards）」が過度にデータに主導されており、学校の文脈の理解に欠けている、と感じている」（ibid. 95）と指摘されている。ここでいう「データ」が、主に子どもの達

60　教育水準局調査では「総じて学校自己評価は、査察の焦点を絞るのにうまく活用された」について、92％が肯定している。さらに、2006年に行われた校長への電話による聞き取り調査では、ほとんどの校長が、学校自己評価フォームへの記入は意義のある経験だったと答え、学校自己評価のプロセスは、教職員が学校の強みと弱みを認識することに役立っている、と認識している（ibid. para.54-55）。NUT調査では、「査察官は現在行っている学校自己評価を考慮に入れた」については、肯定84％・否定5％で2004年の肯定55％から大幅に肯定者が増えた。他方で、「教育水準局の学校自己評価フォームの導入」については、従来の肯定84％から2007年には肯定74％に減少しており、高い支持がやや減少する結果となっている（para.53）。

成にかかるパフォーマンス・データであることは明らかであろう。報告書は教育水準局に対し、「査察プロセスで口頭のフィードバックが中心的な位置を占めるように引き続き努力すべき」であり、「学校は対話に関わる機会が与えられ、特に学校の文脈が考慮されたときには、歓迎的になる」と重ねて強調していることも確認しておきたい（ibid. 97）。

次に、NFER調査では直接問いのなかった「軽量化」について。教育水準局調査では、「査察の告知期間の短縮はおおむね妥当だった」については、93％が肯定している。NUT調査においては、これについて肯定が49％、反対が6％である。またNUT調査では、学校訪問期間の短縮（5日間から2日間へ）について、肯定が81％（2004年次には11％）であった。また教育水準局調査では、「新たな査察モデルはストレスと官僚主義を減らした」という問いに肯定82％、否定17％となっている。また、新たな査察システムが、学校においても教育水準局においても査察の財政コストを減少させたという[61]。

最後に、「査察と学校改善」という論点について。NFER調査の3分の2の回答者と半数以上のインタビュー回答者は、「査察が学校改善に貢献している」と認識していた。貢献の主な内容は、改善の必要な分野についての確認や優先順位づけであった。教育水準局調査では、「査察は改善の課題を正しく認識していた」については、94％という圧倒的多数が肯定する結果となっている。これに対し、NUT調査では、「教育水準局査察は学校の改善を助けている」という問いに対し、47％が肯定、26％が否定となっている。この論点については、全体として「学校改善」に対する査察の貢献について肯定意見が多いが、校長と教員間で認識の差がある様子も見て取れる。

61　同報告書によれば、2005年以前から、査察にかかる財政費用は、学校によってほとんどかからないところもあれば、施設の修改などで多額の支出を要するところまで多様であった。しかし、同報告書では、聞き取り調査の結果、すべての学校において、新査察枠組みの下で査察にかける費用の縮小傾向が顕著になったという（ibid. para.40）。

第四章　労働党政権期（1997-2010年）における教育改革と学校評価

　調査方法の違いや質問が異なることを考慮に入れれば過度な単純化は慎むべきだが、以上の調査結果をまとめれば、次のようになろう。
　2005年教育法と2005年査察枠組みに集約される学校査察改革は、学校現場ではおおむね肯定的に受けとめられた。この主な要因は、①査察の「軽量化」によって事前の準備や査察当日の学校負担が軽減されたこと、②査察において査察官と教員やスタッフとの対話やフィードバックが、より確実に行われるようになったこと、③学校自己評価によって学校の課題を軸にした査察（評価）が行われるようになったと受けとめられたこと、などがあげられるだろう。
　他方で、「査察を通じた学校改善」については校長に肯定的な評価が多いが、教員との間には依然として認識に開きがあることがうかがえる。また、NFER調査で指摘された「査察に対する懸念」、とくに学校自己評価フォームに対するに懸念や学校のデータ活用に対する懸念など、査察改革後にも新たな課題が浮上してきていることもうかがえる。

2）議会における労働党政権期の査察改革をめぐる議論

　次に、労働党政権下の議会専門委員会報告や委員会に提出されたエビデンス等を検討しながら、主に2000年代の査察改革にかかる論点を整理する[62]。まず1990年代から継続する論点である「査察と学校改善」について検討し、そののちに学校自己評価とECM指標問題について検討する。

2000年代における「査察を通じた改善」をめぐる議論

　まず、学校査察システムの役割や機能に関する、「査察と学校改善」をめぐる論点を検討する。すでに第三章で論じたように、学校査察と学校改善の関係性は、1993年の制度発足以来、教育水準局査察を軸とした学校評価システムの主要な論点であった。この論点は労働党政権下の議会論議でもたびたび取り上げられてきた。
　1999年の下院教育雇用委員会報告書では、教育水準局査察の役割や機

---

[62]　以下の記述は、久保木（2012）64～66頁の記述を大幅に加筆修正したものである。

能をめぐって、アカウンタビリティ重視の査察システムの中に助言など学校改善を促す機能をどう位置づけるか、議論が交わされた。2003-04 年に開催された議会下院教育技術委員会報告書では、査察が学校改善に結びつけられる必要性が、査察における低評価による「凋落のスパイラル（spiral of decline）」への対応との関係で論じられている（Education and Skills Committee 2004: para.59-62）。「凋落のスパイラル」とは、ある学校が特別措置におかれた場合、抱える困難に取り組もうとしても、優秀なスタッフが失われ経験豊富な教員が集められないことから、改善がままならず、子どもも入学を避けるようになることから、より困難が深まってしまうことを指している。同委員会の調査では、教育水準局から低い評価や報告を受けてしまった学校は、子の入学を控えた親から「失敗の判定を受けた」とみなされ、その状況から回復するのは非常に困難である、と指摘されている。教育水準局の 2002-03 年次報告書によれば、重大な弱点があると判定された学校のうち 43 校が特別措置になっており、査察による厳しい判定にもかかわらず、その判定は学校を改善する有効な介入に結実しなかったという。

　これを受けて、下院教育技術委員会報告書は、査察で失敗の判定を受けた学校が、「凋落のスパイラル」に陥らずに改善を進めるには、失敗の評価や判定にとどまらず、教育水準局による具体的な助言と専門機関による支援が不可欠である、という認識を示した[63]。この点は、1999 年報告書では否定的だった教育水準局による助言を肯定しているという点で、委員会報告書の主張に変化がみられる。これは、査察を通じた学校改善を掲げつつ、査察官による学校への助言を否定するスタンスを維持している、教育

---

[63] 「われわれの中学校に対する広範な調査からは、教育水準局のネガティブな報告が、一部の親に、努力する学校を避けたり見捨てたりすることを促していることが分かっている。査察の価値は、それが助言と結び付けられなければ半減するだろう。教育水準局が不適切な教育を行っている学校を認識することは重要だが、政府は同局のネガティブな報告を受けた学校が、地方教育当局や地域の『学習・技術カウンシル（Learning and Skill Council）』などの機関から支援を受け、失敗校が改善する具体的な機会を保証する必要がある。」（Education and Skills Committee 2004: para.62）

水準局に対する批判的なメッセージでもある。

この論点は、2006-07年の議会論議にも引き継がれている。すなわち、2007年下院教育技術委員会報告書[64]は、NFERの調査結果などを引きながら、学校査察の正当性はそれが学校改善を導くことであると確認し、次のような指摘を行う。すなわち、「主席勅任視学官（HMCI）は、学校改善にとって査察の意義を認める一方で、学校改善そのものは学校の責任であること」、つまりそれは教育水準局の役割ではないことを強調している（Education and Skills Committee 2007: para.60）。しかし、同報告書によれば、ALIやSICIなど他の査察機構は、供給者が自分たちのサービスを改善することに積極的な役割を果たしている。これをふまえ、2007年委員会報告書は、次のように指摘・勧告している。

「総じて各学校は、教育水準局の役割―質の評価をするが学校と共に改善プロセスに取り組むことはしない―に満足しているようだが、他の分野では査察機関もまた積極的に改善の活動に取り組んでいる。（略）教育水準局は、学校を改善するための優良事例を提供し続け、自分たちがサービス供給者に支援を提供できることを確信させることが肝要だ。教育水準局が構造的な低パフォーマンスに苦しむ学校群に対して助言を提供できないことは、査察システムの弱点であり続けている」(para.64)

すでに見たように、2005年前後の改革によって学校査察が「学校改善」に結びつくという受けとめ方は広がった。しかしそれでもなお、「学校改

---

[64] 2007年に公表された下院教育技術委員会報告『教育水準局の活動2006-07』では、新たな査察体制に対して、おおむね肯定的な評価が行われている（Education and Skills Committee 2007）。これは、学校現場の査察に対する負担をいかに減らすかという改革課題に2000年代の査察改革が応えた結果、先に見たように新たな査察システムに対する学校現場の評価や満足度が高まったことを反映している。他方で同報告は、査察改革後の学校査察に関わって、いくつかの重大な懸念事項が新たに登場していることを指摘した。それは第一に、自己評価を含む新たな査察の質に対する懸念であり、第二に、査察の「比例化」政策に関わって、高いパフォーマンスの学校に対する査察の「割引」をめぐる問題であり、第三に、ECM指標に基づく学校評価と従来の査察システムとの整合性をめぐる問題であった。

善は学校の責任で行われるものであり、査察機関は助言をはじめとする改善活動に加わらない」という教育水準局のスタンスは変わらなかった。したがって、アカウンタビリティの遂行を第一義的な目的とするという、教育水準局査察を軸とする学校評価システムの本質は変わっていない。

それゆえに、2007年下院教育技術委員会報告書は、教育水準局に対し、その本質から来る様々な限界——例えば「凋落のスパイラル」を2000年代中盤でもなお防ぎえていないこと——を繰り返し指摘し、各学校に対する助言機能を受け入れることでその限界を突破することを求めている、と考えられる。それは、学校査察に一つの新たな機能を加えることにとどまらず、NPM型行政統制として成立した評価システムの目的に、アカウンタビリティだけでなくサービス内容の「改善」を加えることにより、二つの目的をめぐる対立を止揚することを求めていると考えられるのである。

学校自己評価の導入をめぐる議会論議

次に、学校評価を「学校改善」に結びつける有力な手段として期待されてきた、学校自己評価にかかる議会論議を検討する。

すでに労働党政権第一期の1999年に公表された下院教育雇用委員会報告書では、学校査察に学校自己評価を導入することに肯定的な見解が示されていた（Education and Employment Committee 1999: para.119-123）。すなわち、委員会は「効果的な自己評価は教育の水準や質を改善するうえで重要な役割を果たす」ことを認識しており、教育雇用省や教育水準局が自己評価の導入に関心を示し始めたことを「歓迎する」としている。他方で同報告は、学校自己評価が「外部評価に取って代わる」ことには反対しており、あくまで学校自己評価を考慮するよう査察枠組みを修正することを勧告していた（para.123）。これは、学校自己評価は「外部査察が提供するアカウンタビリティを提供できない」（para.120）という教育水準局の認識を、事実上受け入れたものであった。

同報告のスタンスは、第三章でも述べたように、議論のうえでは「査察か改善か」という二項対立を回避しつつ、現実にはアカウンタビリティ重視の評価システムの中で、学校改善に資する自己評価を導入することで外

第四章 労働党政権期（1997-2010年）における教育改革と学校評価

部評価の画一性や硬直性を緩和していこうとするもの、と捉えることができよう。このスタンスは、これ以降の委員会報告でも基本的に継承されていく。

続いて、教育水準局が学校自己評価の本格導入を含む『学校との新たな関係』を公表した後、2004年下院教育技術委員会報告書でも、「規則的で誠実な自己評価は、良好に機能している制度の証明である。それゆえ、すべての学校がこれらを日常的なルーティン業務とすることを奨励する教育水準局提案は歓迎される」という肯定的な見解が述べられた（Education and Skills Committee 2004: para.87）。他方で、その記述に続いて、「改善するエリアを検知するために自己評価の構造は厳格でなければならないが、学校は、これらの諸問題に対処する計画を発展させる際に、弱点を認識したことによって罰せられるべきではない。われわれは自己評価について教育水準局のさらに詳細な提案を期待している」（para.87）と述べられている。この指摘は、委員会の議論の中で、中学校長会が、学校が自らの弱点を明らかにして公表することで査察において不利に扱われることへの懸念を示したことを受けて行われたものである（Secondary Heads Association 2004）。厳格なパフォーマンスの判定と低パフォーマンスへの介入が行われる外部評価システムに、自ら弱点や課題を明らかにする自己評価を接続することのむずかしさと、それゆえの配慮の必要性が指摘されていると言えよう。

統一のフォームによる学校自己評価がすべての学校で義務付けられるようになった後、2007年下院教育技術委員会報告書では、学校自己評価について各学校からおおむね高い評価が示されている一方で、学校自己評価が「学校内の教育指導の質の正確な像（an accurate picture of the quality of teaching）を与えているのか」という懸念が示されている（Education and Skills Committee 2007）。この懸念は、各地で行われている学校自己評価は不均質であるという委員会での指摘をうけたものであった。

この懸念について、委員会報告書は、「自己評価活動は、改革が必要な領域に光を当てることによって学校にとって有益なものになりうるが、委員会は、教育水準局に対し、自己評価が査察のプロセスとして信頼を得る

ような十分な質と正確さを備えたものになるように要請する」(para.43) という勧告を出した。

全国教員組合の学校自己評価批判

　労働党政権による学校自己評価のあり方を一貫して批判してきたのは、全国教員組合（NUT）であった[65]。

　第三章でも述べたように、NUT は、保守党政権期から、アカウンタビリティを重視する外部評価としての教育水準局査察に対し、オルタナティブな学校評価制度を提案してきた。そのモデルは、『学校は自らのために語れ（SSFT）』報告に集約されている。その特徴は、評価の目的が学校の改善と教職員の能力開発におかれていること、学校自身が評価のプロセスを支配していること、生徒・保護者・ガバナーなどのステークホルダーによる幅広い参加が保障されていること、自己評価を中心に外部評価との接合が図られていること、などであった。

　NUT は、2000 年代の査察改革の提案に対して、このような立場から根本的な批判を提示してきた（NUT 2003）。NUT によれば、教育水準局査察とは、アカウンタビリティの追求を目的とし、学校活動の一断面を切り取る「スナップショット」の外部評価に基づく懲罰的なシステムであり、すべての学校に学校改善をもたらすシステムではない。この査察の構造は、現場の教職員を評価プロセスから疎外し、「教員の熟練や経験および関与を評価プロセスに橋渡しすることに失敗」（para.13）してきたのである。このような本質が根本的に変革されない限り、部分的に自己評価を導入したとしても、それが現在の学校査察にかかわる諸問題を解決することはできない、というのが NUT の見解である[66]。

　NUT は、学校評価システムにおいて自己評価の比重が高まることについては「歓迎されるべき進歩」と評価する（NUT 2004: para.6）。しかし

---

[65] この節の以下の記述は、久保木（2012）59-60 頁に加筆修正したものである。

[66] したがって、2003-04 委員会報告で指摘された、「失敗」認定を受けた学校における、懲罰的な結果と学校改善の困難の増大という「凋落のスパイラル」は、NUT からすれば、教育水準局査察の構造的欠陥の表れなのである。

同時に、教育水準局査察における学校自己評価の現状には強い懸念を表明する。NUTが推奨する「自己評価を内包した学校評価システム」を前提とした場合、教育水準局査察についても、学校改善を査察の主要な目的とし、ボトムアップの評価システムを内包していること、評価のプロセスは地域ごとに制御されていること、そしてそのプロセスが学校に関わるすべてのステークホルダーによって統制されていること、が求められる（ibid. para.7）。

しかしNUTにとって、それまでの教育水準局査察における自己評価は、自己評価のプロセスよりも「結果」、すなわち学校のパフォーマンスに焦点を当てており、自己評価を通じて教員や児童生徒にとっての問題を記述し、学校を改善するプロセスについての認識を深めることには「失敗してきた」（ibid. para.9）と評される。特に、これまでの教育水準局査察において、自己評価の対象が児童生徒の成績に集中していることが、各学校における評価者の視点や問題意識を無視する結果となってきたという。

したがって、2000年代中盤の、教育水準局査察における学校自己評価の更なる「強化」という提案に対しても、「新たな学校査察の枠組みは、内部評価と外部評価のバランスを是正しないのではないかという懸念」が表明されたのである（ibid.para.3）。

2005年の査察枠組み改訂後も、NUTは改めて学校査察システムの現状に対して根本的な批判を加えている。NUTによれば、教育水準局査察の構造的「欠陥」は、それが相変わらず、失敗している学校に対する懲罰的な手段を具備したアカウンタビリティの追求システムであるところにある（NUT 2008: para.4）。そして学校自己評価を導入した新たな枠組みについては、「内部と外部の学校評価の運用におけるバランスが欠如している」（ibid. para.6）ことにその欠点を見出している。

つまり、学校改善を促すことを目的に自己評価を学校評価システムの中心に据えることを主張する立場からすれば、現行の査察プロセスの実態は転倒したものとなっている。すなわち、教育水準局が想定するように、学校自己評価は、各学校に自分たちが評価し報告するための基準と方法を提供している。教育水準局の自己評価フォームへの記入を毎年課されること

で、「自己評価は事実上の自己査察へと転化する具体的な危険性がある」(ibid.para.17) という。つまり学校は、従来教育水準局が担っていた役割を自ら担うようになっているのである[67]。

このように、1990年代の学校査察の目的や機能をめぐる「査察か改善か」あるいは「アカウンタビリティか改善か」という議論は、学校自己評価のあり方をめぐる議論に発展した。すなわち学校自己評価の役割をめぐり、それは「学校改善」のためか、外部査察（評価）の補完のためかという論点、あるいは自己評価と外部評価との関係性はどうあるべきかをめぐる論点が展開されたのである[68]。

ECMアウトカム評価をめぐって

次に、教育水準局査察に新たに導入された、ECMアウトカムやその指標に基づく各学校の評価の問題をみよう。この問題は、これまでの教育水準局査察のあり方と今後の発展方向に関わる根本的な問題を提起することとなった。2007年下院教育技術委員会報告は、教育水準局の学校査察に五つのECM指標の評価が含まれたことの意義を重視しつつ、現行の査察

---

[67] 筆者らが2006年9月6日にNUT本部（ロンドン）で行ったKaren Robinson氏 (Principal Officer of Education and Equal Opportunity) へのインタビューでも、次のようにNUTの学校自己評価を含む査察プロセスへの批判的な見解が示された。「NUTは1992年以来自己評価を導入するように運動してきた。しかし問題は、教育水準局が作成した自己評価フォームに基づく作業は自己評価ではないということだ。それは自己査察だ。自己評価フォームは査察枠組みに従って項目化されており、校長は各項目で教育水準局が学校を格付けするように格付けをしなければならないのだ」。

[68] NUTが「学校改善パートナー（SIP）」のあり方について呈した疑義についても、同様の論点が内在している。本章の(7)「労働党政権下の学校査察改革③」で述べたように、SIPは各学校の教育改善に支援を行う「批判的な友人」と位置づけられ導入された。しかし、現実にはSIPがその責任を自治体や国家に対して負っており、査察に際しては教育水準局の「準査察官」のようなふるまいを見せる傾向が現れてきたという。『学校は自らのために語れ』報告書では、学校との信頼関係を有する「批判的な友人」が、学校を支援しつつ協働で改善に取り組むパートナーとして位置づけられていた。しかしNUTにはSIPがこのような存在とは映らなかった。したがって、「SIPは教育水準局の先遣隊、あるいは追加された査察官ではないのか？」という痛烈な疑義が呈されたのである（NUT 2007）。

第四章　労働党政権期（1997-2010年）における教育改革と学校評価

では、「学校がどのように五つのアウトカムを推進しているのかについて、深い報告はできそうもない」として、「教育水準局に対し、五つの ECM 問題のモニタリングを強化する方法の開発を」勧告している（Education and Skills Committee 2007: para.59）。

なぜ、教育水準局の査察では ECM 問題について十分な報告ができない、と判断されたのか。この論点について、委員会報告も重視する NUT の証言を引用する。

「ECM 指標の追加は、教育水準局がその報告で依拠してきたものと、保護者らが学校について知りたいと考えてきたものとの間の、長い間存在してきた緊張関係に光を当てた。判定を導くパフォーマンス・データへの信頼を通じ、教育水準局は容易に計測できるものへ集中してきた。幸福感や福祉（well-being）、関与（engagement）という根本的な問いは、スナップショット的なアプローチによって容易に答えられるものではなく、継続的な（on-going）モニタリングと評価、特に学校自己評価の活動を通じて行われるそれによって決定されるものであろう」（NUT 2007: para.12）。

ECM アウトカムは、各学校のおかれた社会経済的な環境に規定されている。したがって ECM 問題への学校の対応を評価する際には、児童生徒の現状だけでなく、子どもの現状を規定する地域や家庭、自治体の子どもサービスの現状についてのデータ収集と、それを前提とした上での学校対応の評価が求められることになる。しかし現実には、NUT が指摘してきたように、「スナップショット」と揶揄される短期的な学校観察と画一的な評価指標に基づく各学校の「格付け」が、教育水準局査察の大きな特徴として存続してきた。このような評価システムは、しばしば個別学校のパフォーマンスを各々の社会経済的文脈から切り離し、パフォーマンスの説明責任を学校のみに負わせるとして批判されてきた。したがって、ECM 指標とそのアウトカムの評価を教育水準局査察の中に組み入れようとすれば、従来の教育水準局査察のアプローチや個別の手続きが不十分とみなさ

れるのは当然であった。

　ECM問題への対応とECM指標の査察への組み入れは、「社会的包摂」を重視する労働党政権の政策的文脈の中で理解することが可能である。しかし、それは同時に保守党政権時代のNPM型の公共サービス評価手法を継承し、「社会的包摂」政策にも適用する労働党政権の施策の妥当性の問題へと発展する必然性をはらんでいたのである。

(10) 労働党政権期の学校査察の考察——NPM型行政統制はどう変化したか？

１）改革が内包する二つのベクトルと査察改革に対する評価の分岐

　本節では、労働党政権期の学校査察の特徴を総括的に分析する。労働党政権期の学校査察改革には、表面的には相矛盾する二つのベクトルを見出すことが可能であった。

　一方では、学校自己評価の導入や、「学校改善パートナー」の導入、あるいは地方（教育）当局の学校評価に対する役割の強化などの動きがあった。これらの改革は、学校査察の目的や役割において「学校改善」を重視し、学校評価の主体としては学校自身を重視し、査察プロセスにおいても学校自己評価を基点とする評価プロセスを重視するとともに、査察に続く学校改善の支援に「学校改善パートナー」や地方当局の役割を重視した。査察改革におけるこれらの側面は、NPM型統制としての教育水準局査察における画一性や集権性を緩和し、多様性や分権性・自律性および協働の重視へ向かうベクトルを持つものであった。

　しかし他方では、労働党政権の教育政策における「教育水準の向上」「低パフォーマンスへの不寛容」という方向性を反映し、学力テストの結果を中心とした子どもの到達を重視する評価と学校の格付け、失敗校に対する介入などは継続して行われた。しかも「査察の比例化」政策により、低パフォーマンスの学校への査察と介入は繰り返し行われるようになり、「短く鋭い査察」がターゲットを絞って行われるようになった。また、失敗校に対するサンクションとして、「フレッシュ・スタート」や「（シ

ティ）アカデミー化」などの手段が整備された。これは労働党政権期の査察改革において、保守党政権から続く、外部の査察機関によるサンクションを伴った強力な外部評価と、それによるパフォーマンスの統制が継続・強化されたという側面を示している。すなわち画一性、集権性というベクトルの維持と強化である。

　労働党政権期の学校査察改革におけるこのような複雑さを反映して、労働党政権期の学校査察（改革）に対する評価も、研究者や教育関係者の中で分かれることとなった。

　第一の見解は、この一連の改革では、保守党政権期に確立された厳格な外在的統制システムとしての外部評価から、供給主体である学校の自律性を重視した内在的統制システムとしての自己評価へのシフトが行われている、と捉えるものである。また、それによって自己評価が外部評価を補って、評価システムの改善が進んだという見解である。これらの見解は、導入された学校自己評価と教育水準局査察という外部評価を調和的あるいは連続的に捉えるという特徴を有している。

　第二の見解は、外部の査察機関による査察を通じたアカウンタビリティの実現やパフォーマンスの統制と、学校自身による自己評価を通じた学校改善という、二つの異なる原理が一つのシステムに同居するようになったと捉え、その調和を図る条件を模索しようとするものである。

　第三の見解は、アカウンタビリティの確保、外部評価によるパフォーマンス統制、数値による統御など学校査察の本質は保守党政権期から変化しておらず、学校自己評価などの導入はそれを補完する役割を果たしている、というものである。この見解は、さらに学校自己評価がある程度自律的に行われているが、それは外部評価システムに回収されてしまっているという見解と、そもそも学校自己評価は教育水準局の査察を学校内で自主的に代行している「自己査察（self-inspection）」であるという見解とに分かれる。

　第一の見解は、査察改革を推進した教育担当省や教育水準局が採用しているものである。また、それを受けて、日本の教育研究者においても、2000年代のイギリスおよびニュージーランドの学校評価について、「自己

評価を通して学校をサポートし、教育活動の質的改善を促すことに第三者評価の機能を変えていった」「学校が主体的に自らのありようを自己点検し、それを学校改善の起点にしようとする指向性と、改善に向けた一連のプロセスを学校任せにしないで専門的に助言指導し、具体的な支援を行う、という確固たる考え方でシステム化が図られている」（木岡・高妻・藤井 2013: 398-399）という見解が出されている。これはイギリスにおいて、学校自己評価が教育水準局査察という「第三者評価」の起点に位置づけられることによって、「学校改善」のツールとして評価プロセスが改編され、それを外部の第三者評価が専門的に支えるという構図が確立したと理解するものである。

　第一の見解は、本章でも教育水準局や教育担当省の見解に即して紹介しているので、ここでは、第二の見解を代表すると考えられるプロウライト（Plowright, D.）の議論と、第三の見解を代表するマクベス（Macbeath, J.）の議論を検討し、その上で筆者の見解を整理したい。

プロウライトの議論

　プロウライトは、学校自己評価を含む学校査察を経験した中学校のケーススタディにおいて、査察プロセスにおける二つの原理の対立を確認しつつ、それらを超えて自己革新できる学校のモデルを構築する条件を探究している（Plowright 2007, 2008）。

　プロウライトによれば、一面においては、学校自己評価を含む査察への準備は、「学校改善」に貢献しているという認識がある。例えば特に中学校の各教科の長（head of department）が、教育水準局の査察への準備としてカリキュラムを見直すこと、さらに学校自己評価フォームに自分の教科の強みと弱みを分析して記述することは、改善を導いたり支援したりする手段になる、という（Plowright 2007: 383）。しかし他方では、改善を目的としたはずの自己評価プロセスは、実質的な学校の改善ニーズより、教育水準局査察プロセスの短期的な要請を満たすことに動員されたという側面が強いことが指摘される。そのため、焦眉の問題の解決を避けるあるいは隠してしまう学級担任や、学校自己評価の役割をもっぱらモニタリン

グやチェックとのみ捉える校長も存在する (ibid. 384-385)。

プロウライトによれば、労働党政権下の学校査察プロセスには、明らかに一つのシステムにおける、「監視」と「評価」の対立があるという。この対立とは、学校自己評価に対する要請の対立、すなわちアカウンタビリティを目的とした判定（Judge）の要請と、「学校改善」を目的とした専門性開発（Development）の要請の対立である（Plowright 2008: 104）そして、この対立によって、組織の諸レベルで教育実践についての改善のプロセスの構築が進まないことが示唆されるのである。

同様の問題意識から査察を通じた改善の条件を検討したチャップマン（Chapman, C.）の研究においては、査察を経験した学校現場の多くは、査察の第一義的な目的を学校のアカウンタビリティと認識する一方、査察を学校改善につなげることができる学校とそうでない学校の分岐がみられた（Chapman 2001, 2002）。2000年代初頭に行われた学校査察の教室における教育実践への影響についての調査によれば、半数以上の教員が、教育水準局査察は教室の改善を導くと考えている一方で、実際に査察を受けて改善に踏み出した教員は5人に1人であったという。実際の改善へのアクションは、査察期間中の査察官との対話から生まれるのではなく、査察後の学校独自の取り組みの中で生み出された。査察を受けた後に教員が教室の改善に踏み出すかどうかは、学校の置かれた文脈によって多様である（Chapman 2001: 66）。

このような状況に対し、プロウライトは、自己評価がカリキュラム開発や教員の専門性開発に統合されている「学ぶ学校（learning school）」を具現化するには、教員が自らの実践と他者の実践をふり返ること、そのための資源や支援が制度的に与えられていることが必要であると主張する（Plowright 2007: 385）。しかし、労働党政権下の査察改革において、外部評価システムの中に自己評価システムが埋め込まれたが、それらが実際に個々の教育実践や指導において改善を生み出すための支援の仕組みや資源などが制度化されず、改善のための実践は個々の学校の自助努力にゆだねられていたというのが実態であり、プロウライトはそれを批判したのである。

2000年代の査察改革におけるこのような問題は、先に紹介した2004年の下院教育技術委員会報告でも認識されていた。同報告では、新査察システムの審議過程で、教育水準局の査察改革提案を肯定しつつも、学校自己評価を進める際の留意点として、厳格な業績統制とアカウンタビリティ重視のシステムの中で、学校改善のために積極的に自らの問題点や改善点を明らかにする行動が抑制されてしまう危険性を指摘している（Education and Skills Committee 2004: 33）。この指摘も、プロウライトの研究が示すように、アカウンタビリティの確保を主目的とする外在的統制システムの中に、内発的な「学校改善」を目的とする内在的統制システムを接続することの難しさを示唆するものであった。

マクベスらの議論――自己評価と自己査察
　労働党政権下の査察改革に対する第三の立場は、学校自己評価の実態を最も痛烈に批判するものであった。すなわち、教育水準局査察のプロセスに位置づけられた学校自己評価は、外在的統制システムとしての教育水準局査察を各学校が内面化した「自己査察（self-inspection）」であるとする見解である。
　まずファーグソン（Ferguson, N.）らは、労働党政権発足後まもなく部分的に導入されるようになった学校自己評価を分析している（Ferguson, Earley et al. 2000: 6-7, 136-138）。その結果、他の多様な学校自己評価と異なり、イングランドの学校自己評価は教育水準局の査察枠組みが示す基準（criteria）をそのまま使用していることに注目する。また、学校自己評価導入後の査察プロセスにおいても、査察チームに学校当事者が含まれないこと、学校側に評価の材料となるデータを収集することが要請されないことなどから、教育水準局と学校の間に「学校改善」のためのパートナーシップは形成されていないとする。以上から、イングランドの学校自己評価とは、学校当事者が教育水準局の査察枠組みのプロセスを自ら行う「自己査察」であると捉えられる。
　次に、イギリスにおける学校自己評価研究の第一人者と言われるマクベス（Macbeath, J.）は学校自己評価と自己査察を表4－2のように区別す

る必要性を強調する。

マクベスによれば、学校自己評価とは、各学校の改善を目的に、学校自身の基準と内発的なプロセスの中で行われるべきものである。それに対し、評価主体が学校自身であったとしても外部へのアカウンタビリティの確保を目的に、既成の共通基準によって共通の枠組みで行われる「評価」は、外部機関の査察を供給主体が代行しているにすぎず、それは「自己査察」というのにふさわしい。したがって、教育水準局が想定している自己評価は、学校や学校幹部の管理者を内なる査察官とみなす、トリクルダウン型査察モデル（a trickle down inspection model）である（Macbeath 2005: 42）。

マクベスらの学校自己評価に対するこのような捉え方は、現場の教員の学校査察に対する認識に支えられている。上述のように、学校自己評価を含む 2000 年代の査察改革は多くの学校現場で支持されている。しかし、マクベスらが行った査察改革に対する教員の意識に関する調査[69]によれば、現場が求める査察改革は、さらに踏み込んだものであった。

同調査では、「望ましい学校自己評価の目的」では、「水準を向上させること」[70]（48.4％）、「子どもを評価すること」（29.7％）、「学校の能力の拡大」（10.4％）などの割合が高く、説明責任を挙げる者はほとんどなかった。また「自己評価で重視される項目」では、「子どものモチベーション」（34.4％）、「学校の付加価値」（20.3％）、「学校の条件」（22.9％）、「子どもと教員の関係」（10.4％）などが挙げられた。興味深いことに、「評価指標の決定者」についての問いに対しては、「学校および批判的友人」（52.2％）、「一定のソースから学校がカスタマイズしたもの」（20.8％）が高い割合を示し、「教育水準局」と回答した者は低い割合であった（13％）。さらに、

---

[69] NUT の委託を受けて、マクベスらが 2004 年 4 月から 6 月にかけて、500 人の教員に質問紙を送付し、192 人から回答を得たものである（Macbeath 2005: Chapter2）。

[70] マクベスらは、教員らは「水準の向上」という言葉を使うが、彼らの意図はテスト結果や業績測定を超えて子どもの成長を総合的に含むものである、と指摘する。「自己評価における到達水準は、テストのように狭く理解されるべきではない」（小学校教員）のである（Macbeath 2006: Chapter2）。

表4−2　自己評価と自己査察

	自己評価（Self-Evaluation）	自己査察（Self-Inspection）
目的	改善を重視	アカウンタビリティを重視
評価の枠組み	多様性・柔軟性を要請	共通性を要請
評価の基準	学校ごとの適切な基準を創出	既成の共通基準を適用
評価のプロセス	ボトムアップあるいは内発的、継続的、動画を提供	トップダウン、一回限りのイベント、スナップショットを提供

出典：Macbeath et al. 2005: 42、Macbeath 2006: 57 より筆者作成

「自己評価を伝えるべき対象」の優先順を問う質問については、1位「学校」、2位「親」、3位「地方教育当局」、4位「教育水準局」という結果となった。

以上の調査結果は、①学校を改善する目的で、②子どもたちの意欲や学校の置かれた文脈・環境を評価対象とし、③学校自身が用いる指標で行った評価を、④学校や親および自治体が共有することが、現場の教員から求められる自己評価の姿であったことを示している[71]。

しかし、マクベスの認識によれば、労働党政権下の査察改革と学校自己評価の導入は、学校現場が期待する評価システムへの転換をもたらすものとはならなかった。なぜなら、この時期の学校自己評価は、教育水準局による査察制度から生まれた仕組みだったからである。第二章でも明らかにしたように、教育水準局による学校査察は、従来の「穏便で自己満足的かつ専門職に過度に依存する学校自己評価に対する不満」を解決すべく、厳格で客観的な外部機関によって担われる評価を求めて導入されたものであった（Macbeath 2006: 56-57）。そして導入された教育水準局と査察制度は、「保守党政権と労働党政権の両方で中心的な位置を占めて」おり、

---

[71] 本章注67で紹介したNUTのKaren Robinsonも「NUTが考える学校自己評価は子どもの成長という視点を重視する」ものであり、「リーグテーブルの中に学校を落とし込むのではなく、その学校についてのストーリーを描き出す」ものでなければならない、と述べている（2006年9月6日NUT本部で筆者らが行ったインタビューによる）。

イングランドにおける学校自己評価は、草の根から発展してきたスコットランドとは異なり、「査察から生まれ、自己査察という装いのもとに教育水準局の論理を採用し、同局の指標と多くのツールを活用する」ものとなったのである (ibid.)[72]。

労働党政権下でも、教育水準局査察は、各学校のアカウンタビリティを確保するために行われることが強調された[73]。したがって、導入された学校自己評価もまた、このアカウンタビリティを確保するための手段としての査察の一部だった。多くの学校は、査察に備えるため、査察のフォーマットに適合的な共通の学校自己評価フォームを自ら選択していた。学校自己評価フォームは、外部の査察に対応するツールでもあったのである。このように、学校自己評価が、現実には外部査察のプロセスを構成するものとして機能していた実態を踏まえ、マクベスはそれを「多くの学校は、自己評価を、査察機関に定義された指標と報告様式に直結するトップダウンの評価形態とみなしていた」と指摘したのである (Macbeath 2006: 3)。

総じてマクベスの議論からは、労働党政権下の学校自己評価は、中央政府の求めるアカウンタビリティの確保のための外在的統制を、学校自身が「代行」する自己省察であったということができる。そしてこの議論に依拠するなら、労働党政権下の学校自己評価を、保守党政権のNPM型行政統制の転換ではなく、NPM型行政統制の一形態として捉えることが可能となるのである。

---

[72] スコットランドは、1990年代からイングランドのNPM型教育改革の影響を受けつつも独自の学校自己評価制度を発展させ、2000年代には学校、地方教育当局、および査察機関による、学校自己評価を基礎とした共同的かつ「専門的な対話」を重視する評価システムを創出した（藤井2013、久保木2014）。

[73] ミリバンド教育水準大臣は、2004年のスピーチにおいて、学校自己評価導入を含む新たな査察改革について、自己評価を含む査察を通じた学校改善の意義を述べつつ、「アカウンタビリティがなければ正統性はない。正統性がなければ支援はない。支援がなければ資源はなく、資源がなければサービスはない」と述べ、政権の教育目標に対するアカウンタビリティのメカニズムの必要性を改めて強調した (Milliband 2004)。

2）NPM 型行政統制はどう変化したか？──「準市場」による市場型統制の変化と経営管理型統制の変化

では、これまで検討してきた労働党政権の学校査察改革とその結果成立した査察システムは、保守党政権期に成立した NPM 型行政統制という統制システムを基点にしたとき、どのように捉えることができるであろうか。これを、NPM 型行政統制を構成する、市場型統制、経営管理型統制、および「自己規制メカニズム」という点から検討しよう。

労働党政権における教育「ガバナンス」改革──市場型統制の発展と経営管理型統制の重層化

まず、市場型統制を規定する「準市場」の変化について、確認しよう。すでに本章(3)-5）で述べたように、労働党政権の教育「ガバナンス」改革は、一方では特に供給主体をパートナーシップや協働さらに民営化などの要素によって「多様化」しつつ、他方ではそれによる「選択」の強化を供給主体のパフォーマンス向上の誘因にしようとするものであった。

これによって、教育の「準市場」における各学校間の競争性は強化され、供給主体たる学校への市場型統制の拡大・強化が図られた。さらに同政権は、他の公共サービス管理改革と同じく、査察機関だけでなく地方自治体や自治体監査委員会を動員した、サービス供給主体に対する重層的な評価と統制の仕組みを構築した。これらの仕組みは、学校だけでなく当該地域の地方（教育）当局をも市場型統制の対象とする一方で、地方当局や自治体監査委員会も教育水準局と並んで経営管理型統制の担い手として機能させるものであった。

さらに、これらの公共サービスの重層的な管理改革は、単に新たな管理ヒエラルキーを構築するだけでなく、各レベルの供給主体や中間管理主体に「自己刷新システム（Self-Improving System）」たることを求めていた（本章(2)-2））。これは、外部統制によって行われてきた経営管理型統制を、各供給主体や地方自治体に内在化させることを意味していた。教育水準局査察という経営管理型統制の改革は、このような改革と連動しその大きな影響を受けながら進められたのであった。

第四章　労働党政権期（1997-2010年）における教育改革と学校評価

経営管理型統制としての学校査察システムの変化——「学校改善」、社会的包摂などの内包による矛盾の深化と「自己規制メカニズム」の浸透

　では、労働党政権下の学校査察改革によって、教育におけるNPM型統制の中の経営管理型統制はどのように変化しただろうか。すでに繰り返し述べているように、目的におけるアカウンタビリティ重視、プロセスにおける外部機関による査察（評価）と統一基準による判定・格付け、失敗校に対するサンクションなど保守党政権期に確立された経営管理型統制の諸要素は基本的に変わっていない。また、査察機関による「学校改善」のための助言や支援は原則として否定され続けている。

　他方で、アカウンタビリティに従属する形ではあるが目的における「学校改善」の重視、プロセスにおける学校自己評価の導入や口頭でのフィードバックの重視、学校改善パートナーの導入などの改革が行われた。これらは保守党政権期の査察の外部性、画一性、集権性などを緩和する効果を持ち、学校現場からも支持された。またECMアウトカムの評価など、「社会的包摂」にかかる取り組みについての事後評価も教育水準局の業務とされ、査察の対象は飛躍的に拡大・多様化した。

　しかし、このような一方での査察の「マイルド」化や多様化は、統一的な市場競争とその統制に対応する経営管理型統制としての査察システムの本質と相いれない。経営管理型統制があまりにもマイルド化し、学校ごとの多様性を前提に評価を行った場合、競争的な「準市場」を基盤とする市場型統制との連動性が失われ、一定の基準に基づくパフォーマンスの統制が難しくなるからである。したがって労働党政権における教育水準局査察にかかる上記の変化は、次の二つの結果をもたらした。

　第一に、教育水準局査察における経営管理型統制の本質的要素と、それらと異なる目的やそのための手法およびプロセスを求めるシステムの諸要素との矛盾が深化したことである。経営管理型統制の一部としての学校自己評価は、サービス供給主体に対し、市場の共通言語である数値やデータに基づくアカウンタビリティを求め、そのために限定された時間の中で行われる査察、共通の評価指標と評価フォーム、そして共通の基準にもとづく判定や格付けを求める。それに対し、「学校改善」のための自己評価が

要請するのは、恒常的な関係性に基づく専門的な対話を通じた評価であり、評価指標の多様性、独自のフォーム、改善のための助言と支援である。

したがって、学校自己評価の導入により、個々の学校の抱える問題に即して学校査察プロセスが開始されることには多くの学校現場の支持が寄せられる一方、学校自己評価は「学校改善」よりも教育水準局の要請に応えるプロセスの一環となっているという認識や、学校自己評価に基づく査察プロセスを経たにもかかわらず査察報告に基づき改善に取り組める学校が限定されているという、矛盾した状況が生み出されているのである。特に、査察で低い格付けを与えられる低パフォーマンスの学校ほどこの矛盾を強く感じる、と指摘されている。

そしてこのような矛盾は、保守党政権期に創出されたNPM型行政統制によって生み出された「行政責任のジレンマ」が、労働党政権下でも継続して表れるとともに、その現れ方はより複雑なものとなることを意味していた（後述）。

第二に、学校自己評価を通じた「自己査察」の制度化と浸透、およびNPM型行政統制における「自己規制メカニズム」の浸透である。

これまでの検討から、学校自己評価は、教育水準局による学校査察、すなわち外部評価の基準、指標、およびプロセスを内在化するという側面を持つ。これは、学校現場で見られた、学校自己評価に対する「共通の自己評価フォームによって査察に備える」、あるいは「査察をクリアするための自己評価」という認識や態度に明らかである。したがって、教育水準局が導入した学校自己評価には、マクベスらが指摘する「自己査察」の側面があると考えることは妥当であろう。

同時にそれは、評価項目や基準はそのままに、学校査察システムにおける評価主体を査察機関から学校自身に置き換え、学校自身が自らを評価することにより、学校スタッフのうちに教育水準局の評価項目や基準を内在化させ、それらに関わるパフォーマンスを向上させる誘因を与えるもの、すなわち「自己規制メカニズム」を提供するものであった。したがって、学校自己評価の制度化と公式化は、必然的にそれに取り組む学校に「自己査察」を浸透させ、NPM型行政統制における「自己規制メカニズム」を

第四章 労働党政権期（1997-2010年）における教育改革と学校評価

埋め込む効果を有していたと考えられるのである[74]。NPM 型行政統制における被統制者である学校の、このような「能動性」に支えられることにより、教育サービスの「準市場」による市場型統制と教育水準局による経営管理型統制はより円滑に機能するようになる。

　もとより筆者は、労働党政権下における各学校の自己評価の取り組みのすべてを「自己査察」だったと断定するつもりはない。現実には、独自の評価フォームで早くから自己評価を行ってきた学校や、教育水準局の枠組みの中で自己評価によって発見した課題を改善に結実させた学校も存在する。しかし、特に教育水準局が共通のフォームに基づく自己評価を求め、評価の基準だけでなくそのプロセスも「標準化」されたのちには、学校現場の受けとめとは別に、学校自己評価のプロセスとそこで生み出される情報が、教育水準局の求めるパフォーマンスの挙証とその評価・判定および格付けと連動し、むしろそのプロセスの一部として機能する制度的基盤が整備されたと考えられるのである。バクスター（Baxter, J.）らは、教育水準局による査察を「基準による支配」「データによる支配」という側面からとらえ、その基盤として評価における「ルールのインフラ整備」の重要性を指摘している（Baxter et al. 2015）。労働党政権下における学校自己評価の「公式化」と「制度化」もまた、NPM 型行政統制に連動する評価システムにおける新たな「インフラ整備」として捉えられる必要があると思われる。

---

[74] この点につき、本章注54で紹介した教育水準局本部の Tim Key と Michael Davis へのインタビューでは、教育水準局や査察官から見て「批判の対象となる」学校は、自己評価についても批判すべき内容となっていることが指摘された。逆に、「優秀な学校ほど自己評価も優れている」という。ここには、優れた自己評価で自己の課題の優先順を確定できている学校が高い評価を受けるという側面と共に、自己評価において教育水準局の評価基準や問題意識を内面化できたところほど高い評価を受けられること、換言すれば、「査察官が行うように自己評価を行える」学校ほど高い評価を受けられることが指摘されていると思われる。

「行政責任のジレンマ」の現れ方の変化──自己査察を通じたジレンマの不可視化

最後に、「自己査察」の浸透と「行政責任のジレンマ」について触れておこう。

「自己査察」を通じて NPM 型行政統制に対応する「自己規制メカニズム」が浸透した場合、つまり現場の学校や教職員が教育水準局の基準や判定を内在化し、それに服して教育パフォーマンスの向上を追求するようになった場合、「行政責任のジレンマ」に関わって、より深刻な事態が現出する。例えば、「準市場」に基づく教育改革が進行すれば、政府の求めるテスト結果をはじめとする教育パフォーマンスの向上の要請と、学校が抱える低学力や不登校あるいは子どもの貧困など具体的な課題解決の要請との間で「ジレンマ」が生じ、教職員はどの要請に優先して応えるべきか悩ましい状況に置かれるということが考えられる。その状況下でくだされる何らかの判断には、通常、教職員の専門性と経験、あるいは協議を経た当事者の合意に裏打ちされた状況理解が反映するだろう。

しかし、教職員が査察ハンドブックに示された「公式の」評価基準やそこに含まれる教育の優先事項を強く内面化するとき、本来存在するはずの「ジレンマ」がそれとして認識されず、査察プロセスで優先的に評価される事項のみが重視されやすくなる。逆に現場の教職員の専門性、経験および協議とそれに基づく学校の文脈についての理解は、当の教職員の判断において軽視され、本来生じるはずの「ジレンマ」をめぐる葛藤が生じなくなる[75]。こうして、学校自己評価の「自己査察」化は、NPM 型行政統制が生み出す「行政責任のジレンマ」について、「ジレンマ」を現出させない機能を発揮すると考えられるのである。

以上の変化を行政統制論の言葉で表現すれば、労働党政権が導入した学校自己評価は、教育サービスに対する保守党政権以来の教育水準局査察という外在的統制に、学校自己評価という内在的統制の接合を試みるもので

---

[75] 本節で紹介したプロウライトの調査における、評価プロセスにおいて問題の解決を避ける学級担任や、学校自己評価の役割をもっぱらモニタリングやチェックとのみ捉える校長の態度は、このような事態の表れであると考えられる。

あった。しかしその実態は、外在的統制の転換ではなく、また外在的統制と内在的統制の調和的な結合でもなかった。むしろそれは、教育水準局査察という強力な外在的統制のシステムの中に自己評価という異質な統制原理を包摂することにより、外在的統制に連動する内在的統制（自己規制）を埋め込み、外在的統制に積極的に服する新たな能動性を供給主体に涵養するシステムを強化したのである[76]。そしてこれにより、一方では「行政責任のジレンマ」の複雑化と深化が進行し、他方では、供給主体に内在していた専門性や同僚性に基づく内在的な統制の弱化あるいは喪失が進行したのである[77]。

---

[76] もちろん、各学校における「自己規制メカニズム」の形成は労働党政権下で初めて進行したものではなく、保守党政権期より、教育水準局の査察に適応し教育サービス市場における自らのパフォーマンスの向上や「生き残り」に努力する各学校によって徐々に形成されてきたと思われる。しかし、制度導入初期には強い反発や不信感を学校現場にもたらした教育水準局査察は、2000年代中盤の意識調査を見る限り、学校自己評価の導入を含む査察改革を通じてより多くの学校現場に肯定的に受け入れられるようになったといえよう。

[77] かつて西尾勝は、公務員が官僚制組織と自己を同一化させ、一市民としての信条体系を捨て去ることで他律的責任と自律的責任のジレンマを解消することは、官僚制の暴走の抑止機能を失わせるものであると批判した（西尾 1990: 368）。ここには、様々な他律的責任と自己の専門性や経験に基づく自律的責任との間で葛藤することこそ公務従事者の「健全な」姿であるという認識がある。教員がNPM型行政統制の価値やプロセスを内在化した場合にも、同様の問題が生じるのである。

第五章　保守・自民連立政権期（2010-15 年）における教育改革と学校評価
——公設民営校の拡大による「準市場」強化と学校査察を通じた統制の厳格化

(1)　本章の課題

　1997 年のブレア政権から始まった労働党政権は、2010 年 5 月に終了した。同年 5 月に行われたイギリス総選挙では、与党・労働党が敗北し保守党が第一党となったものの、どの党も単独で下院の過半数を占めることのできない「ハング・パーラメント」の状態が生まれた。そして、保守党と第三党の自由民主党の政権協議がまとまり、デビッド・キャメロン（Cameron, D.）を首相とする、戦後史上初の連立政権が誕生したのである。副首相には自由民主党党首のニック・クレッグ（Clegg, N.）が就き、教育大臣にはマイケル・ゴーブ（Gove, M.）が就任した。13 年ぶりの政権交代により、イギリスの教育政策および学校査察の制度は再び大きな改革を迎えることとなった。

　本章では、キャメロン連立政権期における教育改革と学校評価の改革を分析・検討する。章の構成は、前章までの分析と同じく第二節では連立政権の行政改革・公共サービス改革を分析し、同政権の基本的な政策スタンスを確認する。第三節では、同政権の教育「ガバナンス」改革を分析する。ここでは同政権が重視した、地域公立学校の「アカデミー」化政策の動向を中心に検討を行う。これらを受けて、第四節で連立政権における学校査察改革の取り組みを分析・検討し、第五節ではそれに対する議論や評価を取り上げる。第六節では、章のまとめとして、連立政権の改革によって教育における NPM 型行政統制がどのように変化したのかを検討する。

(2) 連立政権の行政改革・公共サービス改革

「第三の道」型新自由主義の終焉と緊縮政策による新自由主義の新段階

　キャメロン政権下の行政改革・公共サービス改革の基調を一言でいえば、従来労働党政権が行ってきた「社会的包摂」政策やそのための財政出動を縮減し、公共サービスや公務員の削減を大胆に進める政策に転換したことであった。その背景には、2008年にアメリカから始まった世界的な金融危機があり、ギリシャをはじめ債務危機に陥った各国政府による緊縮と財政均衡へのシフトがあった。ヨーロッパの各国では、政府が公務員の削減、年金支給の切り下げ、教育・医療など公共サービスの削減をすすめた。ブライスが指摘するように、これらは金融危機によって生じた銀行の債務を政府が肩代わりすることによって創出された「公的債務危機」であり、従来の蓄積構造の危機を公的サービスが支える庶民や低所得層の負担で突破しようとする新自由主義の新たな戦略であった（ブライス 2015: 15-16、二宮 2017: 95）。他方で、これまで経済成長を背景に「社会的包摂」政策を掲げて来た社会民主主義政党は、その政策の経済的基盤を失い、のきなみ支持を失った。とくにイギリス労働党は、2010年総選挙において、保守党と並んで緊縮政策を掲げており、イギリスでは政党レベルで緊縮政策をめぐる「コンセンサス」が成立していた。イギリスにおける労働党政権から保守・自民連立政権への交代はこのような中で行われたのであり、以下に述べるキャメロン政権による緊縮政策とそのための行政改革・公共サービス改革も、このような世界的な政治経済情勢に呼応するものであった。

キャメロン連立政権とイギリス政治の転換――緊縮財政と公共サービスの削減

　2010年総選挙とその後の保守党・自民党の連立協議において、最も重視されたテーマは、緊縮財政の実現であった。そしてこの緊縮財政という政策基調が、キャメロン連立政権のめざす国家像・社会像である「大きな社会（Big Society）」を規定している（原田 2011: 159-160）。イギリス

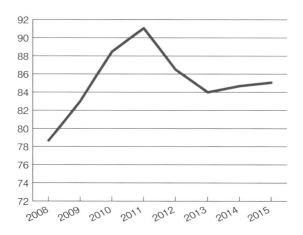

図 5 − 1　2008 − 2015 年の教育予算の変化（単位 £ billion）
出所 : UK Public Spending（https://www.ukpublicspending.co.uk/）

は 2008 年のリーマンショックを皮切りに、1990 年代からの経済成長がマイナス成長となり、2009 年の時点で国内総生産に対する財政赤字が 11％とギリシャ並みに悪化した。総選挙後の「保守・自民連立合意事項」では、財政赤字の削減と歳出見直しに取り組み、年内に 60 億ポンドの歳出削減を達成することが決定された。翌月の緊急予算において、保健医療や教育を除いた実質的な歳出削減、住宅手当の上限設定、児童手当の 3 年間の凍結、公務員給与の 2 年間の凍結、付加価値税率の 2.5％引上げが決定された。また、10 月に発表された「歳出見直し」では、2011-14 の 4 年間で810 億ポンドの累積歳出削減を行うことが表明された（兼村 2014: 30-31）。これを受けて、各省は「構造改革プラン（Structural Reform Plan）」において公共サービスの具体的な削減内容を示すように求められたのである[1]。

　これによって決定・実行された主な歳出削減策は以下のとおりである[2]。

---

[1]　各省庁は平均で 19％の歳出削減を義務付けられたが、特に政府の自治体関連予算は 4 年で 86 億ポンド、26％の削減が行われることとなった。これにより省庁別ではコミュニティ・地方自治省が 50％の削減が行われることになり、自治体では 10 万人の公務従事者の削減が進められた（原田 2011: 164）。

[2]　より詳細には、労働政策研究・研修機構（2010）を参照されたい。

公共部門労働者49万人の削減、児童給付（年間9億7500万ポンド）、住宅給付（年間17億6500万ポンド）、障害生活手当（年間10億7500万ポンド）、公的年金支給開始年齢引き上げ（10年で300億ポンド）。そして、教育分野では、義務教育予算の維持が発表されたものの、継続教育予算25％、高等教育予算40％の削減が決定された。これにより大学授業料の上限が最大3倍まで上がることとなった。さらに2015年総選挙以降は、教育予算もインフレに伴う増額を止められ、事実上10％程度の削減となった（Guardian 2015.2.2.）。さらに19万人の成人教育の場が失われ、2020年には継続教育そのものが消滅してしまうとの報道も行われた（Guardian 2015.3.26.）。

「大きな社会」構想と地域主義

次に、連立政権の行政改革・公共サービス改革の主要なイデオロギーとして主張された「大きな社会（Big Society）」と「地域主義（localism）」について検討しよう。

2010年総選挙における保守党マニフェスト（Conservative Party 2010）は、現在のイギリスの抱える深刻な問題、すなわち財政赤字、数百万人の失業、貧富の格差の拡大、コミュニティの崩壊、公共サービスの機能不全を指摘し、その原因を労働党政権の「大きな政府」アプローチに求める。「大きな政府」アプローチとは、社会問題の解決につき、国家が中心的な役割を果たし、公的予算を財源に中央集権的な意思決定の下で政策を遂行することを指す。これに対し、保守党マニフェストが掲げるのは「大きな社会」あるいは「強い社会（Strong Society）」である。保守党マニフェストでは、労働党政権下における貧富の格差の拡大や経済の停滞を指摘したうえで、それらは「政府によるトップダウンの介入や官僚的な細部への統制に信頼を置く」政治的アプローチの帰結である、と指摘する。

そのうえで、「新しいアプローチ」として、「国家による統制ではなく社会の責任を」「大きな政府ではなく大きな社会を」重視することを宣言する。具体的には、「中央政府から個人や家族およびコミュニティへ権限の再配分」を行い、公共部門の労働者には自律性を持って「彼らが奉仕する

人々に対して説明責任を負う」ことを求める。それによって、「人々が自らの生活に対してパワーを持ちコントロールできる機会を創出する」ことをめざすのだという (ibid. 35)。

このように保守党マニフェストは、「大きな社会」をめざし、従来は政府が保持してきた公共サービスに関するさまざまな権能を「社会」に委譲することを主張する。ここでいう「社会」は、行政機構に代わって公共サービスを担うさまざまなアクターが活動する空間である。そこには、上記の個人、家族、コミュニティが活動する近隣社会に加え、様々な社会的企業、ボランティア組織、慈善団体が含まれており、それらが公共的な問題の解決に主導的な役割を果たすことが想定されている (ibid. 37-38.)[3]。

このような「大きな社会」理念におけるコミュニティや個人の自立性への志向を象徴するのが「地域主義 (localism)」という理念である。キャメロンはすでに総選挙において、盛んに「地域主義」を喧伝していた。それは、上記のような「大きな社会」構想には、地方コミュニティへの権限移譲、市民による地域コミュニティへの責任の再認識、ボランタリーを含むサード・セクターによる公共サービスの担当などを通じ、地方の「強力な」社会と社会の「自律性」の強化が不可欠だったからである (安 2011: 6)。この「地域主義」は中央政府から地方自治体への分権化と、地方自治体から地域コミュニティへの分権化という二つの側面を有する (中西

---

[3] 原田晃樹は、「大きな社会」理念と労働党政権の「第三の道」との違いについて、第一に、個人やコミュニティの自発性が国家の統制と反比例でとらえられており、政府規模の見直しとセットになっていること、第二にコミュニティや個人が起業家精神をもって自立すること、つまり行政に代わり公共サービスの担い手になることを意図していることを指摘している (原田 2011: 159-160)。

2016)[4]。

　このような連立政権の「地域主義」は、一面では労働党政権の地方政策を継承していると言える。しかし、複数の論者が指摘するように、「地域主義」が実現する「大きな社会」とは、「小さな政府」の裏返しの言葉である（原田 2011: 160、安 2011: 5）。そして現実には、緊縮政策の中で自治体向け予算が最も大きな削減対象となり、従来ボランタリーセクターに支出されていた財源も大幅に削減された（原田 2011: 167-168）。したがって、連立政権の行政改革・公共サービス改革の主要な理念である「地域主義」と、それに支えられる「大きな社会」構想には、常に「小さな政府の肩代わりをするレトリック」（中西 2016: 85）という批判が向けられることになったのである。

（3）連立政権の教育「ガバナンス」改革

1）連立政権の教育政策の基調――学力水準の再建と教育の質の向上

2010年保守党マニフェスト

　まず、2010年総選挙における保守党の教育政策について、その概略を見よう（Conservative Party 2010、久保木 2013: 26-27）。保守党マニフェストでは、労働党政権の13年間に、読解力、数学、化学の諸科目で国際学力テストの順位が下落し、教室における暴力が深刻化したことを挙げ、イギリスが教育において諸外国の後塵を拝していること、富裕層と貧困層との格差が拡大していることを問題視する。そして、これらの問題を克服

---

[4] これを具体化したのが2011年に成立した「地域主義法（Localism Act）」である。同法では、前者の地方自治体への分権として、地方自治体への包括的権限（general power of competence）の付与、自治体システムにおける「委員会」制の選択、直接公選首長制度に向けた住民投票の促進、地方税の改革などが規定された（ibid. 92）。他方で、後者のコミュニティへの分権については、地域のコミュニティやボランタリーのグループが閉鎖の危機にある施設やサービスを引き継ぐ権限、住民投票による賛同を経て近隣計画を策定できる規定、コミュニティが開発の推進を進めやすくする規制緩和などが盛り込まれた（原田 2011: 165）。

するために、おおよそ次のような政策を掲げた。

　第一に、質の良い教員を育成・確保するための政策と学校における規律を確保するための取り組みの強化である。第二には、水準向上に向けたカリキュラムの厳格化と学力テストの重視である。小学校における読解力の強化、数学・歴史・科学を中心とするカリキュラム編成、キーステージ２のテストやリーグテーブルの維持、私立校の提供する国際テスト受験の自由化などが挙げられる。第三には、公設民営学校の「アカデミー」とその新たな形態である「フリースクール」の創設によって、「すべての親に良い学校へのアクセスを保障する」ことである[5]。この政策には、アカデミー化を通じた貧困地域の学校の再生とともに、貧困地域への新たな教育支出である「ピューピル・プレミアム（Pupil Premium）」も含まれる[6]。さらに、これを担保するため、第四に、より厳格でターゲットを絞った査察体制を採用し、査察の比例化を進めるとともに査察結果を「アカデミー」化に連動させることも掲げられた。

　総じて、2010年の保守党マニフェストでは、労働党政権が失敗した学力水準の向上や格差の縮小を達成するために、教員の質の向上や規律の厳格化とともに、1988年教育改革法以降のナショナル・カリキュラムや学力テストおよび学校査察という体制の再強化による教育パフォーマンスの向上を図ろうとするものである。そして教育改善の新たな手段として、公立学校の大規模な「民営化」政策を加えたのである。

---

[5] 保守党マニフェストの教育政策の扉には、保守党がモデルとしたスウェーデンの「フリースクール」が紹介されており、これがアカデミーと並ぶ保守党政権の目玉政策であることをうかがわせる。

[6] 「Pupil Premium」は、連立政権によって2011年から導入された、教育格差を縮小するための財政支出の仕組みである。各公立学校で「無料給食」を受けている子どもに対し、中学校で一人当たり1320ポンド、小学校で935ポンドが交付され、当該校が存する地方当局に対しても一人当たり1900ポンドが支出される（イギリス政府ウェブサイト（https://www.gov.uk/guidance/pupil-premium-information-for-schools-and-alternative-provision-settings）2018年6月12日最終閲覧）。

2010年教育白書『教育力の重要性（The Importance of Teaching）』

　連立政権発足から約半年後の 2010 年 11 月、教育白書「教育力の重要性」（以下「教育白書 2010」と表記）が発表された。これは、連立政権における教育政策の基本的なスタンスと中心的な内容をまとめたものであり、同時にすでに進行中の教育改革を改めて根拠づけるものとなっている。保守党マニフェストと重複する部分もあるが、その特徴を改めて確認しよう（久保木 2013: 27-28）。

　まず、キャメロン首相とクレッグ副首相の連名による序文（Department for Education 2010: 3-5）によれば、「教育白書 2010」の議論の出発点となる問題意識は、経済成長を支える国際競争力の基礎となる学力の水準をどのように高めるか、ということである。序文では、その冒頭から、国際学力テスト PISA におけるイギリスの「凋落」を、解決すべき最大の問題として指摘する。すなわち、PISA2000 と PISA2006 を見ると、イギリスの子どもの学力水準は「科学（science）」において 4 位から 14 位へ、「読み書き（literacy）」において 7 位から 17 位へ、「数学（mathematics）」において 8 位から 24 位へと順位を下げている。そして、「ここから巻き返し、我々がイギリスの子どもたちにふさわしい優秀な学校を持つためには、成功しているほかの国々から学ぶしかない」と喝破するのである。

　ここには、労働党政権の教育政策を批判しつつ、同政権と同じく国際競争力を支える基礎として教育をとらえ、経済政策としての教育政策を重視する姿勢が見て取れる。そして、日本においても 2000 年代に入り注目された国際学力テスト PISA の結果によって、イギリスの教育パフォーマンスを測定しようとする連立政権の立場が表れているのである[7]。

　このような立場に立って、「教育白書 2010」は以下の 3 点を他国から学ぶべき改革課題として改めて提起した。

　第一は、教員の質の向上である。フィンランドや韓国などでは、大学卒業生の優秀な層を教員として確保している。教員の質の向上のために主に

---

[7]　国際学力テスト PISA に対する連立政権の姿勢については、藤井（2011）p.64 以下を参照のこと。

取り組むべきことは、教員の研修の政策的強化と教員の地位向上である。前者については、低学力の科目の学力向上に財政的インセンティブを与える「ティーチ・ファースト（Teach First）」プログラムや優良校が他校を支援する「Teaching Schools ネットワーク」の推進を、後者については教室での非行や暴力から教員を「守る」取り組みの必要性が述べられている。また、教員の質の向上に関わって、白書では校長をはじめ教職員が学校（制度）をとりまくさまざまな官僚主義や繁文縟礼から解放されることを重視している[8]。

第二には、白書が述べる「ワールドクラス」の教育システムでは、多くの権限を可能な限り現場に委譲し、その一方で高水準のアカウンタビリティを確保していることである。これをイギリスで実行するために、連立政権は公設民営学校の「アカデミー」に注目する。

すでに第二章および第四章で述べたように、「アカデミー」は、保守党政権が設立した「シティ・テクノロジー・カレッジ」（CTC）を前身とし、主に貧困地域の困難校の運営を民間の教育プロバイダーに委譲し、民間事業者の裁量の下に学校運営を行わせるものである。労働党政権下でも、貧困地域にこの「アカデミー」を拡大する政策がとられていたが、同白書では、これを現場への権限移譲政策の目玉と位置づけ、「すべての学校に」この「アカデミー」へ移行する機会を与えることを提起した（ibid. 11-12）。

注目すべきは、この「アカデミー」化の推進は、単純な民営化論ではなく、連立政権の進める「大きな社会」と「地域主義」の論理の下で主張されていることである。つまり、連立政権における「アカデミー」化とは、供給主体への権限移譲の一種として語られているのである。この現場への権限移譲の推進政策は、運営についての裁量を大幅に拡大された学校そのものに厳格なアカウンタビリティを負わせることによって、教育の質を担

---

8 例えば学校理事会（school governing body）にかかわる様々な規制の撤廃（登校日数など）、あるいは教育水準局査察に先行して行われる学校自己評価の統一されたフォーム（self-evaluation form）の廃止など、これまで中央政府が重視してきた教育システムを学校現場の裁量にゆだねようとする志向が強く表れている。

第五章　保守・自民連立政権期（2010-15年）における教育改革と学校評価

保しようとする。

さらに、この権限移譲は、「地域主義」によって権限移譲されるボランタリーセクターなどと同様に、アカウンタビリティのシステムの中に位置づけられる（原田 2011: 182-183）。すなわち、すでに保守党マニフェストでも強調されたように、教育水準局による学校査察を核とした評価システムが、アカデミーなど権限移譲された供給主体のアカウンタビリティを管理する。白書では、「現場への権限委譲は能率的で効果的な説明責任システムによって支えられなければならない」として、教育水準局のもともとの目的＝教育指導と学習に立ち戻り、業績測定を強化することを提起しているのである（本章(3)で詳述）。

総じて、「アカデミー」化や後述する「フリースクール」化は、連立政権の「大きな社会」構想とそれを支える「地域主義」の、教育政策における具体化として位置づけられたことを確認しておこう。公立学校の「民営化」は、労働党政権では学校の多様化政策の文脈に位置づけられていたが、連立政権では行政（公共サービス）から「社会」への「分権」化という文脈に再設定されたのである。

「教育白書2010」が掲げる教育改革の第三は、富裕層と貧困層の教育における格差を縮減することである。特に貧困層の子どもの学力については、深刻な状態が広がっている。例えば無料給食を支給されている子どもは、GCSEにおける優良な成績の獲得科目が一般の子どもの半分以下である。連立政権は、2.5億ポンドの予算を貧困層の教育支援に充てる「ピューピル・プレミアム」を設けるなど、この問題についても正面から対応することを強調している。

以下では、「教育白書2010」の中で、本書の問題関心に直接関わる第五章と第六章に触れながら、その後の政策展開も含め、連立政権における教育「ガバナンス」改革の検討を行う。

2）公立学校の民営化その1――「アカデミー」の拡大

まず、連立政権の教育「ガバナンス」改革の目玉である公立学校への「アカデミー」拡大政策をより詳しく見ていこう。

「アカデミー」の拡大政策
　「教育白書2010」によれば、連立政権が目指すのは、「自前の資金運用と中央・地方の官僚制から独立したアカデミーの地位が、すべての公立学校の模範となること」である。なぜなら、高い教育パフォーマンスを得るには、「学校の自律性（school autonomy）」こそが重要であることが、PISAのデータ分析やアメリカ・カナダ・スウェーデンの事例から証明されているからである。
　しかし「アカデミー」の成功は、労働党政権の「志の低さ」によって極めて限定されたものとなってしまった。「アカデミー」が導入されたのは2010年9月までに203校で、全中学校のわずか6.5％である。しかも、その自律性と裁量は、近年の政府による官僚的な要請と目標によって縮減されてきたという（ibid. 51-52）。
　このような認識に基づき、「教育白書2010」では、すべての学校が大幅な自由を獲得するために、次のように「アカデミー」化政策を推進するとしている。
　第一に、「アカデミー」が本来有している自由を復活させること、特別支援ニーズ（SEN）の子ども等への入学は配慮することである。そのため第二に、全ての学校が自律的に「アカデミー」の地位を申請できるよう、「アカデミー」化のプログラムを劇的に拡大すること。特に、従来は困難校に集中していた「アカデミー」化の対象を、優秀なパフォーマンスを残す学校にも大幅に拡大することである。白書によれば、教育水準局の学校査察により、2010年5月以降1132校が「outstanding」の評価を受けているが、そのうち80校が9月までには「アカデミー」となり、さらに118校についても間もなく「アカデミー」化が決定されるとのことである。このように、相対的に優秀なパフォーマンスを残している学校が進んで「アカデミー」となることは、「自発的転換（Voluntary Conversion）」と呼ばれる。
　第三に、教育水準局のカテゴリーで「改善されていない」とされる最低のパフォーマンスの学校は、「アカデミー」に改編して教育上の変身をとげるようにさせること。このようなタイプの「アカデミー」化は、「強制

的転換（Forced Conversion）」と呼ばれる。

　この第二と第三の考え方に基づき、まず二種類の「アカデミー」が生まれることとなった。一つは、前者の優秀なパフォーマンスを修めた公立学校が自発的に「アカデミー」に転換する「コンバート型アカデミー」である。もう一つが、後者の強制的転換の対象となる成績不振校を中心に拡大した、外部の主体が「スポンサー」としてアカデミー校の運営を担うタイプの「スポンサー型アカデミー」である。このスポンサーには、後述するように様々な民間事業者が参入したが、担い手としては、「他の学校」が最も多かった[9]。

フリースクール――「もう一つのアカデミー」創設の提起

　「教育白書2010」は、「アカデミー」化政策の第四として、特に学校選択について不満の大きい貧困地域において、保護者の意向を受けて教員や慈善団体、保護者グループなどが「フリースクール」を開設しようとする取り組みを支援することをうちだした。

　この第四に提起された「フリースクール」は、連立政権後に導入された、新たな学校形態であり、アカデミーの別バージョンというべき性格の学校である。従来の「アカデミー」との違いは、アカデミーが既存の学校の「転換」によって設立されるのに対し、親や教員、地域のニーズに基づいて新たに土地や建物を地域内で取得し、地方当局の管理下におかれない公立学校を地域に「新設」できるようにすることである（ibid. para.5.22-5.25）。

　「教育白書2010」では、アメリカの「チャーター・スクール」が都市の貧困地域で教育の目覚ましい改善に成功していることを引き合いに出し、地域で新たな学校を作ろうとする人々への支援の必要性を強調している（ibid. 5.18以下）。白書によれば、「フリースクール」とは、「アカ

---

[9] 労働党政権時代の「アカデミー」では、スポンサーが一定の財政支出を義務付けられていたが、2010年以降のアカデミー制度では「アカデミー」への財政支出は政府の責任で行われるようになり、スポンサーの財政支出は任意となった。参照、HC library（2017）。

デミーとまったく同じ裁量と自律性を享受する独立した公立学校」（ibid. para.5.20）である。

「フリースクール」の特徴は、第一に、地域に新たな学校を作りたいという親、教員、慈善団体、教員などの申請によって設立への手続きが始まることである。第二に、「アカデミー」と同様に、カリキュラム、入学指針、授業日数や学期、教職員の賃金と労働条件について国家の規制から自由であり、地方自治体への説明責任を負わないことである。（ibid. para.4.14）第三に、「アカデミー」と異なり、「フリースクール」で教育に従事する者は教員免許を持つ必要はない、とされていることである。第四に、「フリースクール」の運営資金は国から交付されるほか、教育に必要な建物や土地の取得についても政府から補助が支出されることである。特に学校新設に当たって、土地や建物の取得は最も大きな困難となることから、教育省がコミュニティ・地方政府省と協力し、政府所有の土地・建物の提供や貸与を進める、とされた（ibid. para.5.24-5.25）。

「2010年アカデミー法」

2010年6月に成立した「アカデミー法（Academy Act）」は、以上のような連立政権の公立学校の「アカデミー」化推進政策を法制化したものであった。

「アカデミー」への転換は、各学校の理事会が「アカデミー令（Academy Order）」の発令を申請することによって手続が行われる。申請主体は、各公立学校の理事会である（3条1項〜5項）。教育大臣は、学校理事会からの申請があった時、あるいは「2006年教育と水準法」の第4部に基づき政府による学校への介入が認められたとき、「アカデミー令」を発することとされている（4条1項）。「アカデミー令」が発令されれば、地方当局はその管轄から当該校を外さなければならない（6条2項）。

また、同法では第9条において、別のアカデミーの供給形態について規定している。同法では「アディショナル・スクール（additional school）」と呼ばれているが、これが事実上、「フリースクール」の法的根拠となっている（田中 2011）。ここで規定されているのは、一つは、教育

第五章　保守・自民連立政権期（2010-15年）における教育改革と学校評価

表5－1　労働党政権期からキャメロン政権期の学校体系の変化

		1998年教育法	2000年代	2010年アカデミー法
公費維持学校（Maitained School、State School）	地方教育当局が管理する学校	コミュニティ・スクール		
		有志団体立管理学校		
		有志団体立補助学校		
		ファウンデーション・スクール		
	国庫補助を受ける公設民営学校	シティ・テクノロジー・カレッジ		
			アカデミー（スポンサー型）	
				アカデミー（コンバート型）
				フリースクール
独立学校（Independent School）				

出典：佐貫2002: 73、吉原2017: 83にもとづき筆者作成。

大臣が「アディショナル・スクール」を設立する際に、既存の学校への影響を考慮することである。そしてもう一つが、「アディショナル・スクール」の設立条件についてである。すなわち、この「アディショナル・スクール」は、既存のあるいは閉校する学校の「転換」が行われない場合、つまり「アカデミー令」の効果を及ぼす学校がない場合に設立される。

3）公立学校の民営化その2──「アカデミー」と「フリースクール」の拡大とその担い手としての教育産業

「アカデミー」の拡大

　イングランドでは、すでに労働党政権下で2010年までに203のアカデミーが開校していた。キャメロン連立政権の下で「アカデミー」化が教育政策の柱に位置づけられたことにより、「アカデミー」の数は急速に増大する。2014年12月の段階で、4344校が「アカデミー」となった（Education Committee 2015: para.1）。「アカデミー」化の進展は特に中学校において著しく、この時点で全中学校の約55％が「アカデミー」となっていた。小学校の「アカデミー」化は中学校に比して遅れているが、全体の約9％だという（Smithers 2015: 263-264）。

　「アカデミー」の形態としては、学校が自発的に「アカデミー」に転換

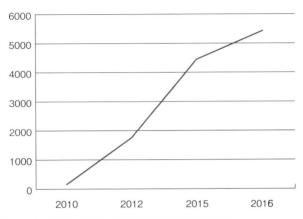

図5-2 2010年代における公設民営学校数の変化
出典：Smithers 2015、イギリス教育省ウェブサイトを参考に筆者作成。
※本グラフの公設民営学校数には「アカデミー」と「フリースクール」の数が含まれている。

する「コンバート型」の割合が多く、2014年末の時点で「アカデミー」化した学校のうち、3062校がこのタイプであった。これらのタイプの多くは、直近の教育水準局査察の評価において「Outstanding」か「Good」の判定を受けた学校であった。そして残りの1200校弱が「スポンサー型アカデミー」である。これらの「アカデミー」のほとんどは、低いパフォーマンスのために「アカデミー」化を余儀なくされた公立学校であった（Education Committee 2015: para.8, 14）。一方、「フリースクール」については、2014年9月の時点で251校が存在しており、76校が開校準備中であった（ibid.）。さらに2016年1月時点では、5095校が「アカデミー」となり、「フリースクール」は303校に拡大した（青木 2017: 99）。

このように、連立政権によって、特に中学校を中心に「アカデミー」の数は急増し、従来地方当局の管理下に置かれていた公立学校の一定の割合が、「アカデミー」という独自の地位において教育サービスを提供するようになったのである。

「アカデミー・チェーン」と「マルチ・アカデミー・トラスト (MAT)」
──新たな教育サービス供給主体

　「スポンサー型アカデミー」校を運営するのは、スポンサーによって設立される「アカデミー・トラスト」という事業体である。スポンサーは、「アカデミー」化の申請が教育省に求められたのち、トラストを設立してその経営陣を任命し、さらに「アカデミー」化する学校の理事会を選出する。それ以外にも、「アカデミー」のパフォーマンスの監督や、教育省への報告などがスポンサーの業務として規定されている。「アカデミー・トラスト」は一校のみを運営することもあるが、複数の学校を「チェーン (chain)」として運営することもできる。2014年の時点では192のチェーンが存在しており、最大のチェーンは74校を運営している。複数校からなるチェーンは、「マルチ・アカデミー・トラスト (Multi-academy trusts = MAT)」という事業体として運営されており、トラストが教育省と「財政支出協定 (Funding Agreement)」やその他の学校にかかわる協定を結んでいる。MAT内のすべてのアカデミーは、単一の経営委員会 (board of director) によって運営されている。MATは各校の理事会にある機能を委譲することが可能だが、学校についての説明責任はMATが負い、学校の運営にかかるすべての決定はMATが行うこととなっている (Education Committee 2015: 7-10)。

　「アカデミー」のスポンサーには、一般の学校、継続教育カレッジ、シックスス・フォーム・カレッジ、慈善事業を行う個人、企業、慈善事業を行う社会的企業や財団、宗教団体、および大学などの各主体がなる[10]。ボールによれば、このうち企業には、KPMGやHSBCなど世界的な多国籍企業や有力な金融グループも参入している (Ball 2017: 203)[11]。また、慈善事業を行う企業・団体にも、例えばARKのように、多国籍金融資本

10　教育省のウェブサイト (https://www.gov.uk/guidance/sponsor-an-academy、2018年12月15日最終閲覧) 参照。

11　KPMGの公教育への参入やそのかかわり方については、Ball (2012: 95-99) に詳しい。

が21世紀に入り社会的企業や慈善事業分野に進出した結果、アメリカのチャーター・スクールの運営ノウハウをイングランドの「アカデミー」に適用する形で数十校の「アカデミー」と「フリースクール」を運営するに至った事業者もある（Ball 2012: 105-109）。

このように、公立学校の「アカデミー」化に伴う公的教育の供給主体の多様化は、公教育の担い手を従来から大幅に拡大し、一般の民間事業者を含む多様な主体が業種や国籍の壁を越えて、地域の公立学校における事実上のサービス供給主体となる道を開いたのである。

「アカデミー」の「自律化」の実態と地方当局との関係の変化

では、連立政権がめざした、「アカデミー」化を通じた「地方当局の統制からの離脱」と各学校の「自律性」の確保の実態はどうだったであろうか。相対的に多数の「コンバート型アカデミー」では、多くの場合「アカデミー」化の決定は政府の推奨を受けて学校理事会が行っている。

筆者が2015年にヒアリングを行った、ハートフォードシャー州にある「コンバート型アカデミー」中学校のホカリル・アングロ–ヨーロピアン・カレッジ（Hockeril Anglo-European College）では、「アカデミー」化のメリットとして、①まとまった財源の確保、②自治体の統制からの自由、の二つが挙げられた[12]。後者については、特にカリキュラムや教職員の雇用、独自のサービス提供などで自治体から独立した意思決定が行えることが指摘された[13]。他方で、「アカデミー」化によって地方当局からの「自立」を果たしたことにより、同カレッジではいくつかの具体的な問題点が生じた。一つは、従来地方当局から受けていた様々な支援が受けられなくなったこ

---

[12] 筆者が2015年3月17日に、ホカリル・アングロ–ヨーロピアン・カレッジで行った同校スタッフへのヒアリングに基づく。

[13] もともと教育水準局の判定でも「優秀」の評価を得ていた優良校である同校は、併設されているシックスス・フォームも含め、国際バカロレアの取得をカリキュラムの中に組み込んでいる。財源については、連立政権による教育予算の削減によって、国際バカロレアの取得を含む独自のカリキュラム運営のための予算が十分に確保できず、大変苦慮しているとのことであった。

第五章　保守・自民連立政権期（2010-15年）における教育改革と学校評価

とである。具体的には、教員の研修や子どもの安全確保のためのサービスであった。二つには、自治体を介して行われていた学校間の協力関係が崩れたことである。現在では、地域の学校間で優秀な生徒をめぐる競争が強まっているという。第三に、学校の施設整備について、従来は地方当局がまとめて発注・整備していたものを、現在では各「アカデミー」が独自に業者と契約を行うようになったため、全体として費用が割高となっており非効率となっていることである。

　同様の指摘は、後述する「反アカデミー同盟（AAA）」議長で、ロンドン・ハックニー区の中学校教員でもあるスミス（Smith, A.）によっても行われている[14]。従来は学校において問題が生じた場合に、地方当局がアドバイザーや他の学校からの支援教員を派遣したり、財政支援を行ったりしていた。それは地方当局を軸とする学校支援のネットワークだった。しかし「アカデミー」化が進んだ現在、各学校で問題が生じた場合には地方当局からの支援が受けられない。「アカデミー」は中央政府の管理下に置かれるが、「教育省が直接支援することになっているにもかかわらず、爆発的に学校数が増えた今、教育省の方に個々の学校を支援する回路がない。問題が起こって助言を求めても対応できるだけのスタッフが配置されていないのが問題なのだ」と指摘される実態があったのである。

　総じて、「アカデミー」化政策は、一方では各学校にカリキュラム、財政、人事などについての「自己決定権」を付与するが、他方では従来地方当局やそのネットワークによって提供されていた学校支援や教育基盤整備事業などを、各学校の「自己責任」とするものであったといえよう[15]。

14　筆者が2014年3月6日に、ロンドン市内で行ったスミス議長へのインタビューに基づく。

15　もっとも、地方当局と「アカデミー」化後の学校との関わり方は、各自治体によって多様である。例えばロンドン・イズリントン区では、地方当局が「アカデミー」校に対しても他の公立学校と同様に支援等の関与を行っているとのことであった。2015年3月17日、ロンドン・イズリントン区地方当局において筆者が同局職員 Mark Taylor 氏および Jeff Cole 氏に行ったインタビューによる。

4）「アカデミー化」政策への批判と反対運動

　これまで見てきたように、2010年以降の連立政権による公立学校の「アカデミー」化政策は、現在の保守党単独政権にまで引き継がれているが、当初から様々な批判を受けてきた。ここでは、その批判のうち主な議論を簡単に紹介する。

　イギリス最大の教員組合であるNUTは、「アカデミー」化政策を強く批判し、地方当局の下に置かれる公立学校を守る運動に取り組んできた。NUTによる「アカデミー」反対運動は、以下の理由に基づく（NUT 2011a、久保木2012）。①「アカデミー」化は教育水準の向上につながらないし、逆に格差を拡大することもある。②「アカデミー」化によって各校が自治体から「自立」することで、地方当局による学校への支援機能—財政支援、特別支援ニーズの子への対応、言語支援など—が失われる。③施設整備や防災など自治体が支援していた業務は、すべて学校の負担となる。④アカデミーに雇用される労働者の処遇は、従来の産別組合の交渉から外れ個別交渉にゆだねられるため、教員をはじめ教育労働者の労働条件が脅かされる。⑤「アカデミー」化は、地域社会から学校を引き抜き、地域社会を弱体化させる。⑥「アカデミー」化は独自の入学ルールを可能にするため、公平な入学が行われなくなる可能性がある。⑦「アカデミー」化は、従来の学校理事会制度を形骸化させる。

　NUTの批判では、教職員の処遇問題はもちろん、従来地方（教育）当局の下で存在してきた公立学校システムの様々な側面が、「アカデミー」化によって切断され、学校の「自己責任」にされることに対して強い危機感が表明されている。また「フリースクール」に対しては、上記の批判に加え、地域における無計画な学校設立の進行や、資格を持たない教員の増加による教育の質の劣化に対する批判も強い（NUT 2011b）。

　他方で、労働党政権期から教員組合の活動家や各地の「アカデミー」化反対運動に取り組む教員・親・住民などを組織する「反アカデミー同盟（Anti-Academy Alliance = AAA）」は、「アカデミー」化反対運動に取り組む理由について、以下を強調する。一つは、公教育の「民営化」に対する批判である。「アカデミー」化は、保守党の1980年代からの市場化

イデオロギーに基づくものであり、教育をビジネスに利用する危険性を持つものである。二つには、「アカデミー」化によって現在のテスト中心の教育体制がさらに悪化することである。「アカデミー」校が行うカリキュラムの自由化により、一部では授業科目を減らして政権が重視する英語や数学の授業の比重を増やしている。これは学校を「テストのための工場 (exam factory)」にするものである、という[16]。

「アカデミー」の教育サービスの内容とその効果をめぐる懸念

　これらの批判は、「アカデミー」化政策が開始された時点から展開された、原理的な批判であった。そして連立政権下で急速に「アカデミー」や「フリースクール」が拡大する中で、「アカデミー」化政策の実態に対する批判は展開されることとなったが、その主な内容は次の4点に集約される。

　第一は、「アカデミー」の教育内容やその効果に関わるものである。この批判の内容は多様であるが、上述のように、「アカデミー」化の進行によって、現実に学校のカリキュラムがテスト重視に偏重したという批判がある。他方で、「アカデミー」は教育困難校の問題解決のための手段として位置づけられたにもかかわらず、多くの「アカデミー」は低パフォーマンスの学校の問題解決に役立っていないという批判がある。これは「アカデミー」化された学校のカリキュラムの問題にとどまらず、「アカデミー」の数の拡大ばかりを重視し、「アカデミー」化を通じた「学校改善」の具体策を講じない政府の姿勢に対する批判でもある。

　連立政権は、「アカデミー」に転換した「優良」校が他の困難を抱える学校のスポンサーになることを奨励したが、このようなスポンサーの地位についた「アカデミー」は、2012年の時点では1243校の「アカデミー」のうちわずか3％であったという。これに対しては、「アカデミー」制度が低パフォーマンス校の支援制度になっていないことに対する強い批判

16　本章注14と同様、AAA議長のスミス (Smith, A.) へのインタビューによる。AAAは2006年に結成された「アカデミー」化反対運動の全国的なネットワーク組織である。

が報じられている（Academies Commission 2013、TES 2012.3.2）。また、2013年1月に発表された「アカデミー問題検討委員会」（Academies Commission）の報告でも、前教育水準局長官のギルバートによって、政府のアカデミー・プログラムは数の拡大にのみ注力しすぎ、支援を必要とする学校の改善に役立っていないと批判されている（TES 2013.1.11）。

営利企業による公教育の変質への懸念
　「アカデミー」の実態批判の第二は、「アカデミー」化を通じて私企業による利益追求や企業経営方式の導入が公教育のあり方をゆがめている、というものである。「アカデミー」の急速な拡大の中で、多くの学校を抱える「アカデミー・チェーン」が生まれたのは先述のとおりである。しかし、例えば2013年には、31の学校を運営するE-ACTグループにおいて不当に高い顧問料や飲食費の支出が行われていたことが教育財政庁（Education Funding Agency = EFA）によって指摘されたことが報道された。公設民営学校を運営するために投入された公金が、「アカデミー」の運営主体によって不正に支出されていたことは、「アカデミー」の急速な拡大政策と、巨大な民間事業者スポンサーのガバナンスに対する懸念を強めることとなっている（TES 2013.3.17、2013.4.19）。他方では、「アカデミー」を運営するシティの投資家による、多数の学校を運営することによって収益性を高め教職員のボーナスを増やすという「経営方針」がセンセーショナルに報道されるなど、「アカデミー」化を通じて公立学校の運営に利潤追求型の民間経営手法が導入される懸念も強まっている（TES 2012.3.9）。

「アカデミー」における「自律性」と政府による介入の実態
　実態批判の第三は、「アカデミー」の「自律性」をめぐるものである。これは地方当局からの「自律性」や「自治」をスローガンに導入された「アカデミー」に対し、現実には様々な部面で政府の介入が行われたことをめぐる議論である。この論点にかかる「アカデミー」化の問題性は、二段階において現れた。

第一の段階は、個々の学校が「アカデミー」化されるプロセスにおけるものである。ここでは、政府の強力な「アカデミー」への転換の「勧奨」が、学校の自律性を著しく制約していることが問題視された。特に政府から「低パフォーマンス」と認識された学校において、教育水準局の「判定」を受けてから短期間に政府の介入を受けて「アカデミー」化の決断を迫られた事例が報告されている。2015年議会報告書「アカデミーとフリースクール」の証言集では、政府のブローカーが学校理事会に働きかけ、教員や親の反対を押し切って「アカデミー」化の理事会決定を行わせているとの指摘が複数なされている（Education Committee 2015）。

　また、特別措置に置かれた学校において、理事会に代わって「アカデミー」化への移行を進めた「暫定執行委員会（Interim Executive Boards = IEBs）」は、しばしばスポンサーの代表によって組織され、「アカデミー」反対派の校長や親は排除する形で編成されたとされる（NUT 2015、AAA 2014）[17]。

　これは、特に「スポンサー型アカデミー」の設立のプロセスが、「非民主的で、ステークホルダーの意向に配慮せず、集権的にコントロールされたプロセス」（AAA 2014）だったという批判を裏づけるものである[18]。このように、学校による「自発的な」転換という建前とは裏腹に、現実の「アカデミー」化はしばしば強制的かつ集権的なプロセスの中で進められたのであり、それゆえに短期間で「アカデミー」校の数を増やすことのみに専心する政権の姿勢に対して批判が強まる結果をもたらしたのである。

　「アカデミー」の自律性が問題となった第二の段階は、「アカデミー」への転換が行われたのち、「スポンサー型アカデミー」や「アカデミー・

---

[17] また、「アカデミー」化を経験したある校長は、そのプロセスは改善の機会を提供するというよりも「懲罰的」だったと述べている（Mottershead 2014）。また、地域の学校の「アカデミー」化を経験した教師は、「アカデミー」化のプロセスの中で地域の保護者らによる「アカデミー」化への懸念や反対の声が考慮されなかったことを報告している。彼女は、「アカデミー化による最悪のダメージは、生徒をよく知り信頼されていた学校・教師と家庭が分断されたこと」と述べている（Jaquiss 2014）。

[18] AAAは、議会の証言の中で、「説明責任のないブローカーが理事に圧力をかけアカデミー化を迫るのは、頭に拳銃を押し付けるようなやり方」と痛烈に批判している。

チェーン」に対する政府の介入や査察の強化を求める声が強まったことである。この強まりの要因は、先に述べた「アカデミー」校における低パフォーマンスの問題と、「アカデミー・チェーン」や MAT のガバナンスへの懸念という問題とがある。例えば、2013 年には、GCSE テストにおける低パフォーマンスを懸念された「アカデミー」の中学校 100 校が、政府によってより詳細な生徒の情報や学校運営にかかる情報の提供を求められる「業績監視（performance monitoring）」が行われていることが報じられている（TES 2013.1.18）。また、後述するように、「アカデミー・チェーン」やその運営主体である MAT の影響力が拡大するにつれ、それらに対する査察を学校と同様に行うべきだとする議論も強まった。

つまり、一方ではアカデミーの運営者らにより連立政権のスローガン通り「アカデミー」の「自律性」「自治」が保障されていないという批判と、逆にもっと「アカデミー・チェーン」や MAT に対する統制を強め、それらのガバナンスやアカウンタビリティを強化すべきであるという批判がせめぎあっている状況が生まれたのである。この議論の含意については、次節の連立政権下の学校査察の変化を踏まえて改めて述べる。

「アカデミー」化による教育の専門性の変質に対する懸念

実態批判の第四は、「アカデミー」化に伴う学校の教育サービスにおける専門性の劣化あるいは空洞化に対する批判である。これは、個々の教員の専門性の問題と、それを支える地域の支援体制の問題として現れた。前者については、「フリースクール」のように教員資格を持たない者が教員として採用されるようになったという制度上の変化に加え、「アカデミー」化のプロセスで当該校における指導のキャリアが豊富な教員が流出したこと、先に指摘した通り「アカデミー」化後の学校や教員と家庭との信頼関係が薄くなったことなどがその原因である。

後者の地域支援体制については、従来地方当局からさまざまな支援を受けていた学校が、「アカデミー」として地方当局から「自立化」を遂げた後に、学校に必要な支援が行われていない、あるいは地方当局を介した学

校間の支援関係が失われたという批判が生じた[19]。これについては、教育省が必要な支援や介入を整備すべきという意見がある一方で、地方当局が「アカデミー」に対しても支援を行えるよう制度を整備すべきであるという意見も根強い[20]。

5）小括──連立政権における教育「ガバナンス」改革と「準市場」の変化

　ここで連立政権における教育「ガバナンス」改革の特徴と、それが生み出した変化についてまとめておこう。連立政権の教育政策の特徴は、国際学力テストに代表される学力テストのパフォーマンス向上を、「アカデミー」や「フリースクール」という学校の「自律性」の拡大政策を通じて行おうとしたことである。「アカデミー」化政策は、民間事業者やほかの学校などこれまで想定されてこなかった供給主体を事業主体として、学校の「自律性」の拡大を図ろうとするものであった。

　これによってもたらされた変化は、第一に、教育サービスの供給主体の劇的な多様化が進行するとともに、「準市場」における「競争性」が強化されたことであった。またMATには国際的に教育事業を展開する事業者も加わっており、イギリスの公教育が「アカデミー」化を通じて国際的な学力競争に接続される契機も高まったと言えよう。

　第二に、「アカデミー・チェーン」やそれを運営するMATのように、地方当局に代わって多数の公立学校を運営する新たな民間事業体が生まれた。これらは新たな教育サービスの実質的な供給主体であると同時に、個々の「アカデミー」校の地方当局に代わる統制主体でもあった。

　第三に、「アカデミー」の増加に伴い、多くの公立学校が地方当局からの「自律性」を拡大させていった。これは、地域における行政を通じた統

19　筆者がインタビューを行った「コンバート型アカデミー」のホカリル・アングロ－ヨーロピアン・カレッジでも、このような認識を有していることが確認された。

20　例えば、2013年のAcademies Commissionの報告書における勧告は、アカデミー・プログラムを学校改善に資するものに改革することを提言しているが、その中で地方当局が学校改善に対して明確な役割を果たすことを求めている（Academies Commission 2013）。

制の緩和であり、学校運営の相対的な自由の拡大と「自己責任」の強化であった。「アカデミー」に対しては、制度上は教育省が直接の統制主体となっていたが、当然ながら同省が数千もの「アカデミー」校に対し従来の地方当局のような監督や支援を行うのは不可能であった。

　第四に、上記の第二、第三の変化によって、1980年代までイギリスの学校教育サービスの質を規定し、1990年代までの保守党政権の教育改革によって打倒の対象とされた、教育における「地域政策共同体」の破壊が、再び急速に進行した。2000年代の労働党政権下でも教育「ガバナンス」における地方当局の役割の変化があったことは前章で指摘したが、それでもなお地方当局を軸とした個別学校の支援のネットワークは多くの地域で機能してきた。「アカデミー」化による地方当局からの「自立」化政策は、このネットワークを空洞化させることとなったのである。

　第五に、以上の結果として学校教育の「ガバナンス」とそれに基づくアカウンタビリティの構造の複雑化および不透明化が生じた。すなわち、公設民営化と地方当局からの「自立」化により、学校理事会を中心とした各学校の意思決定をさらに「アカデミー・トラスト」が統括する構造が生じた。したがって「アカデミー」化した各学校の意思決定プロセスは重層化し複雑化する一方、親の意向を受けとめ、当該校のパフォーマンスについて親や政府機関にアカウンタビリティを果たす主体が不鮮明になっていったのである。そして、このことが、後述する教育水準局による学校査察の対象の拡大の議論に結びついていくのである。

(4) 連立政権の学校査察改革

1)「教育白書2010」における学校査察改革

　「教育白書2010」は、全公立学校の「アカデミー化」を打ち出した第5章に続き、第6章「アカウンタビリティ（Accountability）」を置いている。ここでも、学校における教育サービスについての従来の説明責任の確保のありようは、「集権的に課された中央政府の目標を達成するように導こうとするコンプライアンスの体制によって、各学校は苦しんできた」

(para.6.1) と批判される。そして、各学校が親、児童 生徒、そしてコミュニティに対して自分たちの努力についてのアカウンタビリティを果たすために、「中央の統制と官僚的なコンプライアンスの体制を解体」し、「保護者らが各学校のパフォーマンスを評価し比較できるように規格化されたフォーマットで、より直接的で意味のあるアカウンタビリティ（の仕組み）を構築する」(para.6.2) ことが主張された。

これを受けて白書では、パフォーマンス・テーブルの改革、教育水準局の学校査察の改革、学校が達成すべき最低基準の設定、学校理事会の地域への説明の支援策などが提起されている。白書における学校査察の改革は、大きく分けて2点に集約される。一つは、個別の学校査察における査察対象の改革であり[21]、もう一つは学校ごとのパフォーマンスに応じた査察頻度の改革である。白書は、これまでの査察が、学校における教育と学びよりも政府の政策の遂行に焦点を当ててきた、と批判する。それゆえ、今後の教育水準局査察は、授業観察を通じた教育と学びに焦点を当てること、優秀な学校より問題の多い学校に多くの時間と注意を注ぐこと、が求められるとされたのである (para.6.17)。

2) 2012年査察枠組みの改訂と新たな学校査察システム

ウィルショー長官の就任と新たな査察システム

連立政権下の学校査察改革を主導したのは、2012年から教育水準局の主任勅任視学官（HMCI）に就任した、ウィルショー（Wilshaw, M.）であった。ウィルショーは、労働党政権時代にロンドン北部ハックニー区において、「モズボーン・コミュニティ・アカデミー（Mossbourne Community Academy）」というアカデミー校の校長を務めていた人物で

---

[21] 白書はこれまでの査察枠組みが有していた27項目に代えて、後述する4項目に焦点を当てた新たな枠組みを作成することを明言した。これを内容とする新たな査察枠組みが法制化されるが、そこでは授業観察に多くの時間が費やされること、自己評価の統一フォームへの記入が求められなくなり、任意の様式で行ってよいことなどが盛り込まれた (para.6.18 - 6.19)。

ある。同校は、1990年代に低パフォーマンスを理由に閉校された「ハックニー・ダウンズ校（Hackney Downs School）」の跡地に建てられ、ウィルショー校長の下で高い教育パフォーマンスと規律を「回復」させ、「アカデミー」の成功例として全国的に有名になった学校である。

　このアカデミー化成功の立役者となったウィルショー氏が、教育水準局のトップについたことの政治的な意味は大きかった。例えば、「アカデミー」の推進に反対するNUTは、ウィルショー氏が主任勅任視学官に就任した背景には、同氏と親しかったゴブ教育大臣が、学校査察を通じて「アカデミー」化政策を促進させる意図をもって人事を行った、と認識している[22]。また、ウィルショー氏の就任については、当初から連立政権の教育政策との強い関連が報じられていた（Guardian 2012.1.23）。つまりウィルショー長官の下で、教育水準局査察は、学校のパフォーマンスに対する評価の厳格化だけでなく、公立学校における「アカデミー」化の推進を外部評価を通じて行うという役割を担うようになった、と受けとめられたのである。

　就任後、ウィルショー長官は精力的な査察改革を進めた（Smithers 2015: 269）。その特徴は第一に、査察後の判定においては曖昧な評価でなく、保護者の要求水準に達している学校とそうでない学校を明確に峻別することである。第二に、後者については、厳格な査察を課し、速やかな改善を要求することである。第三に、改善が見られない学校は特別措置への移行を求めるとともに速やかに「アカデミー」に移行することが想定されていることである。

2012年査察枠組みの改訂その1――査察の厳格化

　ウィルショー氏のリーダーシップの下、「教育白書2010」で提起された学校査察の改革は、2012年9月より刷新された新たな査察の枠組み「査察枠組み2012（The Framework for Inspection 2012）」で具体化された

---

[22]　筆者が2012年3月7日、ロンドンのNUT本部で行った、NUTのprincipal officer、Celia Dignan氏からの聞き取りによる。

表5－2　2005年と2012年の査察枠組みの比較

	2005年版査察枠組み	2012年版査察枠組み
グレード1	outstanding	outstanding
グレード2	good	good（及第）
グレード3	satisfactory（及第）	requires improvement（再査察、降格あり）
グレード4	inadequate（政府の介入あり）	special measures（政府の介入あり）

出典：筆者作成

(Ofsted 2013)。その柱となっているのは、一つは査察グレードの改編による査察の厳格化、二つには査察頻度のパフォーマンスに応じた「比例」化、三つには査察内容の「焦点化」である。

　第一の査察のグレード改編による「厳格化」について。従来の教育水準局査察では、査察を受けた学校はすべて、次の四つのグレードに「格付け」されていた。このうち、グレード4の「不可（inadequate）」の格付けを受けた場合、さらに「特別措置（special measures）」か「改善勧告（notice to improve）」など政府の介入を受けることとされていた。それに対し、2012年の査察枠組みでは、グレード3が「要改善（requires improvement）」、グレード4が「特別措置（special measures）」に改編された。

　その上で、新たなグレードに基づく格付けは以下の方針で行われることとされた（ibid. para.10）。

・各学校の教育指導（teaching）が「outstanding」とみなされない限り、学校は「outstanding」とみなされない。
・「good」（以上）と判定された場合、政府が受け入れられる教育の水準を提供している、と判断される。
・「good」まではまだ届かないが「inadequate」とはみなせない学校は、「requires improvement」と判定される。
・「requires improvement」と判定された学校は、日常的に監督され、2年の間に再査察を受ける。2期連続で「requires improvement」と判

定され、3度目でも「good」と判定されなかった学校は「inadequate」とみなされ「special measures」への移行を要求される。

　総じて、これらの改革は従来の査察の「格付け」判定を厳格化するものである[23]。まず、従来は総合的に「outstanding」と判定されていた学校も、今後は教育指導（teaching）において「outstanding」の評価を得られなければ、同様の評価は得られない。そして、多くの学校にとって厳しい改革となったのが、従来の査察における一般的な「及第」水準とされていたグレード3の「satisfactory」がなくなり、「及第」はグレード2の「good」となったこと、新しいグレード3の「requires improvement」が続けば、次々と査察が重くなり、学校の存続も危ぶまれるようになるということである。これは、従来グレード3にあった多くの学校に対して、改革を急がせるとともに、改革が進んでいる学校とそうでない学校を明確に区別する意図があった[24]。

23　本文で記述したもの以外にも、次のような規定がある。
・総合的に「inadequate」とみなされる学校のうち、リーダーシップやマネジメントが「inadequate」ではない学校は、2005年教育法のカテゴリーにおける「重大な弱点（serious weakness）」を持つ学校（第44条）とみなされる。リーダーシップやマネジメントも「inadequate」とみなされる学校は、「special measure（特別措置）」の地位に移ることを要求される。
・査察官はパフォーマンス・マネジメントの体制が確固としてあるかを評価し、教育指導の質と教員の昇給に適切な相関があるかを考慮する。

24　この点につきウィルショーHMCIは、次のように述べている（Wilshaw 2012）。「第一に、我々はいまだ『good』に到達していない学校に注目しなければならない。保護者は子どもたちを『good』な学校に通わせたいのであり、それ以下の学校を望んでいない。10校のうち7校は、先の査察で『good』かそれ以上の判定を受けている。しかし3割の学校は、それに達していないのであり、その数は多すぎる。イングランドの3000の学校が、過去2度の査察で『satisfactory』の判定を受けているが、これは多くの子どもたちが『good』以下の学校で小学校や中学校を経験しているということだ。」「それゆえ、われわれは『satisfactory』という言葉をやめる。もし学校が『good』に到達していなければ、我々は、『requires improvement』と呼ぶ。したがって、これからは四つの判定『outstanding』『good』『requires improvement』および『special measures』が存在することとなる。この格付けの見直しは、心構えに焦点を当て、断固たる行動が改革のためには必要であるという、明確かつ疑う余地のないメッセージを学校に送るものである。」

2012年査察枠組みの改訂その2——査察の「比例」化

次に、査察の「比例」化とは、「教育白書2010」の方針を具体化したもので、すでに紹介した四つのグレード判定の結果に応じて、査察の頻度を変える、あるいは査察そのものを免除するものである。

直前の査察で「outstanding」の評価を受けた学校、あるいはコンバート前に「outstanding」の評価を受けていた「アカデミー」は、「査察免除校（Exempt Schools）」となる。ただし、教育大臣か教育水準局長官は、同校のパフォーマンスあるいは児童生徒の安全性に懸念を有した時には、「リスク・アセスメント（Risk Assessment）」という不定期の小規模な査察が行われる。この「リスク・アセスメント」は「good」の判定を受けた学校に対しても行われる。直近の査察で「good」の評価を受けた学校は、最後の査察から5年以内に次の査察を受ける。ただし、スペシャル・スクールや、「リスク・アセスメント」で早期に次の査察を行うべきと判断された学校などいくつかの条件下の学校は除かれる。

「requires improvement」の判定を受けた学校は、教育水準局の監督下に置かれ、通常2年以内に再査察を受ける。その結果が同じであれば、再び2年以内に査察を受け、それでも改善が見られなければ、先述のとおりの「格下げ」が行われる。「inadequate」の判定を受けた場合、リーダーシップやマネジメントに改善の兆しがあれば18ヵ月以内に再査察を受ける。そうでない場合は、学校査察法の「セクション8」に基づく「モニタリング査察（Monitoring Inspection）」を3ヵ月以内に受け、以後5回にわたり同様の査察を受けなければならない。「モニタリング査察」とは、フル査察の後にどの程度の改善が見られたかをチェックするものである。そして「特別措置」から回復しない限り、24ヵ月以内に再査察を受けることとされている。このように、「比例」アプローチに基づく査察頻度の改編は、査察判定そのものの「厳格化」と一体となって進められているのである。

2012年査察枠組みの改訂その3——査察の「焦点化」

第三の査察の「焦点化」では、「教育白書2010」で指摘された、学校査

察における焦点の内容が具体化されている。その内容は、「学校における児童生徒の達成」、「学校における教育指導の質」、「学校における児童生徒のふるまいや安全」、「学校におけるリーダーシップとマネジメントの質」の四つに大きく分けられる。学校における児童生徒の達成では、入学時に比してどの程度の成長が見られたか（特に読解、書き方、数学、コミュニケーションにおいてどのような進歩が見られたか）などが評価される。

　学校における教育指導の質では、教員が全ての科目やキーステージにおいて児童生徒の学びを推進しているか、児童生徒の高い期待を常に集めているか、授業において子どもの理解をチェックし効果的に介入することで学びの質を改善しているか、などが評価される。このように、労働党政権下では多様に存在していた査察項目を、子どもおよび学校のパフォーマンスの目に見える改善に結びつくものに絞り込んだことが、2012年の査察改革のもう一つの大きな特徴であるといえよう。

学校自己評価フォームの廃止と自己評価の位置づけの低下

　2012年の査察枠組みにおける労働党政権からの変化は、統一の学校自己評価フォームが廃止され、学校査察における自己評価およびその形式は任意となったことである。前章で述べたように、労働党政権における査察プロセスでは、学校自己評価が公式に位置づけられ、査察枠組みにおいても査察における学校自己評価の意義やその取扱いについて詳細に規定されていた（Ofsted 2005: para.12-14, 20）。しかし、連立政権下で改訂された査察枠組みでは、査察を受ける学校が事前に自己評価の要約を提出し、査察官がそれを行為に入れることが記載されているのみであり、査察プロセスにおける自己評価の具体的な取扱いについての記載はなくなった（Ofsted 2013: para.40）。

　したがって、学校自己評価そのものの意義が否定されているわけではないものの、査察プロセスにおけるその位置づけは、労働党政権に比して低くなったことは明らかであろう。そして、この自己評価の位置づけの低下は、査察の「厳格化」による外部統制の強化という査察改革の方向性と一致していることは、確認されるべきであろう。

(5) 学校査察改革をめぐる議論

　連立政権が発足した 2010 年以降も、学校査察の制度改革と並行して学校査察の評価やそのあり方をめぐる議論が行われている。ここでは、まずキャメロン政権期の学校査察に対する学校現場の受けとめについて紹介する。ついで 2010 年代の教育水準局査察にかかる課題を総合的に提起し議論した 2010 - 11 年下院教育委員会報告書「教育水準局の役割とパフォーマンス」(Education Committee 2011) および 2015 年下院教育委員会報告書「アカデミーとフリースクール」(Education Committee 2015) の主要論点を紹介し、連立政権下で観察された学校査察による評価と教育政策の関連にかかる議論を紹介・検討したい。

1) キャメロン政権期の学校査察の受けとめ

　キャメロン政権期の教育水準局査察に対する教育現場の意識調査としては、NUT が 2014 年 2 月に公表した調査がある (NUT 2014)。教育水準局査察を一貫して批判してきた NUT の調査なので、他の調査に比して学校査察に対して厳しい回答が多い傾向があるが、労働党政権期を含め過去の査察に対する同組合の意識調査と比べても、キャメロン政権の学校査察の厳しさが伝わってくる内容となっている。

　調査の主な結果は次のようである。「教育水準局査察は学校改善を支援しているか」については、48％が否定、7％が肯定している。「教育水準局査察がストレスの原因となっている」については、90％が肯定している。「教育水準局査察は子どもの学びのプロセスをゆがめている」については、20％が強く肯定し 29％が肯定し、25％が否定している。「査察は教員を支援しやる気を起こさせている」については、40％が強く否定、26％が否定し、11％が肯定している。

　注目すべきは、過去の NUT 調査からの変化である。第四章で紹介したように、2007 年の NUT 調査では、「教育水準局査察は学校の改善を助け

ている」という問いに対し、47％が肯定、26％が否定しているのに対し[25]、2014年調査では、労働党政権期の査察に比して査察が「学校改善」につながるという認識が大幅に減少している。これは、「学校査察において査察官と教員の専門的な対話が行われている」という認識が、2009年の49％から今回調査では36％に減少していることとも関係していると思われる。逆に、「学校査察が教員の負担を増大させている」という認識については、2011年には68％だったものが今回の調査では84％まで増大している。

　総じて2014年のNUT調査は、キャメロン政権によるアカウンタビリティ重視と学校査察の厳格化が、労働党政権期における査察の相対的な「マイルド」化と「学校改善」へのシフトを一掃し、外部評価による厳しい統制によって学校と教員を規律する方向で機能していることをうかがわせるものとなっている。

2）2010-11年下院教育委員会報告書における査察改革の論点

組織の肥大化による教育水準局の機能不全と組織分割の提案

　次に2010‐11年下院教育委員会報告書「教育水準局の役割とパフォーマンス」（Education Committee 2011）を検討する。まず同委員会報告書で指摘されるのは、今日の教育水準局の権限と責任領域が、その創設当初から著しく拡大しているという現実である。教育水準局の査察対象が労働党政権の時代に拡大・多様化したことはすでに述べたが、詳しくみればその対象領域は公立学校の査察をはじめ、10以上の領域におよんでいる。そして6000の公立校、2000の児童施設、そして20000ものチャイルド・ケアや早期教育プロバイダーの査察を行っている（ibid. para.11-12）。

　報告書によれば、今日の教育水準局の業務はあまりに肥大化・複雑化したため、単一の査察機関で行うにはあまりに非効率である。それは特に非教育分野における業務において関係機関との連携がうまく図れていないこ

---

[25] 第四章(9)−1 ）の記述を参照されたい。

とに現れている。このような理由から、報告書は教育水準局の機能を二つに分割し、教育にかかる査察を行う機関と子どもケアにかかる査察を行う機関とに分割することを政府に求めたのである（ibid. para.20-21）。

査察の目的再論──教育水準局は査察機関か、「学校改善」機関か？

　組織の肥大化について最も懸念されたのは、査察および査察機関の目的があいまい化し混乱することであった。この論点では、再び、査察機関の役割について、サービスの改善を目的とするのか、純粋に規制や判定を行うことを目的とするのかが問われた（ibid. para.24-25）。

　これは、すでに過去の下院教育関連委員会でも繰り返し議論されてきた論点である。この論点が改めて委員会報告の中心的な論点として取り上げられているのは、上述のように、学校査察の現場では査察の厳格化によってその目的が「学校改善」から遠ざかると感じる教職員が増えていることに加え、査察官の間でも、査察プロセスにおいて改善のための支援や助言を志向する者と、査察における直接的な改善について否定的な見解を維持する者とに分裂が生じていることを反映している（ibid. para.25-31）。また、改善志向の査察モデルは、子どもケアなど非教育的領域においてその有効性が主張されており、教育水準局の対象領域の拡大とともに、従来はアカウンタビリティの確保を第一義的な目的としてきた査察機関の役割が揺らいでいる状況がうかがえる。

　このような議論状況に対し、委員会報告は、対象領域ごとに異なる査察モデルを採用することを主張する（ibid. para.32-33）。つまり、前述のような組織分割の提案に即し、教育分野においては従来と同じく査察機関は判定とアウトカム改善のための勧告を発し、教育システム全体を監督する。したがって改善を手掛ける機関になるべきではない。他方で、子どもケアの査察に従事する機関は、よりサービスの改善に貢献する支援的機能を提供すべきである。このように、査察の対象領域ごとに査察の目的を整理しつつ、教育分野の査察目的については従来の路線を踏襲するのが委員会報告の基本的立場である。

「学校改善」のオルタナティブなモデルと教育水準局の廃止論

2010-11年の委員会報告書で興味深いのは、学校査察そのものの廃止論について検討を加えたことである（ibid. para.38-40）。教育水準局査察の廃止論はこれまでにも主張されてきたが、委員会が検討するのは、教育水準局という中央の査察機関による査察から、学校理事会やパートナー校の支援を受けた学校自己評価に基づいて、地域ごとのアカウンタビリティを確保する仕組みへと転換しようという議論である。

委員会がこのような議論を重視するのには、委員会自身が審議の過程でフィンランドの教育システムを調査していることの影響が大きい。フィンランドは学校査察を行わず、学校の自律性と政府からの厚い信頼に基づく運営によって、国際的にも高い教育パフォーマンスを示してきた。このようなイングランドと著しく異なる教育改善のモデルの可能性を、委員会自身は高く評価している。しかし委員会報告における勧告は、フィンランド型の高度に分権的かつ自律的な教育システムを理想としつつも、当面は集権的な外部評価システムを継続しつつそれを効率化・マイルド化することを目指すとした[26]。そしてこのような立場から、委員会報告は、統一的な学校自己評価フォームを政府が発行し続けることを主張したのである（ibid. para.130）。

3）アカウンタビリティと「自律性」のアポリア——下院教育委員会報告書が問う、「アカデミー」化政策と学校の統制システム

連立政権における教育改革の中心理念は、一方での学校の「自律性（Autonomy）」の確保と他方でのアカウンタビリティの強化であった

---

[26] 委員会報告は、格差が著しく高いイングランドとしては、低パフォーマンスの学校への有効な介入を行うために学校査察は必要であるという立場を貫き、「我々は、地域のパートナーシップや自己評価が学校のアカウンタビリティや改善に必要なメカニズムであるということに完全に同意し、学校や校長の自律性の拡大を支援する一方、現時点における学校査察の完全な廃止については受け入れられない。我々は査察の比例原則を支持し低パフォーマンスの学校へ焦点を当てる。（略）信頼に基づく自己改善モデルが根付くことによっていつか教育査察の役割がなくなることを期待したい。」（ibid. para.40）と結論づけた。

(Smithers 2015: 261)。すでに述べたように、連立政権、特に保守党が一貫してこだわってきたのは、各学校を地方当局の影響から離脱させることであった。特に連立政権で強調されたのは、「地方当局からの学校の自律が高パフォーマンスを導く」という独自の認識であった。

しかし、このような学校の「自律性」確保を促すための「アカデミー」化政策の推進は、もう一つの改革理念である学校のアカウンタビリティの確保とそれを支える教育水準局査察のあり方に様々な波紋を投げかけることとなった。それを最も包括的に提示したのが、2015年1月に発行された下院教育委員会の報告書「アカデミーとフリースクール（Academies and free schools）」であった（Education Committee 2015）。

報告書の目的は、約4年間におよぶ連立政権の「アカデミー」政策の効果をアカデミーの形態（コンバート型、スポンサー型、フリースクール）ごとに検証し、解決すべき課題を明らかにすることであった。「アカデミー」政策の効果は、学校の達成度、格差の是正および学校改善について検証されている。しかし報告書は、「アカデミー」化した学校の達成と自立性、他校との協働、およびアカウンタビリティとの関係性は複雑であり、「アカデミー」という学校形態が改革の推進力になっているかどうかについて結論づけるエビデンスがそろっていない、という慎重な立場を表明している。また、「フリースクール」についても、そこで提供される教育の質について結論を出すのは尚早であるとしている。

スポンサーとアカデミー・チェーンの統制問題の浮上

注目すべきは、報告のもとになった下院教育委員会の論議において、特に「スポンサー型アカデミー」の拡大の中で、「アカデミー」校のスポンサーや複数の「アカデミー」を運営するトラストに対する統制をどのように行っていくのかについて、多くの懸念表明や問題提起が行われ、それを受けて報告書の勧告が作成されたことである。

この下院報告書に対しては、前年に公表された会計検査院の報告書「アカデミーと公費維持学校——監督と介入（Academies and maintained schools: Oversight and intervention）」（NAO 2014）が大きな影響を与え

ている。報告書の中で会計検査院は、特に「アカデミー」に対する統制に関わって、以下の問題点を指摘した。①教育省が学校のパフォーマンスについて、十分な情報や物差しを持っていない。②教育省は、「アカデミー」のスポンサーや「アカデミー・トラスト」など、新たに学校を監督する立場に置かれた組織・機関に対し、その役割と責任を明確化できていない。③地方当局とアカデミーの関係が不明確である。④教育省は、スポンサーが「アカデミー」に行っている支援について、恒常的に情報を集めることができていない。⑤教育水準局はスポンサーや「アカデミー・トラスト」を査察できておらず、それについて独立した情報源が存在しない。

　2015年下院報告書では、この会計検査院の認識を受け入れたうえで、教育省の個々の「アカデミー」に対する監督の薄さへの懸念（ibid. para.70, 71）や、教育省がスポンサーの質、能力、パフォーマンスを評価する独立した情報源をもつべきという意見（ibid. para.127）を表明している。

　また、2015年下院報告書で注目されるのは、このような「アカデミー」校のガバナンスにかかる問題の背景には、教育省による「アカデミー」校の急激な拡大があった、とする指摘が各方面から行われていることである。この公設民営学校の短期間での「拡大政策」の影響は、上記の問題に加え、「アカデミー」のスポンサーの確保や任命の基準についてのあいまいさの問題などにも表れた（ibid. para.130-136）。政府の政治戦略に基づく「上からの」急速な公立学校の民営化政策は、供給主体の質の保証やアカウンタビリティの確保に新たな課題を生み出すこととなったのである。

　このような状況下で、教育水準局の査察対象に「アカデミー・チェーン」やスポンサーそしてトラストを加えることを主張する意見が出てくるのは自然なことだった（ibid. para.148-153）。下院教育委員会は、すでに2014年よりこのことを主張していたが、2015年報告書の時点において、教育省は教育水準局の査察対象を拡大して「アカデミー・チェーン」を加えることには反対している。表5－3にまとめたように、「アカデミー」をめぐる新たな学校ガバナンスに対しどこまでを教育水準局査察の対象にするのかが、2010年代査察改革の論点となったのである。

第五章　保守・自民連立政権期（2010-15年）における教育改革と学校評価

表5－3　アカデミーの新たな統制にかかる2015下院教育委員会報告書の勧告

課題	勧告
・「スポンサー型アカデミー」のパフォーマンスについての情報不足。	・個々のMATの結果と進歩状況について、個々の「アカデミー」校と同様に、公表されるべき。
・中央政府と個々の「アカデミー」校との間に中間機関が必要。	・政府は「地域学校コミッショナー（RSC）」の役割と発展方向を明確にし、学校コミッショナーを増加すべき。
・地方当局が、効果的な学校づくりに果たす役割が不明確。	・教育省は、地方当局とRSCが「アカデミー」との関係で果たす役割を明確にすべき。 ・教育支出庁（EFA）と「アカデミー」との支出協定をモニタリングし、透明性とアカウンタビリティを確保すべき。
・学校の改善にとって協働とパートナーシップが重要になっている。	・教育水準局は査察基準に協働の証拠の提出を義務づけるべき。教育省は「コンバート型アカデミー」の協働についてモニタリングを強めるべき。
・「アカデミー・チェーン」の監督と業績の周知が進められるべき。	・教育省は、すべてのMATのパフォーマンスをモニタリング・分析し、結果公表を行うべき。
・「アカデミー」のスポンサーが公認され学校とマッチングされるプロセスと基準の透明性が必要。	・スポンサーの公認と学校とのマッチングのプロセスと基準につき、政府がアウトラインを示し情報共有を図るべき。
・「アカデミー・チェーン」に対する監視に対する要望の増加。	・教育省は「アカデミー・トラスト」のガバナンスに対する規制を強めるべき。「アカデミー・チェーン」のアカウンタビリティとモニタリングの仕組みや、チェーンの拡大規制の基準の透明性を高めるべき。 ・「アカデミー」への支出協定を刷新する際のプロセス・基準を公開するとともに協定期間（5年）を縮減すべき。 ・「アカデミー・チェーン」が存続できなくなった時に失敗認定のプロトコルを公表すべき。
・教育水準局による「アカデミー・チェーン」の査察とMATの改善。	・主席勅任視学官（HMCI）に「アカデミー・チェーン」の査察を要請する権限を付与すべき。

出所：Education Committee 2015: p.66-70 より筆者作成。

「自律性」とアカウンタビリティのジレンマから新たな統制システムの要請へ

　連立政権が主張してきた、学校の「自律性」の拡大が教育パフォーマンスの向上に結びつく、という言説に対しては、2015年下院教育委員会報告書の中で疑問の声が紹介されている。このうち、OECDの担当者の意見として、学校の「自律性」の拡大をより確かなものにするために、「自律性」の拡大の範囲を学校の管理権限からカリキュラム作成や教室における教授法にまで拡大するべきという意見が紹介されているのは興味深い（Education Committee 2015: para.20）。1988年教育法以来の一連の改革によって、一方では国家が教育内容にかかわる学校の「自律性」を制限しながら、他方では学校運営上の「管理の自由」を学校に付与してきたからである。

　いずれにせよ、同報告書は、「自律性」を付与された学校が期待される結果を残すためには、アカウンタビリティとそれを確保する学校査察が重要であることを強調する。しかし、これまで紹介したように、学校の「自律性」を拡大する「アカデミー」化政策は、このアカウンタビリティの確保に大きな混乱をもたらしている。その原因の一つは、個々の学校がスポンサーによって運営されるようになり、複数の学校を運営するMATの傘下に入った、あるいは助言を行う「ティーチング・スクール」が設けられた[27]などの改革によって、学校教育サービスの内容にかかる意思決定が複雑化した結果、アカウンタビリティを負う主体が不明瞭になったことである。そしてもう一つは、このような複雑化した学校教育サービスの提供主体に対する統制の仕組みの整備が追いつかなかったことである。この結果

27　連立政権は新たに学校間の協働の仕組みである「ティーチング・スクール」を導入した。ティーチング・スクールとは、「教員とスクールリーダーの研修や力量形成を先導する役割を優秀校に与えるもの」とされる（末松 2017）。認定された357の「ティーチング・スクール」のうち、185はアカデミーであった。下院教育委員会が、2013年に発表した「学校のパートナーシップと協働」という報告書には、コンバート型アカデミーが自分達のティーチング・スクールとしての義務を果たさず、教育省もその周知に失敗しているとした懸念が示された（Education Committee 2013: para.112）。

として、本来中央政府・教育省が行うべき個々の「アカデミー」校やトラストに対する監督と情報公開、「アカデミー」のスポンサーの任命の基準、「アカデミー・チェーン」やそれを運営する MAT の負うべきアカウンタビリティ、「ティーチング・スクール」となった「アカデミー」校の果たすべき責任などが曖昧化し、不徹底さが各方面から指摘されることとなったのである。ここにおいて、連立政権が主張する学校の「自律性」とアカウンタビリティという理念の実現は、数千校の「アカデミー」化というドラスティックな市場化政策の中で、その両方の基盤が揺らぐ事態となった。

　特に「スポンサー型アカデミー」化した学校において、スポンサーあるいは MAT による意思決定権限の「吸い上げ」により、運営方針やサービス内容の決定が、学校という教育サービス供給主体において行われなくなった。その限りで、学校理事会および教員組織という学校現場の教育サービスを担う組織による自律的な意思決定が行われなくなったのである。報告書では、「アカデミー・チェーン」の中にある学校では、様々な意思決定をトラストが管轄するために、ほかの公立学校よりも学校の意思決定の自律性が低くなることが「アカデミー政策の矛盾」として指摘されている（ibid. para.22）。また、連立政権の「アカデミー」化政策を検討したスミサーズも「新たなアカデミー・トラストやパートナーシップの中で、学校の自律性が失われている」と指摘した（Smithers 2015: 265）。

　このような、「スポンサー型アカデミー」による学校の「自律性」の「喪失」は、同時にそれらの学校に対し、直接の問責者と位置づけられた親および教育省がアカウンタビリティを厳格には問えないことを意味する。すでに紹介したように、連立政権は、学校のアカウンタビリティを問うために、一方では学力テストの結果を重視し、他方では教育水準局の査察の「厳格化」を打ち出した。しかし、2015年下院教育委員会報告書では、教育水準局の「アカデミー・チェーン」や MAT に対する新たな査察をはじめ、学校教育に対する多くの新たな統制の仕組みに対する勧告が、表 5 - 3 のように行われている。その内容の多くは、直前に発行された教育省に対する会計検査院報告書と方向性を共有している（NAO 2014）。これは、学校のアカウンタビリティの確保が連立政権自身の進めた「アカデミー」

化政策によって揺らいでいることの現れに他ならない。2015年下院教育委員会報告書において、アカデミー・チェーンを教育水準局の査察対象にするよう主張した証言者は、次のように述べた。

「トラスト内部における意思決定権限はすべて集権化されており、権限移譲されない限り、もはや個別の学校理事会にはない。権限は巨大なトラストに集中され、そのトラストは何らの本格かつ直接的な監査も受けない。トラストは教育水準局の直接の観察を受けないし、民主的なアカウンタビリティあるいは世間への公開性による公的なプレッシャーを受けていないのである」(Education Committee 2015: para.151)。

(6) 連立政権下のNPM型行政統制と「行政責任のジレンマ」

本節では、第五章の議論のまとめとして、連立政権下で確立した教育の行政統制の構造を整理し、歴代政権の改革の下で現れた「行政責任のジレンマ」がどのように変化したのかについて考察する。

連立政権下の行政統制の構造変化

連立政権における行政統制の構造変化は、歴代政権と同じく教育「ガバナンス」の改革を反映して進行した。連立政権下で見られた教育「ガバナンス」の変化の主要な特徴は、①「アカデミー」の劇的な拡大政策による「準市場」の供給主体の多様化、②供給主体のガバナンス構造の複雑化と一部の企業化、③地方当局からの「自律化」による教育パフォーマンス達成の自己責任化、④およびその帰結としての学校間競争の強化であった。この学校間競争は、連立政権の学力テスト重視政策によっても強化された。

他方で、「アカデミー」化を通じた「準市場」の改革は、新た教育サービス供給主体として「アカデミー・チェーン」やMATを生み出し、それらのパフォーマンスをどのように統制するのかという新たな問題を生んだ。つまり、教育「ガバナンス」改革において、一方では供給主体の「自律

化」「市場化」を通じた競争化が推進され、他方ではそれらに対する統制強化が要請されるという相克が生じたのである。これによって新たな統制システムの構築が要請され、2010年代に批判が強まっていたのにもかかわらず、教育水準局の査察対象をさらに拡大せざるを得ない状況が生み出されたのである[28]。

連立政権下の市場型統制の変化

では、1990年代に成立した教育におけるNPM型行政統制の構造はどのように変化したのだろうか。

まず、市場型統制について見てみよう。連立政権下では、様々なレベルで各学校を「準市場」における競争に積極的にコミットさせる圧力が増加した。第一に、学力テストを重視する政策、特に「教育白書2010」に顕著な国際学力テストPISAの重視により、国際的な学力基準と競争の受容が進んだ。第二に、低パフォーマンスの学校に対する強制的な「アカデミー」化政策も、学力を中心とする競争圧力を強めた。第三に、「アカデミー」化した学校においては、地方当局の支援や学校間の支援ネットワークから離脱することとなり、それらの学校においては教育パフォーマンスの「自己責任」化が進んだ。ここにおいて、1990年代から開始された教育の「地域政策共同体」の破壊が劇的に進行し、地域における学校間の協力関係が競争的な関係に置き換えられることとなった[29]。

第四に、教育サービスの供給主体の変化、すなわち営利企業を含む民間事業者の参入による競争圧力の強化である。特に多数の「スポンサー型アカデミー」を運営するMATには、国際的な金融業や小売業などの営利企業をバックグラウンドに持つ教育産業も多い。これらの「スポンサー型ア

---

[28] これは典型的な「評価官僚制」の問題であり、効率性を追求する市場化の推進がそれを統制する新たな評価機構を生み出すというジレンマが表れている。南島(2010)を参照。

[29] 連立政権が導入した優良校による困難校支援の新たな「パートナーシップ」が、従来の学校間の支援関係をどれだけカバーできているのかは、今後の検証課題である。

カデミー」では、MATやスポンサーから学力競争への積極的なコミットを求められることが考えられる。国際的な教育産業や金融業の教育への参入により、地域の公立学校のグローバル学力競争への接続が行われ、各学校がイギリス国内にとどまらない広範な競争の圧力にさらされる可能性をはらむようになったのである。その意味において「アカデミー」化は、地方自治体を軸とした公的教育サービスの供給と統制が、多様な民間事業者、さらには多国籍の教育産業によるガバナンスに取って代わられる過程という側面を有していた。

総じて連立政権下では、各学校に対する競争圧力が、①競争市場の国際化、②統制者から学校への圧力の増大、③学校間の関係性の変化、および④供給主体である学校の質的変化、という点において強められた。1980-90年代に保守党政権によって整備された教育分野における市場型統制は、連立政権において、従来とは異なるレベルに強化されたのである。

連立政権下の経営管理型統制の変化

次に、経営管理型統制の変化についてみよう。教育水準局の査察を中心とした教育の統制システムは、二段階で変化した。

第一段階は、2012年の査察枠組みの改訂による、「アカデミー」化政策への査察結果の連動と、査察の厳格化・比例化・焦点化を内容とする外部統制の再強化である。これは、一連の査察改革を通じて、①「及第」のハードルを上げ、多くの学校に中央政府が期待する水準の達成を求めたこと、②査察の比例化・焦点化により低パフォーマンスの学校に対する不寛容と集中的な統制を強化したこと、③低パフォーマンスに対する事実上のサンクションとして「アカデミー」化が位置づけられ、査察結果と強制的な供給主体の変更が連動するようになったこと、などを内容とする。

これらの査察改革による経営管理型統制の強化は、一面では、評価（判定）の基準の厳格化やサンクションの明確化を通じて、連立政権が目的とした学力格差の解消や「ワールドクラス」の学力水準を達成することを企図したものであった。これは第二章で指摘した、「数値による統御」および「恐怖による支配」の強化である。他方で、これらの査察改革は、「ア

カデミー」化の推進という被統制主体の改革をにらみつつ、それらに直接連動するものとして進められており、先述した市場型統制の改革・強化の手段として機能したという側面があった。連立政権における「アカデミー」化による「準市場」の改革と市場型統制の強化は、その「上部構造」である経営管理型統制を直接の手段として行われたのである。

　しかし、「アカデミー」化推進政策は、経営管理型統制に新たな課題への対応を迫ることとなった。この課題とは、「アカデミー」の増大、特に「スポンサー型アカデミー」と「アカデミー・チェーン」およびその運営主体としてのMATの増大により、供給主体のガバナンスとアカウンタビリティが複雑化し、不透明化していることへの対応である。これは「アカデミー」化によって地方当局からの「自立化」を図り、もって学校のアカウンタビリティをより明確化することを企図した連立政権からすれば意図せざる結果だったといえよう。いずれにせよ、このような供給主体の新たなガバナンスに対応する統制システムを構築することが、連立政権の経営管理型統制における課題となったのである。これが、連立政権における経営管理型統制改革の第二段階である。この課題への対応は、2015年総選挙において成立した保守党単独政権によって担われることとなった。

「アカデミー」化時代の「自己規制メカニズム」──強化か空洞化か？

　ではNPM型行政統制の要となる、サービス供給主体における「自己規制メカニズム」は、連立政権下でどのように変化したであろうか？

　これまで紹介した制度改革の分析からは、各学校においてNPM型の「自己規制メカニズム」が強化されたという面と、「アカデミー」化によって各学校の「自己規制メカニズム」が空洞化したという側面が指摘できる。

　強化の側面は、競争圧力の強化に加え、「アカデミー」化を通じた学校「自律化」政策によって地方当局の介入が減り、各学校の教育水準向上にかかる自己責任が強まったことを指す。「アカデミー」化した学校は、自らのパフォーマンスの向上を単独で達成する責任を負い、その結果を挙証する責任＝アカウンタビリティを負うこととなった。また「アカデミー」化しない公立学校も、より厳格化された査察枠組みという経営管理型統制

に対し、常に良好なパフォーマンスを挙証する責任を負うようになり、その点でも各校における「自己規制メカニズム」は強化されることとなった。

他方で、「スポンサー型アカデミー」や「アカデミー・チェーン」を構成する各学校では、カリキュラムや教員人事等の権限をトラストやスポンサーに移譲する構造となっており、供給主体たる各学校単独では自己規制が完結しないという事態が生じた。換言すれば、「アカデミー・チェーン」においては、各学校レベルの「自己規制メカニズム」のMATへの「吸い上げ」が進行したのである。このようなガバナンス構造におかれる各校では、「自己規制メカニズム」は「チェーン」単位でトラストやスポンサーの影響を受けながら機能する可能性が考えられる。したがってこれらの学校においては、1990年代以降に進んだ「学校の自律的経営」は変容し、学校単位の自己規制はその一部が「空洞化」することとなった。

連立政権における、教育サービス供給の市場メカニズムへのドラスティックな傾斜は、供給主体たる学校の「市場ベースの集権化」とでも呼ぶべき状況を生み出し、それら供給主体のガバナンス構造の変化は、それを統制するシステムに新たな課題を突き付けることによって、従来のNPM型統制構造のバランスを動揺させているのである。

連立政権下の「行政責任のジレンマ」

NPM型の教育改革によって生じた「行政責任のジレンマ」については、すでに第三章において、「子どもたちの習熟や問題状況そして学校や地域の置かれている社会経済的文脈に向き合いながら創造的に専門性を発揮するという要請と、カリキュラムやテスト、あるいは査察という外部の統一的・画一的な基準・水準に応えるという要請」によって生じるもの、と述べた[30]。換言すれば、NPM型教育ガバナンスが普及する中で、学校や教員は、子どもたちの状態に即した自らの教育の専門性の発揮という内在的統制と、競争的な「準市場」による「下からの」統制、さらにはそれに呼応する教育水準局査察という「上からの」外在的統制とに応えなければなら

---

30 第三章(6)-3)を参照されたい。

第五章　保守・自民連立政権期（2010-15年）における教育改革と学校評価

ないというジレンマを抱えることとなったのである。

　労働党政権では、査察プロセスの中に学校自己評価が導入されることにより、このジレンマは一定程度緩和されたかに見えた。しかし、連立政権下で進行した「アカデミー」化によるドラスティックな市場化の推進は、現在までに上記の「行政責任のジレンマ」をさらに深刻な状況に導いているように思われる。

　まず、本章(3)の4）で指摘したように、教育サービスの供給主体である学校や教員の専門性自体の空洞化が進行している。これは個々の教員の資格が「緩和」されたことに加え、従来の教員と子どもや親との関係性が絶たれる事例が続出したこと、地方当局を軸に学校の教育や指導を支えるネットワークが崩れ学校が「孤立」するケースがみられるようになったことなどを原因とする。このような教育や指導における専門性の空洞化は、従来の供給主体における内在的統制の基盤が空洞化していることに他ならない。

　他方で、連立政権の教育改革は学力テストのパフォーマンスの向上を「アカデミー」化という事実上のサンクションと組み合わせて迫ることにより、各学校への競争圧力を強めた。市場型統制の強化である。これは教育水準局の査察枠組みの厳格化、すなわち経営管理型統制の強化とセットで行われた。これらの統制の圧力は、「低パフォーマンス」とみなされた学校に手中した。そしてこれらの学校の多くが、教育の専門性を高める助言・支援の政策ではなく、「アカデミー化」という学校形態の転換によって、パフォーマンスの改善を迫られたのである。

　したがって、各学校は従来の内在的統制の基盤を掘り崩された状態で、より強力な外在的統制にこたえることを要請されるようになったといえよう。これは「スポンサー型アカデミー」だけでなく、多数派である「コンバート型アカデミー」にも共通して言えることである。このような状況下で、多くの学校は、学力テストのパフォーマンス向上を中心とする、共通の教育水準の達成に注力せざるを得なくなっているが、それは子どもたちのおかれた問題状況に向き合わなければならないという、もう一方の教育サービスに対する要請とのジレンマをさらに深めることとなろう。

さらに、地方当局からの「自律」＝離脱と、「アカデミー」という新たな学校「ガバナンス」の登場は、このジレンマを複雑化している。特に「アカデミー・チェーン」を構成する各校では、カリキュラムや指導方法については、事実上 MAT やスポンサーの統制に服している。ここでは、各学校から見た外在的統制は、スポンサーからの統制と市場型統制および経営管理型統制ということになる。

　各学校がその教育パフォーマンスについて応答すべき問責者は、極めて複雑化している。「アカデミー」化した学校では、親へのアカウンタビリティはもちろん、中央政府の教育省と教育水準局、そして自らの上部組織となったトラストやスポンサーに対するアカウンタビリティが強く要請されるようになっている。このような状況下で、学校や個々の教員が、子どもの置かれた状況、子ども・親との関係性、あるいは地域の社会経済的文脈の理解に基づいて自らの専門性を発揮することは、以前にもまして困難となっていると考えられるのである。

　さらに「行政責任のジレンマ」の問題は、前章で指摘したように、それが「ジレンマ」として認識されず、本来ならば行政職員が複数の異なる統制に対して葛藤しながら自らの専門性に基づく判断を行うべきところを、葛藤することなしに「支配的な」統制にのみ服してしまうことで、さらに深刻化する。

　連立政権の「アカデミー」化を通じた市場型統制の強化とそれに連動する経営管理型統制の強化は、個々の学校と教員が子どもの独自の背景や文脈に即した教育サービスを提供するのではなく、これまで以上に政府が要請する教育パフォーマンスの水準の達成へと学校を向かわせる。それは、客観的には存在するはずの「ジレンマ」をそれとして認識せず、もっぱら NPM 型の外在的統制に対してのみ自らの行政責任を果たそうとすることに他ならない。

　このように NPM 型の「距離をおいた」外在的行政統制が強化され、学校や教員の内在的統制や、「地域政策共同体」の中で培われてきた「距離の近い」外在的統制の回路が遮断されつつあること、それによってますます、政府の求める教育パフォーマンスを高いレベルで達成することのみが

学校や教員の主要な行政責任であると考えられるようになったことこそが、連立政権下の行政統制がもたらした深刻な問題なのである。

終章　イギリスにおける新自由主義教育改革と教育水準局査察——NPM型行政統制の歴史的位置とその陥穽

　筆者は序章において、本書を貫く三つの問題関心を提示した。すなわち、①イギリスの教育改革の様々なプロジェクトは、新自由主義的公共サービス改革としてどのように相互連関しているか、②新自由主義教育改革における行政統制はどのような構造を有しどのように変化したか、また、その歴史的役割は何か、③教育の行政統制の分析から得られる新自由主義的な国家介入の特徴はどのようなものか、である。この終章では、本書のまとめとして、この三つの問題について考察してみたい。

教育サービス改革の相互連関

　まず、第一の論点であるイギリスにおける個々の教育改革の相互連関についてまとめよう。本書で検討した三つの時期におけるイギリスの教育改革を貫くのは、公教育の「ガバナンス」化であり、教育サービスの供給を「準市場」を通じて行おうとするものであった。同時にこれらの改革は、サービス供給主体たる学校に、自らのパフォーマンスについての挙証責任、すなわちアカウンタビリティを問う社会構造を構築するものであった。これは教育サービスだけでなく、NPMに席巻された公共サービス改革全体に共通するものであった。

　この教育「ガバナンス」の構造は、一方での保護者による供給主体の選択（学校選択制）、それを前提とした供給主体の自律化（自律的学校経営）、多様化（公立学校への国庫補助学校、スペシャリスト・スクール、「アカデミー」等の導入）および競争化（学力テスト結果公表）を含んでいた。

これによって、教育サービスにおいて、「消費者」がサービス供給主体を選択し、供給主体が地方行政から「自律」し相互に「競争」するという「準市場」が成立した。これが教育という公共サービス供給の新たな形態となった。さらに、この「準市場」では、「選択」と「競争」の中で供給主体たる学校とそのサービスの質が、社会的に評価されるという特徴を有していた。ここに生まれる社会レベルの圧力＝統制を、本書では、市場型統制と呼んできた。

　他方で、この教育「ガバナンス」改革は、中央政府による目標設定（ナショナル・カリキュラムの導入）と、外部査察機関による供給主体の事後評価と判定（教育水準局査察）およびそれに基づく政府の介入（特別措置、閉校、「アカデミー」への転換など）、という一連の集権的な改革を含んでいた。この改革の力点は、中央政府が教育内容の達成目標を設定し、その成果の達成は「準市場」における供給主体の責任としつつ、その責任が果たされることを中央の査察機関である教育水準局が実施する学校査察によって担保する、という仕組みを創出するところにあった。本書では、その仕組みを経営管理型統制と呼んできた。

　換言すれば、外部査察による事後評価は、これら「準市場」を通じたサービス供給の質を政府が評価し、それを直接・間接に統制するために導入され、そのために機能したのである。直接の統制とは、低パフォーマンスとされた学校に対する様々な介入である。間接的な統制とは、学校や教員のうちに創出された「自己規制メカニズム」を起動させることであり、それを通じて市場型統制が再生産されることを意味している。

　以上をまとめれば、イギリスにおける一連の教育改革は、①公共サービスの領域に人為的に市場原理に基づくサービス供給を導入し、供給主体間あるいは利用者間に競争的な関係を導入する、②それにより市場における競争的な関係性の中において、利用者から選択されるようなパフォーマンスを生むための自己統制を供給主体に生み出す、③このような市場の統制力を基礎として、政府が公共サービスの供給やその質の統制を行うものであった、ということになろう。換言すれば、これらの改革は、サービス供給主体や利用者に対して市場が発揮する様々な「力」を人為的に生み出し

つつ、それによって中央政府がサービス供給と質に対する統制を行うことを企図した改革であったと考えられるのである。

新自由主義教育改革における新たな行政統制としての教育水準局査察の位置

次に、第二の論点として、本書で検討した教育水準局査察を軸とする行政統制は、一連の新自由主義的教育改革の中で、どのような構造を有しどのような役割を果たしたのかを整理してみよう。

戦後イギリス福祉国家における教育サービスの統制の中心にあったのは、教員の専門性に基づくカリキュラム（教育内容）や授業方法に対する非制度的・内在的な統制であり、これを中心として、地方教育当局の指導助言行政や勅任視学官による学校査察などの統制が行われていた。これらの「外在」的統制は、それが制度的なものであろうと非制度的なものであろうと、教育専門職という基盤を共有する「地域政策共同体」の内部で行われたものであり、それが1980年代以降の教育改革において打倒の対象とされたのであった。

このような教育に対する統制のあり方は、二段階で改革された。まず、教育サービスの一連の「準市場」化政策により、学校や教員に対し、本書で市場型統制と呼んできた非制度的外在的統制が新たに生み出された。特に学校の自律的経営、学校選択、リーグテーブルによるテスト結果公表、および「アカデミー」化を含む学校の多様化などの政策は、学校間の競争関係を強め各学校や教員に対し従来の「地域政策共同体」の外部から、絶えず高い教育パフォーマンスを挙証する圧力として機能した。これは社会レベルにおける「下」からの「アカウンタビリティ」実現圧力と言ってもいいだろう。

次に、教育水準局という中央レベルの査察機関の設立は、学校にとって、新たな制度的外在的統制が創出されたことを意味していた。この統制は、従来の教育専門職を共通の基盤とした「地域政策共同体」内部での統制と異なるのみならず、むしろそのような教育統制のあり方を否定し、社会が市場型統制によって要請する「アカウンタビリティ」の支配を、中央政府

終章　イギリスにおける新自由主義教育改革と教育水準局査察

の権力を背景に「上」から制度化し、再生産するものであった。

ここに、本書が分析してきたイギリスの教育サービスにおけるNPM型行政統制が、歴史的に二つの役割を担ってきたことが明らかとなった。一つは、従来の教育専門職を共通の基盤とした政策共同体による教育の統制を打破し、その「外部」に新たな統制の仕組みを構築することである。市場型統制が社会レベルにおいて従来の「地域政策共同体」外部から新たな統制を行おうとするものであるとすれば、教育水準局査察は経営管理型統制として行政レベルにおいて、従来の「地域政策共同体」の外から統制を行おうとするものである。

もう一つは、新自由主義的な改革によって導入された「準市場」による教育サービス供給に適合的な、新たな行政統制の仕組みを創出することである。そもそも教育水準局は、「準市場」による教育サービスの提供とそれによる市場型統制の登場を前提として設立された。同局は、政府機関として、親の選択に資する情報を提供することを目的に、学校が提供すべき教育パフォーマンスを標準化し、共通の制度枠組みの下で評価・判定し、その情報を「準市場」に提供する。学校は、強制力を伴うこの制度的外在的統制に応答し、この統制の求める「アカウンタビリティ」を果たす。そうすることで、競争的な「準市場」で保護者から選択され、生き残ることができる――。このようにNPM型行政統制は、市場型統制に対応する経営管理型統制を確立することにより、学校という供給主体に対し「アカウンタビリティ」の実現圧力を制度化し、「アカウンタビリティの支配」を確立したものであった。

イギリスにおけるNPM型行政統制と「アカウンタビリティの支配」の文脈

上記二つの役割を果たすうえで、教育水準局の学校査察の創設は決定的であり、これこそが1990年代イギリスにおいて、他国に類を見ない強力な学校評価機関が（再）構築された理由でもあった。

そもそもNPMは、市場原理によるサービス供給や事後評価による業績管理・統制を求めるが、それは必ずしも中央政府レベルにおける強力な統

制機関の創出を求めるものではない。しかし教育水準局という中央レベルの強力な統制機関を生み出したイギリスの場合には、さらに独自の背景が二つあったと考えられる。一つは、従来の教育専門職による「政策共同体」が、地域レベルで地方自治体を中心に形成されていたことである。これを打破するためには、中央政府の強力な査察機構による新たな外在的統制が必要だった。

　もう一つは、教育サービスにかかる一連の競争的市場化が短期間に徹底して行われたことである。急速に進行した市場原理による教育サービスの改革に対応し、これを管理統制する行政上の仕組みを整備する必要があったのである。第二章で述べたように、NPM型行政統制のもとでは、従来の政策共同体の中心にあった地方教育当局はもちろん、伝統的な勅任視学官による査察制度でも、この役割を担うのは困難であった。そのような事情を受け、メージャー政権の「市民憲章」を中心とする市場主義的な行政改革戦略の中で、供給主体の市場化改革に対応する新たな査察機関の創出と、それによる「アカウンタビリティ」を軸とした統制の仕組みの創出が、政治的にも高い位置づけを与えられたのである。

　このようなNPM型行政統制の歴史的な役割と、イギリスにおける教育改革と学校評価改革の独自の文脈の中で、先進国でも類を見ない強力な学校査察機関が創設されることとなった。

　とはいえ、NPM型行政統制に応答する学校の「アカウンタビリティ」が支配的になるまでには、相応の時間を必要とした。1997年までの保守党政権期は、教育におけるNPM型行政統制の確立期であり、従来の「地域政策共同体」による統制とNPM型行政統制とのせめぎあいが各地で展開されていた。その結果、主に第三章で明らかにしたように、学校査察に対する受けとめは、学校ごと、あるいは学校内部においても分裂がみられ、アカウンタビリティを果たすための学校査察（評価）と学校改善のためのあるべき評価システムとの乖離（かいり）が指摘されたのである。

　本書の検討をふまえれば、NPM型行政統制とそれに伴う「アカウンタビリティの支配」は、次の労働党政権期（1997-2010年）にイングランドの教育サービス全体に浸透・定着したといえよう。労働党政権は、発足当

初から教育改革のスローガンの一つとして「教育水準とアカウンタビリティ」を掲げたが、これは NPM 型行政統制への応答性の強化を通じた学校の学力向上政策をめざすものであった。

労働党政権期には、「準市場」における供給主体たる学校の多様性と競争性が強化される一方、地方（教育）当局を教育水準局の経営管理型統制の枠組みに位置づけなおし、教育パフォーマンスの重層的な管理体制が構築された。さらに、学校査察プロセスの中に学校自己評価を組み込むことにより、各学校は教育水準局の評価基準を自発的に内在化し、査察の中で「すすんで」アカウンタビリティを果たすように変化した。第四章で紹介した、教育水準局査察の改革に対する肯定的な受けとめはその表れといえよう。ある面では保守党政権のハードな NPM 型教育改革をマイルド化した労働党政権の教育改革において、教育水準局の学校査察は定着し、「アカウンタビリティの支配」が浸透したのである。

イギリスにおける新自由主義教育改革は、保守党政権から労働党政権にその担い手を交代する過程で、その力点を、戦後福祉国家の「地域政策共同体」の解体から新自由主義に適合的な教育「ガバナンス」と統制システムの「構築」へとシフトさせていったのである[1]。

2010 年以降の連立政権期には、「アカウンタビリティの支配」は新たな段階に入った。緊縮財政の中で、一方での公立学校の公設民営化と他方での学校評価基準の厳格化が推進されることにより、サービス供給主体たる各学校は、より強く「自律」と「アカウンタビリティ」が求められることとなったのである。

まず、同政権による公設民営化の推進と査察の厳格化により、低パフォーマンスの学校は容赦なく「アカデミー」化されるようになった。他方で、高パフォーマンスの学校も次々と「アカデミー」にコンバート（変換）されていった。同政権の教育改革のスローガンが「自律性とアカウンタビリティ」であったように、教育サービス供給主体の学校が地方当局か

---

[1] このことは、第四章の冒頭で指摘したように、労働党政権が新自由主義の新たな段階に対応する政策を展開したこととも密接に関係していたと考えられる。

ら自律して、「単体」でアカウンタビリティを果たすことが求められるようになったのである。これによって、教育サービスの「地域政策共同体」が一層弱体化されたと同時に、アカウンタビリティの実現は、他の団体からの支援から切り離され、文字通り学校の自己責任となった。つまり、自己責任化を通じ、学校とそこで働くスタッフへのアカウンタビリティ実現圧力が飛躍的に強化され、多くの公立学校が、「単体」で「準市場」において高い教育パフォーマンスを挙証し続けることが求められるようになったのである。

このように教育水準局査察を軸としたNPM型行政統制は、地域から切り離された各学校に内在化された「アカウンタビリティ」を通じ、各学校や教職員をより一層強く「支配」するに至ったのである。

教育水準局査察に見る国家介入のあり方の変化──市場の統制力を基礎にした公共サービス供給主体の統制とその進化

次に、第三の論点として、教育水準局査察を中心に構築されたイギリスの新自由主義的な行政統制は、国家の社会に対する介入のあり方として見た場合にどのような特徴を有していたのか、これまでの記述とやや重複するが触れておきたい。

新自由主義が単純な市場原理主義ではないことは、序章でも指摘した通りだが、イギリスの教育改革を対象とした本書の検討からは、新自由主義の下で行われる国家介入について以下の三つの側面を指摘できる。

一つは、国家が先頭に立ち、従来行政や公営企業によって提供されていた公共サービスの供給プロセスに「市場原理」を導入・拡大するという側面である。一連の「準市場」化政策がこれに当たる。公共サービスの供給者と利用者である市民との間の疑似市場的な関係は、国家の制度改革とその運用によって生まれ維持されている。

二つには、（準）市場がサービス供給主体におよぼす非制度的な統制力を国家が制度化し、国家による統制と連動させるという側面である。これを実現したのが、教育水準局査察を典型とする経営管理型統制の確立であり、これと市場型統制も含むNPM型行政統制の確立である。この介入に

よって、公共サービスの領域における「監査社会」化は飛躍的に進行した。

三つには、国家の政策的介入によって、供給主体や利用者（消費者）としての市民が、積極的に市場競争にコミットし、自らの市場における優位性を絶えず挙証しようとする側面である。供給主体たる学校や教職員の内に生み出された「自己規制メカニズム」、そしてそれが広く浸透することによって成立する「アカウンタビリティの支配」は、このような新自由主義的な国家介入の産物である。

以上のような国家介入の構造的な特徴は、次のようにまとめることができる。まず国家は、公共サービスを市場に単純に「丸投げ」するのではなく、市場および市場的な関係性を創出するために、社会の隅々にまで政策的な介入を行う。その障害となる自治体や専門家集団のネットワークの支配は打倒の対象となる。次に公共サービスの統制は、創出された（準）市場の「規制力」を基盤に、それらを制度化することによって行われるようになる。つまり市場原理の導入と事後評価による統制は別々に行われるのではなく、前者が生み出す「規制力」に依拠して後者の統制が行われるという関係にある。同時にこの統制は、供給主体内部に自己規制＝内在的統制を埋め込むことによって、多くの供給主体内部では直接的な外在的統制によらずに「規制」が行われることが企図される。つまり、新自由主義の時代における国家の介入は、NPM的な価値を実現するための「自己統治」を社会の隅々にまで拡大することをめざすのである[2]。

新たな国家介入とそれに基づく公共サービスの統制が、行政の各領域に拡大・浸透することにより、「新自由主義的統治」[3]が社会の深部にまで及んでいるのが今日のイギリス（イングランド）であると言えよう。

2 　佐々木隆治は、新自由主義における統治が市場の力によって基礎づけられ、市場の力を基礎に権力を作動させることを強調する。そのうえで新自由主義は、「増大した市場の力に基づいてあらゆる社会領域にホモ・エコノミクスの原理を浸透させ、人々を「すぐれて統治しやすい者」に変容させるということ、それによってそのような統治そのものを正当なものとして通用させるということ」を特徴とすることを指摘している（佐々木2016: 401）。

3 　新自由主義的統治については、前掲の佐々木（2016）のほか、佐藤（2009）、ブラウン（2017）を参照されたい。

NPM型行政統制のもとでの「行政責任のジレンマ」

　最後に、今後の教育サービスの課題にかかる論点を二点、指摘したい。

　一つは、各章で触れてきた「行政責任のジレンマ」の現れ方とその含意である。もともと「行政責任のジレンマ」が提起されたのは、現代国家において公務員に加えられる統制が多元的であるだけでなく、それが求める行為準則が相互に矛盾していることに注意を促し、その中で彼・彼女が公共サービスの担い手として行う選択や決断の重要性を強調するためであった（西尾 1990: 364-366）。しかし、本書の検討を通じて明らかになったことは、NPM型行政統制を通じた「アカウンタビリティの支配」が浸透することにより、ジレンマそのものが不可視化され、教育サービスに従事する教員をはじめとするスタッフにとって、適切な選択や決断が難しくなっているという現状であった。

　教育水準局査察の導入当初には、学力テストのパフォーマンス向上を中心とした学校査察基準の要請と、学校と子どもの社会経済的な背景や文脈に即した教育サービスの提供を求める要請との間のジレンマが、比較的明確に認識されていた。戦後福祉国家における行政責任のジレンマの典型は、民主主義を通じて表明される社会の要請と行政官の持つ専門性との間のジレンマであったが、そこに新たに教育市場の求めるパフォーマンス向上の要請が加わったのである。

　しかし、教育水準局査察が定着し、歴代政権によって強調された「教育水準の向上」と「アカウンタビリティ」が学校をめぐる言説を支配し、多くの学校および教職員がNPM型行政統制を「システムとして」受容するようになった今日、これらのジレンマを可視化したうえで個々の教職員が「内面の良心が命ずるところと他律的な統制ないしサンクションが命ずるところを整合させ」る（西尾 1990: 363）ことは極めて困難になっていると言えよう。

　つまり、NPM型行政統制のもとでの「アカウンタビリティの支配」は、かつて行政責任論が認識した「深刻な問題」である、「所属組織の行為準則が己の信条体系のすべてとなってしまう事態」を生み出している。しかもその行為準則は、直接に所属する組織からではなく、「アカウンタビリ

ティ」に支配された社会と政治によって組織外部から要請され、「自己規制メカニズム」を通じて多くの組織や個人に内在化させられたものである。

このような困難を乗り越え、公共サービスに従事する者が「行政責任のジレンマ」に正面から取り組むことが、公共サービスにおける大きな課題となっているのである。

教育サービスの再構築に向けて

もう一つの論点は、公的教育サービスに対するあるべき統制についてである。教育サービスを提供する学校や教職員に対してNPM型行政統制の規定力が強まる一方、教育をめぐる言説の中で後景に退けられたのは、二つの統制であった。

一つは、教員あるいは教職員集団の持つ専門性に基づく内在的統制である。第三章でも述べたように、教員の専門性には、知識や技術に加え、「反省的実践家」として子どもや学校の問題状況に応じて自らの教育の見直しを絶えず行っていく、という特徴がある（勝野 2002: 68-70）。本書で見てきたように、「アカウンタビリティの支配」は、市場や査察機関が求める教育パフォーマンスの達成を教員（集団）に求めることにより、子どもの状況や学校の置かれた社会経済的文脈に即してこの専門性を発揮することを困難にする。

もう一つは、従来地方教育当局を中心に地域ごとに行われてきた、教育サービスに対する外在的統制である。これは民主主義的手続きを通じた制度的統制と、地域住民による個別の学校参加や意見表明といった非制度的な統制を含んでいる。イギリスにおける教育改革の打倒の対象が「地域政策共同体」であったことからも明らかなように、NPM型行政統制の普及は、地方教育当局を軸とした地域レベルでの教育サービスへの統制を弱めることとなった。

特に、近年の「アカデミー」化政策について、学校の「自律」と「アカウンタビリティ」の強化と引き換えに、学校に対する地域の民主的統制を弱体化させることが批判の対象となっている（NUT 2011a, 2011b）。これらの批判は、今日の「アカウンタビリティの支配」が、地域による外在的

な統制を掘り崩していることへの危機感の表れでもある[4]。

　ここには、第一に、学校は民主的手続きに基づき運営される地方教育行政の統制に服するべきであり、第二に学校は、保護者はもとより地域住民の参加を通じ、地域社会の協力と支援を受けながら運営されるべきである、という規範的な認識がある。これらの認識は、伝統的な「地域政策共同体」の枠組みや専門職による狭い意味での「自治」を、参加と協働によってバージョンアップする構想を含んでいる（Sachs 2003、久保木 2011: 58-60）[5]。

　教育を含む公共サービスが真に主権者本位に運営・提供されるためには、官僚主義的統制でも市場に基づく統制でもなく、地域ごとに確立された民主的統制構造の中で、専門家としての公務従事者が、その裁量を市民の信頼の下で発揮できることが不可欠である（ウィッティ 2004:108-110）。その裁量とは、教職員による、学校に寄せられる様々な要請を受けとめながら（つまりは「行政責任のジレンマ」に正面から対峙しながら）、時々の状況に応じて子どもの成長に資する最適なサービスを選択・提供する専門家としての判断である。

　NPM型行政統制と「アカウンタビリティの支配」が席巻する今日、教育サービスに従事する教職員の専門性や、教育サービスの民主的統制をどのように再構築していくのかが問われていることを確認し、本書の結びとしたい。

4　ブラウンは、新自由主義が権限委譲とアカウンタビリティ、ベンチマーキングとベストプラクティスなどから構成される「ガバナンス」を動員することにより、民主主義を根本的に変質させることを指摘している（ブラウン 2017: 143-144）。

5　平塚眞樹は、学校評価を多様な当事者に「開く」ことによって、「拡張された内部」のアクターによって教育改善についての高い合意を得ると同時に「専門職層と非専門職層の関係を組み替えていく」可能性を指摘している（平塚 2006: 64-66）。

あとがき

　本書は、私が2000年代半ばから取り組んできたイギリス教育行政の研究、特に教育水準局査察を中心とした学校評価システムについての研究成果をもとに、執筆したものである。本書における分析の視点や各時代の教育改革の分析は、これまで執筆してきたいくつかの論考における考察を土台としているが、ごく一部の記述を除いて、すべて新たに書き下ろした。執筆作業は、2017年10月から長野大学国内研究員として東京に派遣されていた時期を中心に、2018年の秋まで行われた。当初の想定からはかなり遅れたが、単著の出版は、研究者を志した時からの一つの目標でもあった。なんとかそれをクリアすることができて、正直ほっとしている。

　つたない小著であるが、本書の完成までには多くの方にお世話になった。

　早稲田大学大学院の指導教授であった片岡寛光先生には、勉強不足な上になかなか問題意識が定まらず右往左往する私を、常に温かい目で見守っていただいた。当時「流行」となりつつあったNPMを比較的早くから批判的に論じることができたのは、行政国家研究の大家である片岡先生のもとで、国民を中心とした行政の構造、行政責任あるいは公共性の理論について学ぶことができたからである。同じく早稲田大学の縣公一郎先生には、片岡先生が退職された後に指導教官としてお世話になっただけでなく、職を得て東京を離れた後も、たびたびお声がけいただき、共同研究の機会をいただいている。お二人の先生のこれまでいただいたご指導に、深く感謝申し上げたい。

　同じく片岡研究室の先輩にあたる藤井浩司先生、風間規男先生、久邇良子先生、安章浩先生、松田憲忠先生、武藤桂一先生にも、これまでにいただいた様々なご指導について感謝申し上げたい。特に松田先生には、大学院時代から公私ともに大変お世話になっており、2015年の日本行政学会における分科会報告についてもお声がけいただいた。本書の研究は、その時の報告と翌年の日本行政学会年報に掲載された公募論文の執筆が直接の

きっかけとなっている。また、片岡研究室で同じ時期に学んだ中沼丈晃氏、上崎哉氏、武岡明子氏、原田徹氏、新谷浩史氏、大藪俊志氏、堀田学氏にも感謝の意を表したい。

　私が初めて行政学を学んだのは、中央大学法学部の今村都南雄先生のゼミに所属してからであった。今村ゼミの卒業論文の執筆にあたって、先生から厳しいコメントをいただきながらたった2万字ほどの文章を何とか仕上げた経験が、大学院で本格的に研究に取り組みたいと思ったきっかけである。実は、論文提出日とされた学期末のゼミに完成が間に合わず、私だけが欠席するという大変失礼なことをしてしまった。後日、日野市の先生のご自宅まで恐る恐る持参したことをよく覚えている。大学院に進学し中央大学を離れてからも、今村先生には折に触れて貴重なアドバイスをいただいた。修士論文のテーマを思案しているときに、C. ポリットの新管理主義批判やK. ウォルシュのNPM分析などの文献を紹介してくれたのも今村先生であった。博士後期課程に進学してからは、大学院のゼミに参加させていただき、当時盛んに発表されていた欧米のガバナンス研究の文献を共に読む機会をいただいた。先生からは、タイミングを逃さずに業績をまとめることの大切さを繰り返し助言いただいており、その言葉が、多忙を言い訳になかなか大きな「構え」をつくれなかった私の背中を押してくれたと思う。今村先生にはまたしても「提出」が遅れたことをお詫びしつつ、心から感謝申し上げたい。

　新自由主義の下で進行する行政改革を批判的に分析・検討したいと考えたきっかけは、中央大学の学生サークルである現代社会科学研究会の活動であった。当時、「冷戦終結」とともに政治学や法学における国家論研究自体が急速に縮小していく中で、ほとんど学生だけで現代資本主義国家論の文献をいくつも読んで議論した。学部4年の時から、その仲間たちと信州・蓼科高原で合宿を行うようになった。各自が別々の大学院に進学した後も、合宿は、6～7年続いたと思う。いまから考えれば稚拙で粗雑な議論ばかりしていたが、それでもこれからの時代に何を研究対象としどのような方法でそれを分析しなければならないのかを語り合う仲間を得られたことはかけがえのない経験であった。その経験を共有する山崎哲史氏、倉

沢生雄氏、片渕卓志氏、佐藤克春氏、そしてサークルの顧問でもあった米田貢先生には、感謝とともに本書の完成を報告したい。

　学部時代に抱いた問題意識を、私が今日まで継続して持ち続けることができたのは、いくつかの貴重な機会に恵まれたからであった。東京自治問題研究所では、まだ博士課程の院生だった2000年代前半から、東京都や23区のNPM行政改革を自治体職員の方々と一緒に調査・研究する機会をいただいた。この時に、大いに学ばせていただいたのが、進藤兵先生と安達智則氏である。お二人には現在に至るまで、様々な機会に研究をご一緒し、多くの知的刺激を与えていただいている。同研究所には、2017年の国内研究員の受け入れ機関にもなっていただき、坂野法夫事務局長と川上哲氏には色々とお世話になった。

　2008年に発足した福祉国家構想研究会では、自治体部会を中心に、進行する自治体構造改革や公共サービスの市場化をどう分析し、対抗軸を打ち出すかを議論してきた。同研究会の代表でもある渡辺治先生と後藤道夫先生には院生時代からお世話になっているが、お二人にはその理論枠組みだけでなく、研究者が社会にどう関わるべきかを「背中で」教えられてきた。蓑輪明子氏をはじめとする福祉国家構想研究会若手部会のメンバーには、共通の問題意識を持つ若い世代の研究者と、「大きな」問題意識を鍛える貴重な機会を提供してもらっている。また、堀雅晴先生と進藤先生を中心とする批判的政治学研究会では、個別制度の実態に拘泥しがちな私のイギリス研究を、政治学研究として発展させるための貴重な機会をいただいている。なかでも山本公徳氏、二宮元氏には、同世代の政治学研究者として多くの知的刺激をもらっている。

　私が勤務する長野大学は、2017年度に、私立大学から上田市を設置者とする公立大学（法人）に移行した。私自身が、地方独立行政法人の一職員として、NPM型統制システムの下で働くことになったのだ。地方独法となった大学は、設置者をはじめとする統制主体から、本書で述べた「距離をおいた統御」「数値による統御」を受ける存在である。そうした中で、私が少しでも教育現場で生起する具体的な問題に即して、あるいは自らの内発的な問題関心に即して、教育や研究に取り組むことができているとす

れば、それは多忙な業務の中で問題を共有し議論できる「批判的な友人」としての同僚のおかげである。日ごろからお世話になっている古田睦美学部長をはじめとする環境ツーリズム学部の同僚の先生方、学内研究会などで共に議論してきた企業情報学部と社会福祉学部の先生方、そして既に退職されたが、地方の小規模大学で教育と研究をどのように両立すべきかを、文字通り「走りながら」考える機会をいただいた野原光先生、長嶋伸一先生、安井幸次先生に、心から御礼を申し上げたい。

　また、私にとって長野大学事務職員の方々は、学生への対応をはじめ様々な問題について相談し連携しながら取り組む重要なパートナーである。大学の教育研究の発展はこれら職員の方々と教員の連携なしにはあり得ないことを日々実感しており、事務職員の皆さんにも感謝の意を表したい。

　2006年に上田市に転居して間もなく、教育に関心を持つ市民の方々と「上田市の教育を考える会」という小さな団体をつくり、活動を始めた。上田市が市長部局主導で学校選択制や教育バウチャー、そして学校評価制度を導入する動きを見せたことがきっかけである。中央政府でも、教育再生会議などが盛んに新自由主義教育改革の推進に取り組んでいた時期であった。市民向けの学習会やシンポジウムを繰り返しながら考えたことは、それぞれの学校が抱える課題は多様であり、それを解決する力は競争や評価による「外圧」では生まれない、ということだった。同会の活動を通じて、必要なのは、子どもを中心に教職員と保護者および地域が連携し、問題を具体的に解決していく力を獲得していくことである、という確信が生まれた。本書で検討した教育改革の主要な論点は、「上田市の教育を考える会」において議論したテーマと重なっている。代表の渡辺薫さんをはじめとする「上田市の教育を考える会」のみなさんには、教育を改革する「地域の力」を教えてくれたことを感謝したい。

　本書の出版について、花伝社を紹介していただいたのは山本由美先生である。山本先生には、世取山洋介先生とともに、教育行政について全くの素人であった筆者を、NPM型教育改革の研究会に誘っていただき、共同研究や学会報告の機会を与えていただいた。花伝社から本書を出版したいと考えたのは、山本先生が日本やアメリカの新自由主義教育改革の批判的

あとがき

研究を同社から次々に出版しているのを見て、それに続きたいと考えたからでもある。その気さくなお人柄とエネルギッシュな研究姿勢にいつも励まされていることを記しながら、山本先生に改めて感謝の意を伝えたい。

花伝社の平田勝社長には、イギリスのNPM型教育改革の歴史的展開を批判的に検討することの意義をご理解いただき、本書の出版を快諾いただいた。編集部の山口侑紀さんには、短期間にもかかわらず細部にわたるまで丁寧な編集を行っていただいた。

本書は、長野大学から「平成30年度学術図書出版助成」を受けて出版される。長野大学の研究推進室には、本書の出版はもちろん、調査のための海外出張や国内研究員としての派遣など、本書の研究を進めるにあたって大変お世話になった。特に、同推進職員として2018年末まで勤務された池内じゅんさんには、心からお礼を申し上げたい。また本書は、科学研究費補助金（基盤研究C、2013－2017、No.25380177）の研究成果の一部である。

最後に、家族に感謝の気持ちを伝えたい。妻の羽田由紀は、スクールソーシャルワーカーとして、教育システムから排除されそうになる子どもたちと日々向き合っている。二人の息子、蒼馬と燈志は、中学生と小学生として、日本の公教育のまっただ中で、様々な葛藤を抱えながらも個性豊かに成長している。妻と二人の息子の存在が、自分の研究を何とか形あるものとして残したいという思いとなって、本書の執筆を後押ししてくれた。また、母・久保木寿子と父・清三、兄・亮介も、私の研究者としての頼りない歩みを温かく見守ってくれた。今日まで私を支えてくれた家族皆に感謝し、本書を捧げたい。

2019年1月　雪の信州・塩田平を望む研究室にて

久保木匡介

参考文献

邦語文献

青木栄一（2008）「評価制度と教育の NPM 型ガバナンス改革」『評価クォータリー』2008 年 1 月号。

青木栄一（2010）「第 4 章　教育の評価制度と地方政治の変容――中央政府における制度化過程」山谷清志編著『公共部門の評価と管理』晃洋書房。

青木研作（2017）「第 3 章　第 3 節　新しいタイプの公営学校」日英教育学会編『英国の教育』東信堂。

安達智則（2004）『自治体「構造改革」批判――「NPM 行革」から市民の自治体へ』旬報社。

アップル, マイケル・M、ウィッティ, ジェフ、長尾彰夫（1994）『カリキュラム・ポリティックス――現代の教育改革とナショナル・カリキュラム』東信堂。

安倍晋三（2006）『美しい国へ』文春新書。

石川恵子（2004）「英国の地方自治体における業績指標の監査――包括的業績評価（CPA: Comprehensive Performance Assessment）を手がかりにして」『会計検査研究』No.29.

稲沢克祐（2002）「第 3 章　財政の仕組みと行財政改革」竹下譲ほか『イギリスの政治行政システム――サッチャー、メジャー、ブレア政権の行財政改革』ぎょうせい。

稲継裕昭（2000）『人事・給与と地方自治』東洋経済新報社。

稲継裕昭（2001）「英国ブレア政権下での新たな政策評価制度――包括的歳出レビュー（CSR）・公共サービス合意（PSAs）」『季刊行政管理研究』93 号。

稲継裕昭、村松岐夫編著（2003）『包括的地方自治ガバナンス改革』東洋経済新報社。

今村都南雄・武藤博巳・沼田良・佐藤克廣・南島和久『ホーンブック基礎行政学（第 3 版）』北樹出版。

岩橋法雄（2007）「英国ニュー・レイバーの教育政策――サッチャー教育改革との継続性と断絶について」『琉球大学法文学部人間科学科紀要　人間科学』20 号。

ウィッティー, ジェフ（2004）『教育改革の社会学――市場、公教育、シティズンシップ』（堀尾輝久、久冨善之監訳）東京大学出版会。

植田みどり（2013）「地方教育行政における指導行政の在り方――イギリスの SIPs（School Improvement Partners）を通して」『日本教育行政学会年報』39 巻。

上山信一（1999）『行政経営の時代――評価から実践へ』NTT 出版。

ウォルフォード，ジェフリー（1993）『現代イギリス教育とプライヴァタイゼーション――教育で特権は買えるか』（岩橋法雄訳）法律文化社。
榎本剛（2002）『英国の教育』自治体国際化協会。
大住莊四郎（1999）『ニュー・パブリックマネジメント――理念・ビジョン・戦略』日本評論社。
大住莊四郎（2003）『NPM による行政革命――経営改革モデルの構築と実践』日本評論社。
大田直子（1992）『イギリス教育行政制度成立史――パートナーシップ原理の誕生』東京大学出版会。
大田直子（1995）「秘密の花園の終焉(1)――イギリスにおける教師の教育の自由について」東京都立大学人文学部編『人文学報・教育学』30 巻 259 号。
大田直子（1996）「イギリス 1944 年教育法再考――戦後教育史研究の枠組みを越えて」『人文学報・教育学』31 巻。
大田直子（2010）『現代イギリス「品質保証国家」の教育改革』世織書房。
岡田章宏、自治体問題研究所編（2005）『NPM の検証――日本とヨーロッパ』自治体研究社。
岡野泰樹（2016）「Power 監査理論の再検討――紛争鉱物報告書監査を題材として」『現代監査』No.26.
沖清豪、窪田眞二、高妻紳二郎（2004）「2 章　イギリスの学校評価」窪田眞二、木岡一明編著『学校評価のしくみをどう創るか――先進 5 カ国に学ぶ自律性の育て方』学陽書房。
風間規男（1995）「行政統制理論序説――民主的な政策過程を目指して」『近畿大學法學』43 巻 1 号。
風間規男（2008）「規制から自主規制へ――環境政策手法の変化の政治学的考察」『同志社政策研究』2 号。
勝野正章（2003）『教員評価の理念と政策――日本とイギリス』エイデル研究所。
兼村高文（2014）「英国キャメロン政権の緊縮財政政策と地方財政――国の政策で財政危機に追い込まれた地方自治体とその対応」『自治総研』434 号。
木岡一明、高妻伸二郎、藤井佐知子（2013）「結章　質保証　時代の学校評価をどう展望するか」福本みちよ編『学校評価システムの展開に関する実証的研究』玉川大学出版部。
君村昌（1993a）「1 章　戦後福祉国家と地方自治」君村昌、北村裕明編著『現代イギリス地方自治の展開――サッチャリズムと地方自治の変容』法律文化社。
君村昌（1993b）「2 章　サッチャー政権下の地方自治改革」同書。
君村昌（1998）『現代の行政改革とエージェンシー』行政管理研究センター。

ギャンブル, A.（1988）『自由経済と強い国家——サッチャリズムの政治学』（小笠原欣幸訳）みすず書房。

久保木匡介（1998）「イギリスにおける中央省庁の改編——エージェンシー化を中心に」片岡寛光編『国別行政改革事情』早稲田大学出版部。

久保木匡介（2000）「イギリスにおけるNPM改革の連続と断絶」『早稲田政治公法研究』64号。

久保木匡介（2008a）「第16章　イギリスにおけるNPM教育改革の展開」佐貫浩、世取山洋介編『新自由主義教育改革——その理論・実態と対抗軸』大月書店。

久保木匡介（2008b）「第3章　ブレア政権におけるエージェンシー制度の転換」総務省大臣官房企画課『行政の組織改革の現状と今後のあり方に関する調査研究報告書』

久保木匡介（2009）「イギリス教育水準局の学校査察と教育の専門性(1)——1990年代保守党政権期を中心に」『長野大学紀要』31巻1号。

久保木匡介（2010）「イギリス教育水準局の学校査察と教育の専門性(2)——学校評価における自己評価および地方教育当局の位置づけの変化」『長野大学紀要』32巻2号。

久保木匡介（2011）「公共サービス評価と公務従事者の専門性形成——イギリスの学校評価制度の検討を中心に」中央大学法学会『法学新報』118号3・4巻。

久保木匡介（2012）「イギリス教育水準局の学校査察と教育の専門性(3)——2000年代中葉の学校査察改革を中心に」『長野大学紀要』33巻2・3号。

久保木匡介（2013）「イギリスにおけるキャメロン連立政権下の教育改革の動向——「民営化」政策と学校査察改革との関係を中心に」『長野大学紀要』34巻3号。

久保木匡介（2014）「現代スコットランドにおける学校評価——教師の専門性向上を軸とした学校自己評価と学校査察」『長野大学紀要』36巻2号。

久保木匡介（2016a）「英国における学校評価システム——NPM型行政統制の構造と陥穽」日本行政学会編『年報行政学51　沖縄をめぐる政府間関係』ぎょうせい。

久保木匡介（2016b）「第11章　行政統制——公共サービスの評価を通じた統制の多様な展開」縣公一郎、藤井浩司編『ダイバーシティ時代の行政学——多様化社会における政策・制度研究』早稲田大学出版部。

高妻紳二郎（2007）『イギリス視学制度に関する研究——第三者による学校評価の伝統と革新』多賀出版。

小堀眞裕（2005）『サッチャリズムとブレア政治——コンセンサスの変容、規制国家の強まり、そして新しい左右軸』晃洋書房。

児山正史（1999a）「公共サービスにおける利用者の選択——準市場の分析枠組」名古屋大学大学院法学研究科編『名古屋大学法政論集』177号。

児山正史（1999b）「イギリスの学校選択——公共サービスにおける利用者の選択」『名古屋大学法政論集』180号。
児山正史（2004）「準市場の概念」日本行政学会編『年報行政研究39　ガバナンス論と行政学』ぎょうせい。
坂本真由美（1996）「英国における Ofsted の School Inspection——教師の意識調査に見るその意義と問題点」『九州教育学会研究紀要』24巻。
坂本真由美（2006）「イギリスの failing school の特徴に関する一考察——ある失敗学校の歴史と学校視察制度からの検討」『九州龍谷短期大学紀要』52巻。
佐々木隆治（2016）「第三部第六章　新自由主義をいかに批判すべきか——フーコーの統治性論をめぐって」平子友長・橋本直人・佐山圭司ほか編著『危機に対峙する思考』梓出版社。
佐藤嘉幸（2009）『新自由主義と権力——フーコーから現在性の哲学へ』人文書院。
佐貫浩（2002）『イギリスの教育改革と日本』高文研。
自治体国際化協会（1993）「英国の公共サービスと強制競争入札（クレア・レポート）」。
自治体国際化協会（2004）「英国の地域再生政策（クレア・レポート）」。
柴健次（1994）「イギリスにおける政府組織の市場化とアカウンタビリティ」『会計検査研究』第10号
新谷浩史（2007）「第1章　ガバナンスと連携政府」藤井浩司・縣公一郎編『コレーク行政学』成文堂。
進藤兵（2004）「東京都の新自由主義教育改革とその背景」堀尾輝久、小島喜孝編『地域における新自由主義教育改革——学校選択、学力テスト、教育特区』エイデル研究所。
進藤兵（2008）「ポスト・フォーディズムと教育改革」佐貫浩、世取山洋介編『新自由主義教育改革——その理論・実態と対抗軸』大月書店。
進藤兵（2006）「英国における教育改革と地方自治」『日本教育政策学会年報』13巻。
鈴木大裕（2016）『崩壊するアメリカの公教育——日本への警告』岩波書店
スミサーズ，アラン（2012）「10　学校」（橋本将志訳）セルドン，アンソニー編『ブレアのイギリス1997−2007』（土倉莞爾、廣川嘉裕監訳）関西大学出版部。
清田夏代（2005）『現代イギリスの教育行政改革』勁草書房。
末松裕基（2012）「第1章　イギリスの学校経営」佐藤博志編集、鞍馬裕美、末松裕基『学校経営の国際的探求——イギリス・アメリカ・日本』酒井書店。
末松裕基（2017）「トピック05　ティーチング・スクール」日英教育学会編『英国の教育』東信堂。
曽我謙悟（2013）『行政学』有斐閣アルマ。

田中嘉彦（2011）「海外法律情報　英国―2010年アカデミー法――キャメロン連立政権の教育政策」『ジュリスト』2011年2月15日号（No.1416）。

豊永郁子（2010）『新版　サッチャリズムの世紀――作用の政治学へ』勁草書房。

永田祐（2011）『ローカル・ガバナンスと参加――イギリスにおける市民主体の地域再生』中央法規出版。

中西典子（2016）「英国のローカリズム政策をめぐる地方分権化の諸相（一）――労働党から保守党・自由民主党連立を経て保守党単独政権に至るまでの経緯」『立命館産業社会論集』52巻1号。

南島和久（2010）「第2章　NPMをめぐる2つの教義（ドクトリン）――評価をめぐる『学』と『実務』」山谷清志編著『公共部門の評価と管理』晃洋書房。

西尾勝（1990）『行政学の基礎概念』東京大学出版会。

西尾隆（1995）「行政統制と行政責任」『講座行政学6』有斐閣。

西尾勝（2001）『新版行政学』有斐閣。

二宮元（2014）『福祉国家と新自由主義――イギリス現代国家の構造とその再編』旬報社。

二宮元（2017）「新自由主義政治の新たな段階と排外主義の台頭」唯物論研究協会編『唯物論研究年誌第22号　現在の〈差別〉のかたち』大月書店。

バーナム, ジューン、パイパー, ロバート（2010）『イギリスの行政改革――現代化する公務』（稲継裕昭監訳）、ミネルヴァ書房。

ハーヴェイ, デヴィッド（2007）『新自由主義――その歴史的展開と現在』（渡辺治監訳）作品社。

原田晃樹（2011）「英国キャメロン政権におけるボランタリーセクター政策の行政学的考察――ボランタリー組織の社会的価値とアカウンタビリティ」『法學新報』118巻3・4号。

原田久（2005）『NPM時代の組織と人事』信山社。

橋本圭多（2017）『公共部門における評価と統制』晃洋書房。

平塚眞樹（2006）「教育改革評価のあり方に関する一視点――"正統性の回復"をどのように図るのか」『日本教育政策学会年報』13巻。

ヒルシュ, ヨアヒム（1998）『国民的競争国家――グローバル時代の国家とオルタナティブ』（木原滋哉、中村健吾訳）ミネルヴァ書房。

福井秀夫編（2007）『教育バウチャー――学校はどう選ばれるか』明治図書。

福嶋尚子（2011）「中央政府における学校評価政策の展開と制度構想の特徴」『日本教育政策学会年報』18号。

福田誠治（2007）『競争しても学力行き止まり――イギリス教育の失敗とフィンランドの成功』朝日新聞社。

藤井佐知子（2013）「第16章 自律的学校改善を支える学校評価システム——フランス、スコットランド」福本みちよ編著『学校評価システムの展開に関する実証的研究』玉川大学出版部。
藤井泰（2011）「イギリスにおけるPISAの教育政策へのインパクトの検討」『松山大学論集』第23巻第5号。
藤田弘之（1979）「イギリス地方教育当局の指導行政——指導主事（adviser）の組織・職務および教育イノベーションへのかかわり方を中心として」『日本教育行政学会年報』第5巻。
藤田弘之（1990）「イギリスにおける地方当局会計監査委員会の設置と地方教育経営の改善」『日本教育経営学会紀要』第32巻。
藤田弘之（1993）「5章 教育政策」君村昌、北村裕明編『現代イギリス地方自治の展開——サッチャリズムと地方自治の変容』法律文化社。
ブライス，マーク（2015）『緊縮策という病——「危険な思想」の歴史』（若田部昌澄監訳）NTT出版。
ブラウン，ウェンディ（2017）『いかにして民主主義は失われていくのか——新自由主義の見えざる攻撃』（中井亜佐子訳）みすず書房。
毎熊浩一（1998）「NPM型行政責任試論——監査とその陥穽に着目して」『季刊行政管理研究』81号。
毎熊浩一（2001）「NPMのパラドックス？——『規制国家』現象と『触媒政府』の本質」日本行政学会編『年報行政研究36 日本の行政研究——過去・現在・未来』ぎょうせい。
毎熊浩一（2002）「NPM型行政責任再論——市場式アカウンタビリティとレスポンシビリティの矛盾」『会計検査研究』No.25。
三橋良士明、榊原秀訓編著（2006）『行政民間化の公共性分析』日本評論社。
望田研吾（1996）『現代イギリスの中等教育改革の研究』九州大学出版会。
望田研吾（1999）「イギリスにおける教育アクション・ゾーン政策の展開」『九州大学大学院教育学研究紀要』第2号（通巻第45集）。
望田研吾（2010）「1 イギリス労働党ブレア政権の教育改革——競争から協働へ」望田研吾編『21世紀の教育改革と教育交流』東信堂。
文部省（2000）『諸外国の教育行財政制度』大蔵省印刷局。
ルグラン，ジュリアン（2010）『準市場 もう一つの見えざる手——選択と競争による公共サービス』（後房雄訳）法律文化社。
安章浩（1998）「2章 イギリスにおける行政改革とその批判的考察」片岡寛光編『国別行政改革事情』早稲田大学出版部。
安章浩（2006）「イギリスにおける新しいガバナンスのランドスケープ」『行政の

未来――片岡寛光先生古希祝賀』成文堂。

安章浩（2011）「イギリス・キャメロン連立政権の社会改革に関する一考察」『尚美学園大学総合政策論集』第 13 号。

山口裕貴（2013）「戦後のイギリスにおける教育的諸状況について――サッチャー時代以前の学校制度の歴史的動向」『桜美林論考・自然科学・総合科学研究』第 4 号。

山崎克明（1990）「第 2 章 サッチャー政権の中央政府改革」宇都宮深志編『サッチャー改革の理念と実践』三嶺書房。

山本隆（2011）「イギリスにおける貧困への視座と対策――労働党政権時代の貧困・地域再生政策の検証」国立社会保障・人口問題研究所編『海外社会保障研究』No.177。

山本由美（2015）『教育改革はアメリカの失敗を追いかける――学力テスト、小中一貫、学校統廃合の全体像』花伝社。

山谷清志（2002）「第 6 章 行政の評価と統制」福田耕治、真渕勝、縣公一郎編『行政の新展開』法律文化社。

山谷清志（2006）『政策評価の実践とその課題――アカウンタビリティのジレンマ』萌書房。

山谷清志編（2010）『公共部門の評価と管理』晃洋書房。

吉田多美子（2005）「イギリス教育改革の変遷――ナショナル・カリキュラムを中心に」『レファレンス』通号 658 号。

吉原美那子「第 3 章第 2 節 LA 管理の公営学校」日英教育学会編『英国の教育』東信堂。

世取山洋介（2007）「新制度派経済学に基づく教育制度理論の批判と代替的理論の展望――外からの改革と内からの改革」『日本教育政策学会年報』14 号。

世取山洋介（2008）「新自由主義教育政策を基礎づける理論の展開とその全体像」佐貫浩、世取山洋介編『新自由主義教育改革――その理論・実態と対抗軸』大月書店。

労働政策研究・研修機構（2010）「『戦後最大』規模の歳出削減、公表――低所得層に高負担との批判も（国別労働トピック：2010 年 11 月）」（https://www.jil.go.jp/foreign/jihou/2010_11/england_01.htm、2018 年 9 月 30 日最終閲覧）。

ロートン, デニス（1998）『教育課程改革と教師の専門職性――ナショナルカリキュラムを超えて』（勝野正章訳）学文社。

渡辺治「日本の新自由主義――ハーヴェイ『新自由主義』に寄せて」ハーヴェイ、デヴィッド（2007）『新自由主義 その歴史的展開と現在』（渡辺治監訳）作品社。

渡邉志織（2013）「イギリス教育改革の現状と課題――ウェールズにおけるティーチャー・アセスメントを素材として――」新潟大学大学院現代社会文化研究科紀

要編集委員会 編『現代社会文化研究』No.57。

一次資料

Academies Commission (2013), *Unleashing Greatness: Getting the best from an academised system*, The Report of the Academies Commission, RSA.

Anti-Academy Alliance (AAA) (2014), Written evidence submitted by the Anti-Academy Alliance (AFS0074) in Education Committee, *Academies and Free Schools*.

Audit Commission (1989), *Assuring Quality in Education: The Role of Local Education Authority Inspectors and Advisers*, HMSO.

Cabinet Office (1991), *The Citizen's Charter: Raising the Standards*, Cm 1599, HMSO.

Cabinet Office (1999) *Modernising Government*, Cm 4310, TSO.

Cabinet Office (2006), *The UK Government's Approach to Public Service Reform*.

Conservative Party (2010), *Invitation to Join the Government of Britain: The Conservative Manifesto 2010*.

DfE (1992), *Choice and Diversity: A new framework for schools*, Cm 2021, HMSO.

DfE (2010), *The Importance of teaching: The Schools White Paper 2010*, Cm 7980, HMSO.

DETR (1998), *Modern local government: in touch with the people*, TSO.

DfEE (1996), *Self-Government for Schools*, Cm 3315, HMSO.

DfEE (1997), *Excellence in schools*, Cm 3681, HMSO.

DfEE (2001), *Schools: Building on Success: Raising Standards, Promoting Diversity, Achieving Results*, Cm 5050, TSO.

DfES (2001), *Schools: achieving success*, Cm 5230, TSO.

DfES (2004), *Five Year Strategy for Children and Learners: Putting people at the heart of public services*, Cm 6272, TSO.

DfES and Ofsted (2005), *A New Relationship with Schools : Next Steps*, DfES.

DfES (2005), *Higher Standards, better schools for all: more choice for parents and pupils*, Cm 6677, TSO.

Education Committee (2011), *The role and performance of Ofsted: Second Report of Session 2010-11*, HC570-I, TSO.

Education Committee (2013), *School Partnerships and Cooperation: Fourth Report of Session 2013-14*, HC 269, TSO.

Education Committee (2015), *Academies and free schools: Fourth Report of Session*

2014-15, HC 258, TSO.

Education and Employment Committee (1999), *The Work of Ofsted: Fourth Report*, HC62-I.

Education and Skills Committee (2004), *The Work of Ofsted: Sixth Report of Session 2003-04*, HC426.

Education and Skills Committee (2007), *The Work of Ofsted: Sixth Report of Session 2006-07*, HC165.

Efficiency Unit (1988), *Improving Management in Government: The Next Steps: Report to the Prime Minister*, HMSO.

HMTreasury (2003), *Every child matters ; Presented to Parliament by the Chief Secretary to the Treasury by Command of Her Majesty*, CM 5860, TSO.

Jaquiss, V. (2014), Written evidence submitted by Victria Jaquiss (AFS00059), in Education Committee, *Academies and Free Schools.*

Labour Party (1995), *Diversity and excellence: A new partnership for Schools.*

Labour Party (1997), *New Labour because Britain deserves better.*

Labour Party (2001), *Ambitions for Britain.*

Mottershead, Alan (2014), Written evidence submitted by Alan Mottershead (AFS00048), in Education Committee, *Academies and Free Schools.*

NFER (2007), *Evaluation of the impact of Section 5 inspection.*

NAO (2014), *Academies and maintained schools: Oversight and intervention.*

NUT(1999), Memorandum from the National Union of Teachers (Appendix 10) in Education and Employment Committee, *The Work of Ofsted: Fourth Report.*

NUT (2003), The Response of National Union of Teachers to the Ofsted consultation: 'The Future of Inspection', NUT.

NUT (2004), Memorandum submitted by the National Union of Teachers, in Education and Skills Committee (2004), *The Work of Ofsted : Sixth Report of Session 2003-04* , Ev 45 - 50, TSO.

NUT (2007), National Union of Teachers Ofsted Inspection Survey 2007 in Education and Skills Committee (2007), *The Work of Ofsted : Sixth Report of Session 2006-2007*, Ev 66-67, TSO.

NUT (2008), *Evaluation, Inspection and Support: A System that works: Proposal by National Union of Teachers.*

NUT (2011a), *Academies Toolkit: Defending State Education.*

NUT (2011b), *Free Schools: Beyond the Spin of Government policy.*

NUT (2014), *NUT School Inspection Survey Report: February 2014.*

NUT (2014), Written evidence submitted by the NUT (AFS0046), in The Education Committee, *Academies and free schools*.

Ofsted (1994), *The Framework for the Inspection of Schools (revised May 1994)*, Ofsted.

Ofsted (1995a), *The Ofsted Handbook: Guidance on the Inspection of Nursery and Primary Schools*, Ofsted.

Ofsted (1995b), *The Ofsted Handbook: Guidance on the Inspection of Secondary Schools*, Ofsted.

Ofsted (1997), *The Annual Report of Her Majesty's Chief Inspector of Schools: Standards and Quality in Education 1995/1996*, TSO.

Ofsted (1998a), *The Annual Report of Her Majesty's Chief Inspector of Schools: Standards and Quality in Education 1996/1997*, TSO.

Ofsted (1998b), *School Evaluation Matters*, Ofsted.

Ofsted (1998c), *Making the Most of Inspection: A Guide to Inspection for Schools and Governors*, Ofsted.

Ofsted (1999), *Handbook for Inspecting Secondary Schools with guidance on self-evaluation (effective from January 2000)*, Ofsted.

Ofsted (2003), *Handbook for Inspecting Secondary Schools (effective from September 2003)*, HMI 1360, Ofsted.

Ofsted (2004), *The Future of Inspection: Consultation Paper*, Ofsted.

Ofsted (2005), *Every child matters: Framework for the inspection of schools in England from September 2005*, Ofsted.

Ofsted (2006), *School inspection: an evaluation*, Ofsted.

Ofsted (2011), *The framework for school inspection in England under section 5 of the Education Act 2005, from September 2009*, Ofsted.

Ofsted (2013), *The framework for inspecting schools in England under section 5 of the Education Act 2005 (as amended)*, Ofsted.

OPSR (Office of Public Services Reform) (2003), *The Government's Policy on Inspection of Public Services*.

外国語文献

Ball, S. (1999), Labour, Learning and the Economy: a policy sociology perspective, *Cambridge Journal of Education*, vol.29, No.2.

Ball, S. (2003), *Class Strategies and the education market: The middle class and social advantage*, Routledge.

Ball, S. (2013), *The Education Debate (second edition)*, Policy Press.
Ball, S. (2017), *The Education Debate (third edition)*, Policy Press.
Barber, M. and Sebba, J. (1999), Reflections on Progress towards a World Class Education System, *Cambridge Journal of Education*, vol.29, No.2.
Baxter, J. and Grek, S. and Lawn, M. (2015), Regulatory Frameworks: shifting frameworks, shifting criteria, in Grek, S. and Lindgren, J. eds., *Governing by inspection*, Routledge.
Bolton, E. (1998), HMI-The Thatcher years', *Oxford Review of Education*, 24(1).
Bulpitt, J. (1983), *Territory and Power in the United Kingdom: An Interpretation*, Manchester University Press.
Burnham, J. and Horton, S. (2013), *Public Management in the United Kingdom: A New Introduction*, Palgrave.
Chapman, C. (2001), Changing Classrooms through Inspection, *School Leadership and Management*, Vol.21, No.1.
Chapman, C.(2002), Ofsted and School Improvement: teachers' perceptions of the inspection process in schools facing challenging circumstances, *School Leadership and Management*, Vol.22, No.3.
Chitty, C. (2009), *Education Policy in Britain 2nd edition*, Palgrave.
Clarke, J. (2015), Inspections: governing at a distance, in Grek, S. and Lindgren, J. eds., *Governing by inspection*, Routledge.
Earley, P. eds. (1998), *School Improvement after Inspection? : School and LEA Response*, PCP.
Earley, P. (1998), Conclusion: towards self-assessment? in Earley eds., *School Improvement after Inspection?: School and LEA Responses*, PCP.
Elliott, A. (2012), *Twenty years inspecting English schools-Ofsted 1992-2012*, in RISE review: Research and Information on State Education.
Ferguson, N., Earley, P., Fidler, B. and Ouston, J. (2000), *Improving Schools and Inspection: The Self-Inspecting School*, PCP.
Fidler, B., Earley, P., Ouston, J. and Davies, J. (1998), Teacher Gradings and Ofsted Inspections: help or hindrance as a management tool? in *School leadership and Management*, vol.18, No.2.
Fowler, J. and Waterman, C. (2005), Digest of the Education Act 2005: revised edition, NFER.
Galton, M. and Macbeath, J. (2008), *Teachers under pressure*, SAGE publications.
Giddens, A. (1998), *The Third Way: The Renewal of Social Democracy*, Polity Press.

Gilbert, C.E. (1959), The Framework of Administrative Responsibility, Journal of Politics, vol.21, No.3.

Gunter, H. M. , Grimaldi, E. , Hall, D. , and Sperpieri, R (2016), NPM and Educational Reform in Europe, in Gunter et al. eds., *New Public Management and the Reform of Education,* Routledge.

Hargreaves, Andy (2000), Four Ages of Professionalisms and Professional Learning in *Teachers and Teaching: History and Practice*, vol.6, No.2.

Hargreaves, David H. (1995), Inspection and School Improvement in *Cambridge Journal of Education*, Vol.25, No.1.

HC library (2017), *Briefing Paper FAQs: Academies and free schools*。

Hoggett, P. (1996), New Modes of Control in the Public Service, *Public Administration*, Vol.74, Spring.

Hood, C., James, O., Jones, G., Scott, C., and Travers, T. (1998), Regulation inside Government: Where New Public Management meets the Audit Explosion, *Public Money and Management*, April-June1998.

Hood, C., James,O., Jones, G., Scott, C., and Travers, T., (1999), Regulation inside Government: Waste-Watchers, Quality Police, and Sleaze-Busters, Oxford.

Hood, C., James,O., Jones, G., Scott, C., and Travers, T., (1999), *Regulation inside Government: Waste-Watchers, Quality Police, and Sleaze-Busters*, Oxford.

Hood, C., James, O. and Scott, C. (2000), Regulation of Government: Has it increased, is it increasing, should it be diminished? *Public Administration*, Vo.l78, No.2.

Jessop, B. (2002), *The Future of the Capitalist State*, Polity.

Lawton, D. (1980), *The Politics of School Curriculum*, Routledge.

Leckie, G. and Goldstein, H. (2016), *The evolution of school league tables in England 1992-2016: 'contextual value-added', 'expected progress' and 'progress 8'* ,University of Bristol.

Lowe, Goeff (1998) Inspection and Change in the classroom: rhetoric and reality? in Earley, P. eds., *School Improvement after Inspection?: School and LEA Responses*, PCP.

MacBeath, J., Boyd, B, Rand, J., and Bell, S. (1995), *Schools Speak for themselves*. (https://www.teachers.org.uk/files/active/0/schools.pdf)

MacBeath, J. (1999), *Schools must speak for themselves: The Case for School Self-evaluation*, Routledge,

Macbeath, J. (2003), Self-Evaluation and Inspection: a consultation response.

Macbeath, J. and Oduro, G. (2005), *Inspection and Self-Evaluation: A New Relationship?*, NUT.

Macbeath, J. (2006), *School Inspection and Self-evaluation : working with the New Relationship*, Routledge.

Martin, S. (2008), Inspection of Education and Skills: From improvement to Accountability, in Davis and Martin eds., *Public Service Inspection in the UK*, JKP.

Martin, S. and Davis, H. (2008), The Rise of Public Service Inspection, in Davis and Martin eds., *Public Service Inspection in the UK*, JKP.

Metcalf, L. (1989), Accountable Public Management: UK concept and experience in Kakabadse et al (eds.), *Management Development in the Public Sector*, Avebury Press.

Meuret, D. and Morlaix, S. (2003), Conditions of Success of a School's Self-Evaluation: Some Lessons of an European Experience, *School Effectiveness and School Improvement*, Vol.14, No.1.

Milliband (2004), *Personalised Learning: Building a New Relationship with Schools (Speech by David Miliband, Minister of State for School Standards)*, DFES.

Osborne, D. and Gaebler, T. (1992), *Reinventing Government: How The Entrepreneurial Spirit Is Transforming The Public Sector*, Basic Books.

Ouston, J., Earley, P. and Fidler, B. eds. (1996), *Ofsted Inspections: The Early Experience*, Routledge.

Ouston, J. and Davies, J. (1998), Ofsted and afterwards? School's responses to inspection in Earley, P. eds., *School Improvement after Inspection?: School and LEA Response*, PCP.

Ozga, J. and Segerholm, C. (2015), Neo-liberal agenda(s) in education, in Grek, S. and Lindgren, J. eds., *Governing by inspection*, Routledge.

Ozga, J. and Segerholm, C. and Lawn, M., (2015), The history and development of the inspectorates in England, Sweden and Scotland, in Grek, S. and Lindgren, J. eds., *Governing by inspection*, Routledge.

Paterson, L. (2003), *The Three Educational Ideologies of the British Labour Party, 1997-2001*, Oxford Review of Education, vol.29, No.2.

Peck, J. and Tickel, A. (2002), Neoliberalising Space in Brenner and Theodore eds., *Spaces of Neoliberalism*, Blackwell.

Plowright, D. (2007), Self-Evaluation and Ofsted Inspection: Developing an integrative Model of School Improvement, *Educational Management*

Administration and Leadership, Vol.35(3).

Plowright, D (2008), Using self-evaluation for inspection: how well prepared are primary school headteachers?, *School Leadership and Management*, Vol.28, No.2.

Pollitt, C. (1990), *Managerialism and the Public Services: The Anglo-American Experience*, Blackwell.

Power, M. (1994), *The Audit Explosion*, DEMOS.

Power, M. (1997), *The Audit Society: Ritual of Verification*, Oxford. 國部克彦、堀口真司訳（2003）『監査社会——検証の儀式化』東洋経済新報社。

Power, S. and Whitty, G. (1999), New Labour's education policy: first, second or third way?, *Journal of Education Policy*, vol.14, No.5.

Rhodes, R. A. W. (1997), *Understanding Governance: Policy Networks, Governance, Reflexivity and Accountability*, Open University Press.

Ridley, N. (1988), *The Local Right: Enabling not Providing*, Center for policy Study.

Sachs, J. (2003), *The Activist Teaching Profession*, Open University Press.

Scanlon, M. (1999), *The Impact of Ofsted Inspections*, NFER.

Smithers, A. (2015), 10 The Coalition and Society(II): Education, in Seldon, A. and Finn, M. eds., *The Coalition Effect 2010-2015*, Cambridge University Press.

Stewert, J. (2003), *Modernising British Local Government: An assessment of Labour's Reform Programme*, Palgrave.

Stoker, G. (2004), *Transforming Local Governance: From Thatcherism to New Labour*, Palgrave.

Stone, B. (1995), Administrative Accountability in the Westminster Democracies: Towards a New Conceptual Framework, *Governance*, vol.8, No.4.

Tabberer, R. (1995), *Parent's Perceptions of Ofsted's Work*, NFER.

Taubman, P. (2009), *Teaching by Numbers: Deconstructing the Discourse of Standards and Accountability in Education*, Routledge.

Taylor, C., Fitz, J. and Goard, S. (2006), Diversity, specialisation and equity in education, in Walford, G. eds., *Education and the Labour Government: An Evaluation of Two Terms*, Routledge.

Tomlinson, S. (2001), *Education in a post-welfare society*, Open University Press.

Walford, G. (2006), Introduction: Education and the Labour Government, in Walford, G. eds., *Education and the Labour Government: An Evaluation of Two Terms*, Routledge.

Whitty, G. (2008), Twenty years progress? English education policy 1988 to present, in *Educational Management Administration and Leadership*, vol.36, No.2.

Wilcox, B. and Gray, J. (1996), *Inspecting Schools: Holding Schools to Account and Helping Schools To Improve*, Open University Press.

Wilshaw, M. (2012), *High expectations, no excuses: A Speech to the London Leadership Strategy's 'Good to Great' Conference*, 9 February 2012.

Wood, M. (1998), Partners in Pursuit of Quality: LEA Support for School Improvement after Inspection, in Earley, P. eds., *School Improvement after Inspection? : School and LEA Responses*, Paul Chapman Publishing.

索 引

【人名】

アーレイ（Earley, P.）　*113-114*
ウィッティ（Whitty, G.）　*121, 152, 158*
ウィルショー（Wilshaw, M.）　*156, 233*
ウッドヘッド（Woodhead, C.）　*94, 112*
ギデンズ（Giddens, A.）　*157*
キャラハン（Callaghan, J.）　*48-49, 68*
ギルバート（Gilbert, C.）　*21*
クラーク（Clarke, J.）　*27, 29*
ゴーブ（Gove, M.）　*208, 234*
ストーン（Stone, B.）　*31-32*
西尾勝　*36, 207*
バーバー（Barber, M.）　*157*
ハーグリーブス（Hargreaves, D.）　*112-113*
パワー（Power, M.）　*25, 27-28*
ファイナー（Finer, H.）　*37*
フッド（Hood, C.）　*19-20, 23-24*
フリードリヒ（Friedrich, C. J.）　*37*
ベイカー（Baker, K.）　*59*
ヘーゼルタイン（Heseltine, M.）　*51*
ボール（Ball, S.）　*138, 158*
ボールズ（Balls, E.）　*154*
マクベス（Macbeath, J.）　*198-201, 204*

【事項】

あ行

アカウンタビリティ　*9, 31-33, 35-36, 38, 51, 67, 113-116, 123, 142, 144, 162, 181, 191-192, 195, 203, 232, 242-243, 246-247, 251, 258-262*
アカウンタビリティの支配　*9, 259-261, 263*
アカデミー　*153, 155-156, 208, 214, 216-232, 242-254, 261*
アカデミー・チェーン　*223, 228, 230-231, 243-245, 247-248, 251-252, 254*
アカデミー・トラスト　*223-231, 244-245, 247*
アカデミー令　*220-221*
圧力と支援　*143-144, 148, 160*
アディショナル・インスペクター（AI）　*173*
アドバイザー　*44*
内ロンドン地方教育当局　*66*
エビデンス　*81, 166, 174-175, 178*
大きな社会　*209, 211-213, 216*
オープン入学　*62*
親の選択権　*73, 75-76, 153, 59*
親のための憲章　*71-73, 90*

287

か行

会計検査院　51, 243-244

外在的統制　21-22, 37, 90, 195, 206-207, 252-254, 258

改善勧告　176

改善計画　80

外部監査　29

格付け　85-87, 90, 135-136, 149, 178, 193, 235-236

学校：成功を達成する（白書）　140

学校改善パートナー　172, 194, 203

学校査察　5, 11-12, 14-15, 17-18, 39, 45-46, 67-68, 70, 72, 75-76, 77-78, 92-93, 95, 100, 102-103, 110, 115-116, 162-164, 166, 168, 170, 174, 181, 185, 187, 191, 194-195, 202-204, 232-234, 237-239, 242

学校自己評価　122, 162-168, 171, 177-178, 182, 188-192, 194-201, 203-204, 206, 238

学校自己評価フォーム　165, 167, 174, 183, 201, 238

学校選択制　8, 10, 59, 62, 68, 89, 142, 256

学校との新たな関係　171

学校における卓越性（白書）　140, 144

学校の自律性（school autonomy）　218, 224, 229, 231, 246-247

学校の多様化　63, 150-151, 153-154

学校への権限移譲（LMS）　62

学校理事会　8, 62-63, 142, 154, 220, 223, 226, 229, 247-248

ガバナンス　10, 15, 66, 131, 143-144, 250, 252, 254

カリキュラム　43, 60, 65, 84-85, 101, 104-105, 258

関係性の距離　30, 87

監査　25-26, 28-30, 54, 71, 111-112

監査の爆発　51

監査社会　25-30, 57, 89, 263

キャメロン（連立）政権　14, 208-209, 221, 239-240

教育アクションゾーン（EAZ）　156-157

教育アソシエーション　81

教育改善計画　143, 147, 160

教育行政の民営化　161

教育水準局（Ofsted）　5, 11, 13, 14-15, 17, 39-40, 67, 69, 77-78, 81-82, 85-91, 92-95, 98-100, 102-104, 106-120, 122, 135, 145-146, 149, 162-168, 170-171, 173-174, 178, 181, 184-193, 194-196, 198-201, 202, 204-205, 232-233, 237, 239-242, 244, 249, 252, 257-262, 264

教育水準の向上　140, 142, 144-145, 148, 159, 194

教育の「ガバナンス」化　39, 57, 66-67, 140-143, 145, 149, 157, 159, 161-162, 202, 213, 231, 248, 256-257

教育の自由　43-44

教育の専門性　120-121

教育力の重要性（白書）　215-219, 232, 234

強制競争入札（CCT）　55-56

行政責任のジレンマ　35-37, 119-120, 206-207, 252-254, 264-265

行政責任論争　37

強制的転換　218-219

行政統制の類型　*21*

行政統制　*5, 11-15, 17, 19, 20-23, 28, 30, 32, 35, 37, 39-40, 50, 53-54, 256, 258-259*

業績管理　*31-32, 134, 138*

業績指標　*32, 36, 135*

業績測定　*29, 54*

業績による統制　*55-56, 76*

競争原理　*31*

競争国家　*125, 127*

恐怖による支配　*88, 250*

強力な地方のリーダーシップ（白書）　*135*

距離をおいた統御　*12, 27, 87-88*

ギルバートのマトリクス　*21*

緊縮政策　*209*

グラマー・スクール　*6, 41, 152*

経営管理型統制　*31-34, 37, 39, 67, 89-91, 136, 161, 202-203, 250-251, 254, 259, 261-262*

現代的な地方政府（白書）　*132*

公営学校　*41*

公共サービスの「市場化」　*54*

公共サービス予算　*130*

公設民営学校　*63, 151, 160-161, 214, 216*

国家介入　*13-14, 262-263*

国家目標（national targets）　*143*

国庫補助学校（GMS）　*63, 65-66, 140, 142*

コミュニティ　*125, 127, 131-133, 136-137, 211-213*

コミュニティのためのニューディール（NDC）　*133*

コンバート型アカデミー　*219, 224, 253*

さ行

財政支出協定　*223*

財務管理イニシアチブ（FMI）　*52*

査察　*24, 28-30, 53-54, 71, 75*

査察機関　*53-54, 72-74, 76-77*

査察の厳格化　*234-235*

査察の「スリム化」　*170-171*

査察の「比例化」　*170, 173, 180, 237*

査察プロセス　*78-79, 81-82, 100-101, 103, 164-165, 167, 174, 177, 180, 183-184, 238*

査察の未来　*170-171*

査察リーダー　*174-175*

査察枠組み　*101, 164-167, 172, 176, 233-235, 237*

査察を通じた改善　*112-113, 115*

サッチャー政権　*5, 14, 17, 19, 29, 40, 49-50, 52, 54, 56-57, 59, 64, 66, 67, 76, 125-126*

サンクション　*86, 136, 194, 203, 250, 253*

三者体制　*42*

自己規制メカニズム　*33-34, 116-118, 138, 202-204, 206, 251-252, 257, 263*

自己査察　*198-200, 204-206*

自己刷新システム　*138-139, 202*

自己統制　*22*

市場型統制　*31-34, 37, 67, 89-91, 161, 202, 205, 249-250, 254, 259, 262*

自治体監査委員会（AC）　*51, 69-70, 135, 149*

執行エージェンシー　*53, 56*

質のための競争　*56*

失敗校　*80, 109*

シティ・アカデミー　*151-153, 160-161*

シティ・テクノロジー・カレッジ（CTC）　*63, 151*

指導助言サービス　*44*

自発的転換　*218*

市民憲章　*55-56, 71, 73, 90, 130, 260*

社会的排除　*126, 130*

社会的包摂　*127, 168, 194, 203*

社会統合　*130*

重大な懸念を抱える学校　*176*

「主人―代理人」理論　*6-7*

主任勅任視学官（HMCI）　*77, 93, 233*

準市場　*11-12, 15, 17, 33, 54, 61, 63-64, 73, 150, 152, 155-156, 159-161, 202-203, 231, 248-249, 251-252, 257, 259, 261-262*

条件整備団体　*64, 66*

初期査察　*92-93, 110, 115*

素人査察官　*78, 87, 173*

新管理主義　*20*

新管理職層　*117-118*

新自由主義　*5-6, 8-11, 13-15, 17-18, 22-23, 37, 39, 47, 49-50, 125-126, 129, 158, 209, 259, 262-263*

新自由主義教育改革　*8, 20, 142, 256, 258, 261*

新自由主義コンセンサス　*139*

新自由主義的統治　*263*

数値による統御　*88, 250*

スペシャリスト・スクール　*63, 150-151, 160*

すべての子どもが大切だ（緑書）　*170*

スポンサー　*219, 223, 228-229, 243-245, 247, 252*

スポンサー型アカデミー　*219, 223, 229, 243, 245, 247, 249-251, 252-253*

制度的統制　*21-22*

生徒一人当たり予算　*7, 62-63, 89*

政府内規制　*23-25, 27, 50, 52-54, 87, 89*

政府の現代化（白書）　*130*

説明責任　*25, 28, 35-36*

全国教員組合（NUT）　*111, 121, 123, 181-184, 190-191, 226, 239-240*

選択と多様性（白書）　*73, 75-76*

専門官僚制　*22*

総合制中学校（コンプリヘンシブスクール）　*6, 41, 63, 152*

た行

第三の道　*125, 138*

地域主義　*211-213, 216-217*

地域政策共同体　*40-48, 75, 87, 145, 232, 258-259*

地方教育当局　*6, 8, 41-47, 58, 62-67, 68-70, 72, 75, 87, 109, 135, 140-142, 145-150, 161, 163*

地方視学　*44-45*

地方当局　*150, 155, 219, 222, 224-226, 232, 243, 248, 253-254*

勅任視学官（HMI）　*45, 67-68, 70, 77-78, 80, 173*

低パフォーマンスへの不寛容　*140, 156*

登録査察官　*77-80, 173*

特別措置　*80-81, 96-98, 100, 107-110, 115-116, 172-173, 176, 178, 235-236*
独立学校　*41, 65, 221*
トラスト・スクール　*153-156*

な行

内在的統制　*21-22, 195, 206-207, 252-254, 258*
ナショナル・カリキュラム　*60-61, 68-69, 73-75, 142, 214, 257*
ナショナル・テスト　*60-61, 68, 74, 142*
ニューレイバー　*125-126*

は行

パフォーマンス・テーブル　*72, 75*
反アカデミー同盟（AAA）　*225-226*
反省的実践家　*121, 265*
非制度的統制　*21-22*
批判的な友人　*122*
ピューピル・プレミアム　*214*
評価　*28-29, 45, 90*
評価主体　*29*
評価手法　*29*
評価目的　*29*
ファウンデーション・スクール　*142, 221*
福祉国家　*6, 8, 22, 40, 48-50, 125, 258*
福祉国家「コンセンサス」　*42, 48*
福祉国家政策　*21*
ブラウン政権　*14, 155*
フリースクール　*219-220, 222*
ブレア政権　*14, 17, 136, 208*
フレッシュ・スタート　*148, 190*
「閉校」命令　*80*
ベースライン・アセスメント　*142*
ベスト・バリュー（BV）　*134-137*
包括的業績アセスメント（CPA）　*134-136, 149*
報奨とサンクション　*136, 149*

ま行

マルチ・アカデミー・トラスト（MAT）　*223, 230-231, 250-252, 254*
民営化　*50, 55-56, 59, 127, 129, 135, 214, 226, 244*
メージャー政権　*14, 40, 54-55, 70-71, 73, 76, 260*
モダン・スクール　*41*
モニタリング査察　*237*

や行

有志団体立学校　*42, 65, 221*

ら行

ラスキン演説　*48-49*
リーグテーブル　*32, 75*
リスク・アセスメント　*237*
レスポンシビリティ　*35*
連携政府　*132*
連立政権　*208-209, 211, 213, 215-218, 224, 226-227, 231-233, 238-239, 242-247, 246-251, 252-255, 261*
労働党政権　*124-127, 129-131, 133-134, 137-139, 140-141, 143, 145, 147-154, 156-166, 168, 170-171, 174, 180-181,*

185, 188, 190, 194-195, 197-198, 200-203, 205-206, 208, 213, 260-261

英数字

3 E　*25*
1944年教育法　*40-42, 44*
1988年教育改革法　*59-62, 64, 66-69*
1992年教育（学校）法　*73, 76-77, 78*
1993年教育法　*80*
1997年教育法　*146*
1998年学校水準と枠組み法　*147-148*
2005年教育法　*166-167, 174*
2006年教育と監査法　*153*
2010年アカデミー法　*220*
ECMアウトカム　*169-170, 176, 179, 192-193*
New Public Management（NPM）　*10, 16-18, 19, 20, 23-24, 30-35, 36-38, 40, 57, 66-67, 88, 118, 124, 129, 130-131, 136, 138-139, 142, 154, 156, 254, 256, 259, 263-266*
NPM型行政統制　*12, 19, 31, 33-36, 38-40, 49, 56-57, 60, 86, 89-91, 93, 116-117, 119-120, 124, 129, 134, 136, 138, 149, 161, 202, 204, 206, 208, 248-249, 251, 256, 259-262*
PANDAレポート　*164, 174*
PISA　*215*
SSFT報告　*122-123*
VFM　*36, 51, 56*
VFM監査　*25, 51*

久保木匡介（くぼき・きょうすけ）

長野大学環境ツーリズム学部教授。1972 年、埼玉県生まれ。早稲田大学大学院政治学研究科博士後期課程修了。東洋大学非常勤講師、長野大学産業社会学部専任講師を経て、2015 年より現職。専攻は行政学、地方自治論。

・主な業績

『国別行政改革事情』（共著、早稲田大学出版部、1998 年）

『地方自治構造改革とニュー・パブリック・マネジメント』（共著、東京自治問題研究所、2004 年）

『コレーク行政学』（共著、成文堂、2007 年）

『新自由主義教育改革　その理論・実態と対抗軸』（共著、大月書店、2008 年）

『東京から問う地域主権改革』（共著、東京自治問題研究所、2012 年）

『ダイバーシティ時代の行政学　多様化社会における政策・制度研究』（共著、早稲田大学出版部、2016 年）

「英国における学校評価システム　NPM 型行政統制の構造と陥穽」日本行政学会編『年報行政研究 51』（ぎょうせい、2016 年）

『学校が消える？　公共施設の縮小に立ち向かう』（共著、旬報社、2018 年）

現代イギリス教育改革と学校評価の研究——新自由主義国家における行政統制の分析

2019 年 2 月 15 日　初版第 1 刷発行

著者――――久保木匡介
発行者―――平田　勝
発行――――花伝社
発売――――共栄書房
〒 101-0065　東京都千代田区西神田 2-5-11 出版輸送ビル 2F
電話　　　03-3263-3813
FAX　　　03-3239-8272
E-mail　　info@kadensha.net
URL　　　http://www.kadensha.net
振替　　　00140-6-59661
装幀――――佐々木正見
印刷・製本――中央精版印刷株式会社

©2019 久保木匡介

本書の内容の一部あるいは全部を無断で複写複製（コピー）することは法律で認められた場合を除き、著作者および出版社の権利の侵害となりますので、その場合にはあらかじめ小社あて許諾を求めてください

ISBN978-4-7634-0878-5 C3037

教育改革はアメリカの失敗を追いかける
―学力テスト、小中一貫、学校統廃合の全体像―

山本由美　著　（本体価格1600円＋税）

これでよいのか？　日本の教育改革
崖っぷちの〈教育の機会均等〉
鍵をにぎるのは地域社会と教師の共同

目　次
第Ⅰ部　今日の教育改革の全体像
　第1章　新自由主義教育改革とは何か
　第2章　安倍政権が進める新自由主義教育改革
　第3章　グローバリゼーションと道徳教育
　第4章　崩壊が進むアメリカ新自由主義教育改革
第Ⅱ部　学制改革の突破口
　第5章　チャータースクールと公設民営学校
　第6章　小中一貫校とは何か
　終　章　対抗軸はどこにあるか